张志安　李艳红　编著

「人文新媒体前沿研究」系列丛书

新媒体与新闻业

本土语境与理论前沿

中国传媒大学出版社
CUCP
·北京·

图书在版编目（CIP）数据

新媒体与新闻业：本土语境与理论前沿/ 张志安,李艳红编著. -- 北京：中国传媒大学出版社，2022.3（2024.2 重印）
（“人文新媒体前沿研究”系列丛书）
ISBN 978-7-5657-2825-9

Ⅰ. ①新… Ⅱ. ①张… ②李… Ⅲ. ①传播媒介—新闻学—传播学—研究
Ⅳ. ①G210

中国版本图书馆CIP数据核字（2020）第228022号

“人文新媒体前沿研究”系列丛书
新媒体与新闻业：本土语境与理论前沿
XINMEITI YU XINWENYE : BENTU YUJING YU LILUN QIANYAN

编　　著 张志安　李艳红
责任编辑 裴向敏
封面设计 拓美设计
责任印制 李志鹏

出版发行 中国传媒大学出版社
社　　址 北京市朝阳区定福庄东街1号　　**邮　　编** 100024
电　　话 010-65450532　65450528　　**传　　真** 65779405
网　　址 http://cucp.cuc.edu.cn
经　　销 全国新华书店

印　　刷 北京中科印刷有限公司
开　　本 787mm×1092mm　1/16
印　　张 13.75
字　　数 334千字
版　　次 2022年3月第1版
印　　次 2024年2月第2次印刷

书　　号 ISBN 978-7-5657-2825-9 / G · 2825　　**定　　价** 69.00元

重造新闻学——网络化关系的视角（代序）*

黄旦

就历史看，新闻学作为一个学科，总是显得有点底气不足、步履蹒跚，且不说似乎一直面对有学无学的质疑，甚至不得不为这无聊的伪命题做种种辩护，就足以显出其对于自己合法性地位的紧张。20世纪80年代，传播学的引入使新闻学又增加了几分压力。新闻学和传播学的关系，始终剪不断理还乱，迄今仍是不清不白，尽管二者表面上像兄弟俩，和和气气在一个屋檐下吃饭。当然，说这些并不表示我要清理历史旧账，新闻学一路走来没有倒下，就说明它有着自己的根基和营养来源，没有必要回过头看。牵涉历史，是因为由此联想到新闻学的今天乃至未来。

今天是一个什么情状？刺激一点，或许可以用得上罗伯特·麦克切斯尼的"紧要关头"——"旧的制度正处于土崩瓦解的阶段"，"新的传播技术革命摧毁了现存的制度"；"媒体体系的内容，特别是新闻业，其可信度逐渐下降或者被视为非法"，新闻业陷入美国"进步时代"以来的最低潮。① 平和一些，则可以用卡斯特的"网络社会的崛起"："各种沟通模式整合入一个互动式的网络中。或者换句话说，通过超文本和后设语言的形构，历史上人们首度将人类沟通的书写、口语和视听模态整合到一个系统里。经过人脑两端，也就是机械和社会脉络之间的崭新互动，人类心灵的不同向度重新结合起来。"② "紧要关头"与"网络社会的崛起"，表述不一，精神一致，在传播技术革命性变化的推动下，传播生态和社会形态发生了根本改变。"在人类历史上处于中心位置的，是各种相互交往的网络。塑造人类历史的，正是这些信息、事物、发明的交换与传播，以及人类对此所做出的各种反应。"③ 如果说工业时代最为关键的机器是时钟，并由此成了机器的代表和"典型符号"，那么，时钟也就是工业时代的最好隐喻。④ 有一个机器人一样的自然理性的主人，⑤ 在主宰着世界的一切，想想"标准、规律、节奏、分工、统一、进步、因果"等之类的现代词汇，即明白，我们其实一直是生活在时钟所确立的生活节奏之中。然而，网络化时代变了，如果也选择一个隐喻，就不可能再是时钟，用约翰·厄里的说法应该是"因特网"，意味着是一个"高雅的、无等级之分的根茎状全球结构模型"，"而且，它还以横向的，

---

* 原文首发于《国际新闻界》2015年第1期，第75-88页。

① 麦克切斯尼．传播革命[M]．高金萍，译．上海：上海译文出版社，2009：11-13.

② 卡斯特．网络社会的崛起[M]．夏铸九，王志宏，译．北京：社会科学文献出版社，2001：406.

③ 麦克尼尔J R，麦克尼尔W H．人类之网[M]．王晋新，宋保军，等译．北京：北京大学出版社，2011：1.

④ 芒福德．技术与文明[M]．陈允明，王克仁，李华山，译．北京：中国建筑工业出版社，2009：15，17-18.

⑤ 普里高津，斯唐热．从混沌到有序——人与自然的新对话[M]．曾庆宏，沈小峰，译．上海：上海译文出版社，1987：83，127-128.

以及纵向的‘超文本’链接为基础，从而使得文本文档中的物体之间的边界呈现出无穷无尽的流动态势”。[①]本来似乎秩序井然、中心边缘分明、以线性因果逻辑运转的社会，突然间就变成了无边无际的波浪式的涌动：没有中心，或者互为中心，此起彼伏，前呼后拥，同声共享。“线性的隐喻”被“联系的隐喻所代替”，“既不存在‘结构’也不存在‘功能’、既不存在‘宏观’层次也不存在‘微观’层次、既不存在‘社会’也不存在‘个体’、既不存在‘系统世界’也不存在‘生活世界’”。社会理论这些假定存在相互分离的实体和相互分开要素的概念已经失效，诸多网络所造成的“关系”，同时也只有“关系”，才是根本。[②]

报刊业呱呱坠地，恰好是“时钟”时代，且是“时钟”的威力渗透社会各个方面并慢慢确立自己独尊地位的时期。“随着钟表的更广泛的应用，人们对时间的意识就变得更普遍化了：时间与有机体的时间系列分开来了”，“到了17世纪，报纸杂志出现了”，甚至连衣着也每年变换着新花样，再不是几十年不变了。[③]传播革命所激发的第一次“紧要关头”就此来临，随之美国的“进步时代”催生了新闻专业理念，[④]新闻人才遂成为一个重要问题。

美国新闻教育发端于19世纪末，首先开办四年制新闻学课程的是1904年的伊利诺伊大学，随后是密苏里大学，它于1908年开设了第一所独立的新闻学院。初期的新闻教育，重点在技术性课程。到了第二个阶段，新闻史和作为一种社会体制的新闻事业，成为研究的对象，并出现了第一批教科书。20世纪30年代以后，美国新闻教育进入新闻教育和社会科学结合得更加紧密的阶段，目标是实现二者的一体化。“人们公认，新闻专业的学生应该接受广泛的大学文科教育和良好的新闻技能训练，并理解他们所选择的职业的社会含义。”[⑤]不过这种面上的平静描述，遮蔽不了内在曾经有过的激烈冲突。新闻教育和社会科学的结合过程并非风平浪静，尤其是后来传播学的融入，加剧了这种冲突。罗杰斯就看到，在不同高校里，“绿眼罩人”和“卡方人”互相贬低，可见二者隔阂和戒心之深。“绿眼罩人”甚至反对将“新闻学”命名为“传播”。传播是一个社会科学的概念，新闻学是一个职业名称。[⑥]一直待到报人和一些媒介机构开始涉足于民意测验和市场调查之后，传播的应用才得到了业界的认可，互不买账的情况才稍有转圜。当然，缝隙并没有因此就被填平，或者可以说，传播更多的是在应用研究上，新闻学仍然以职业为重。施拉姆想把新闻学院变成传播学院的设想，显然是低估了其中的难度。大多数学院最终是选用拼搭捏合之法，以“新闻与大众传播”冠名，多少说明了这一点。当然，这是一种妥协，更是机会主义的表现，以使研究和教学各得其所、相安无事。在此种思路下，本科的学士学位，坚持以“新闻”为名，自然也就不足为奇了。

谈论中国的新闻教育，之所以从报刊业的产生转接到美国的新闻教育，是因为最先注入中国新闻教育之流且激荡搓摩并初成模样的，就是来自美国的这股泉。迈入20世纪不

① 厄里．全球复杂性[M]．李冠福，译．北京：北京大学出版社，2009：22，25，79–80，176．
② 厄里．全球复杂性[M]．李冠福，译．北京：北京大学出版社，2009：22，25，79–80，176．
③ 芒福德．技术与文明[M]．陈允明，王克仁，李华山，译．北京：中国建筑工业出版社，2009：15，17–18．
④ 麦克切斯尼．传播革命[M]．高金萍，译．上海：上海译文出版社，2009：11–13．
⑤ 埃默里 M，埃默里 E．美国新闻史[M]．展江，殷文，译．北京：新华出版社，2001：603–605．
⑥ 罗杰斯．传播学史[M]．殷晓蓉，译．上海：上海译文出版社，2002：385–490．

久的中国知识人发现，新闻事业“尤以北美合众国为盛。自美国新闻家 Joseph pulitzer 君创设新闻学校于哥伦比亚大学，而各大学之特设新闻科者，亦所在多有。新闻学之取资，以美为最便”。[①]不过，恰如有论者所揭示的，后来影响中国新闻教育最大的不是蔡元培所提到的哥伦比亚大学而是密苏里大学。中国整个新闻教育，实质上都是“密苏里大学新闻教育模式”的翻版，即“主张学新闻最佳的方式是实践，强调动手做和职业取向”。[②]这种倡导具有公共服务精神的职业导向之新闻教育，确立了中国新闻教育的基本目标、教学体系和研究方式。因此，像美国一样，中国新闻学从一开始便是一个职业规范性学科。具体地说，新闻学是通过对报刊实践所形成的一套规范加以归纳和提炼，形成条理化的知识，传授学生，指导实践，其依托的基础是职业伦理—社会责任，并以此区分和指认应该/不应该，“导新闻业于正轨”。[③]1949 年后的新闻学教育和研究在性质、方向及目标上发生了根本性变化，然而，这种变化与其说是职业上的还不如说是政治上的，培养新闻事业新人仍是基本目的，需要端正的是为谁服务。直到 20 世纪 80 年代传播学的侵袭，新闻学才发生了动荡，好比美国的“卡方”和“绿眼罩人”的纠缠，二者的界线和各自重点，同样让人感到迷惑不清。“新闻传播学”的名称糅合了两个学科的名称并被确立为一级学科名称，表面上的隔阂得到了消除，内在的张力却并没随之而去。由于本书着重是要谈新闻学重造，传播学暂且搁下，下面仍然转到新闻学。

在以“互联网”为隐喻的今天，报刊业所开创及保持的大众传播秩序和关系，风光早已不再，如果不是说被颠覆的话。新传播推涌出一个新的“紧要关头”，这主要不是时常说的多了哪些传播渠道，信息是如何的庞杂，舆论意见的表达是如何嘈嘈切切，而是发生了传播的“整体的生态变革”[④]，“这种以多种传播模式之数字化与网络化整合为基础的新沟通系统，其特性是一切文化表现的无所不包与全面涵盖。由于它的存在，新社会中的所有信息均以一种二元模式运作：亦即在多媒体沟通系统中‘出现’或是‘缺席’。唯有在这个沟通系统中出现，才让信息能够沟通与社会化。其他所有信息则被化约成一种个人想象，或是日渐边缘化的面对面接触次文化。……不过，若要纳入这个体系，必须付出的代价是要能适应其逻辑、语言、进入点以及编码与解码模式”。[⑤]由此见，麦克切斯尼说的“媒体体系的内容，特别是新闻业，其可信度逐渐下降或者被视为非法”，还不是最重要的，最重要的是新闻业和大众媒介体系要依照新的“逻辑、语言、进入点以及编码与解码模式”，方能进入并在这个新的传播生态之中存身，否则就只能是“缺席”。

学界和业界不是没有感受到此种非同以往的变革，反应也不算不及时，“媒体融合”或“全媒体”之类的操作性尝试和课程的开设，以及业界主动介入数字技术，都在在表示要努力融入这个按照新逻辑运行的传播网络而不是被排除在外。但是，当所有的注意力都被“媒体融合”所吸引时，却似乎忽视了“网络化社会”或者“网络化关系”是由另一种“融合”所构成，亦即延森所谓的三种不同维度的“媒介融合”[⑥]：人的身体的媒介平台、

---

① 蔡元培．新闻学序 [M]// 徐宝璜．新闻学．北京：中国人民大学出版社，1994：32.
② 李金铨．文人论政 [M]. 台北：政大出版社，2008：335.
③ 徐宝璜．新闻学 [M]. 北京：中国人民大学出版社，1994：132.
④ 波兹曼．技术垄断——文化向技术投降 [M]. 何道宽，译．北京：北京大学出版社，2007.
⑤ 波斯特．信息方式——后结构主义与社会语境 [M]. 范静哗，译．北京：商务印书馆，2000.
⑥ 延森．媒介融合 [M]. 刘君，译．上海：复旦大学出版社，2010：1，3-4，17.

大众媒介平台以及以元技术——数字技术为核心的平台，互相叠加和广延，实现“交流和传播实践跨越不同的物质技术和社会机构的开放式迁移”，借此，“人类被纳入了传播平台的范畴”。与前一个“媒体融合”——某一媒介内部综合运用诸种媒体——之不同，延森的“媒介融合”，是三种媒介平台交错混杂的网络，在这个网络中，新闻业当然存在，但不过是其中的一个平台或者维度，更彻底地说，不过是这张网络上的一个节点，犹如其他节点一样。在这样的“关系之网”中，新闻业并非因为是职业新闻制作行业就有何先天优势，或者占据什么高地，相反，“各节点通过更多地吸收信息并有效地处理这些信息来增强自己在网络中的地位；而如果它们表现不佳，其他关节点则会把它们的任务给接收过来。因而，各节点在网络中的重要性如何并不在于它们本身的属性，而在于网络中的其他节点相信不相信它们的能力。从这个意义上说，这些‘转换者’遵从的是网络运行逻辑，而不是命令逻辑”。所以厄里进一步指出，各种节点只是以一种中间状态存在，“既不是决定论的，也不涉及自由意志”，自然也不能用一种先定的功能予以定位。① 结构已变，功能焉存？一切均是待定，完全取决于节点所显示的能力——信息吸纳、处理及转换。作为一种实践性职业的新闻传播仍然有位置，作为一个组织信息和知识的机构的大众媒介也不会消亡，但都只能化为“关系之网”中的一个互联部分，即便它自身也是一个网络，也必定被嵌入更大的网络中，与其他网络共存并发生相互作用，从而显现出如下的特征：1. 有位置但不必然有效力，网络关系始终以去中心与再中心进行着波浪式的涌动；2. 媒介与社会的界线消解，只有自组织自滋生的多重相互联结，看或被看互为交织，同时发生，线性因果不再存在，后果不可预见和不可逆；3. 真实、客观等理念将会重新遭到估量，由于网络关系中有着各种层面的诠释群体，意义的建构将成为重点；4. 作为一个节点，衡量专业新闻传播机构好坏的不再是独家或者什么原创性新闻，而是接入点和到达点的数量，转换数据的能力和水平。所以，《纽约时报》就提出，要从一家生产优质数字报道的报纸转型为一家生产优质报纸的数字媒体，显见就要在以元技术——数字技术为核心的平台上同台竞争。这也正是厄里所讲的，如今遵循的是“网络执行逻辑，而不是命令逻辑”。看一下当下，中国传播沿网络节点水平展开，以行政地域纵向分层管治的媒介格局不再有效；舆论呈现多中心且在流动中此起彼伏；新闻业的一举一动被公开化被围观；大众传播想发力却找不到一个牢固支点，这些就在相当程度上说明了问题，虽然似乎还只是一个开始。可是，眼下的“媒体融合”或者“全媒体”，却透露出职业大众媒介机构执拗的路径依赖思维，“门”好像是敞开了，但仍坚定地延续着原有的职业想象，要将其他不同的媒介手段引进来为我所用，就好像之前与广播、电视的共聚一堂，而不是自己走出去，扑入“关系之网”一竞高低，不免还是揣着旧图景比照新传播。大众媒介即便十八般武艺全用上，仍然是一个“节点”，一个“转换者”，不可能再有以往“时钟”逻辑下因为分工而得到的那种“光荣与梦想”，旧船票难上新航船。

“学科的创立乃基于这样一个信念：由于现实被合理地分成了一些不同知识群，因此系统化研究便要求研究者掌握专门的技能，并借助于这些技能去集中应对多种多样、各自独立的现实领域。”② 同时，“学科”建设本身又是一种生产知识的社会实践，会进一步

① 厄里. 全球复杂性 [M]. 李冠福，译. 北京：北京大学出版社，2009：22，25，79–80，176.

② 华勒斯坦. 学科·知识·权力 [M]. 刘健芝，译. 北京：生活·读书·新知三联书店，1999：13.

建构并合法化这样的划分，于是就使人以为是天经地义，成为人们理解和认识现实世界的前设框架。新闻学也不例外，它是以新闻职业——以“决定论”的或者说“先定功能”规定下的分工——为对象所累积整合的一种知识体系，并借此构成了其前提——学科“普遍接受的方法和真理”①，“新闻业是生产和传播攸关普遍公共利益的重要时事信息的活动或实践。该活动由定期（一般是每天）发布时事信息或评论的一组机构进行，它以真诚的态度为分散和匿名的受众呈现真相，从而获得公众的关注”。②而今，这一确定无疑的“信念”遭到当头一棒，被卷入网络关系之中的新闻业，不仅其“卧榻”之旁布满了各种各样虎视眈眈的不同网络，而且必须与这些节点互为共存同气相呼。盖伊·塔克曼的那张“新闻网”③，职业新闻机构还可执在手中，还可以撒开去，但当它既不能独自“覆盖着世界”，亦无法单独“给社会生活设置某种秩序”时，原本坚固的职业景象和确定不移的操作规范——构成新闻学的一直被“普遍接受的方法和真理”，也到了“紧要关头”——处在改造的紧要关头。《纽约时报》最近就说，新媒体同行在优质新闻生产方面具有更大的热情和资金，传统媒体行业面临残酷变革，“要求我们重新思考我们的传统”，“以适应受众向移动平台大转移、社交媒体日益重要以及其他破坏性的趋势”，甚至认为要慎用“转型”，因为这个词是危险的，“暗示着从一个固定状态转向另一个，也有终点之意”。变革不是要使传统行业变成“网络第一”新闻编辑部或“移动第一”新闻编辑部，而是成为能够不断调整，适应重要需要的灵活的新闻编辑部。美国《贝尔维尔新闻民主报》执行主编说，他们的新闻编辑部已经实施“数字优先”战略，“印刷媒体已经处于要终结的边缘了”，更有学者惊呼，“过去的新闻工作一去不复返了”，因此，新闻记者的核心技能不能不变。卡西尔有言，④任何科学总是“经验”与“理论”，或者说是“事实性知识”与“原则性知识”的彼此交融。这也正是赫拉克利特所言的，往上之道与下降之道是同一条路。因而，随着新的事实之纷呈，我们必须相应地“让基础深植”，这是每一种科学应有之本质。面临“网络化关系”这种新的“事实性知识”，原有新闻学——“原则性知识”的重造，已是箭在弦上。

重造之意，粗粗想来，大概有这么几点。

第一，“应当重构当前的研究焦点，从作为技术的媒介，转向作为实践的传播。”⑤依我所见，新闻学科的基础要从媒介机构或职业新闻实践，转到整个人类的传播实践，就像人类被纳入了传播平台的范畴，新闻学必须自觉地转换视角，从人类传播实践的平台范畴来观照新闻业及其实践，把新闻实践与其他的传播并置，从而讨论其可能具有的特殊性及其实践规范，而不是以往那样，将新闻传播作为一种职业，与其他的传播相剥离。这样转换视角的目的，不是为了扩展新闻传播研究的范围，至少不是主要的，更重要的是更符合当下的新闻传播实际面貌，同时也可以更加深刻地理解和展示新闻传播自身，从而使新闻学有一个新的基础和景象。

---

① 沙姆韦，梅瑟－达维多 . 学科规训制度导论 [M] // 华勒斯坦 . 学科 · 知识 · 权力 . 北京：生活 · 读书 · 新知三联书店，1999：13.

② 舒登声 . 新闻社会学 [M]. 徐桂权，译 . 北京：华夏出版社，2010：13.

③ 塔克曼 . 做新闻 [M]. 丁未，译 . 北京：华夏出版社，2001：41-58.

④ 卡西尔 . 人文科学的逻辑 [M]. 关之尹，译 . 上海：上海译文出版社，2004：28-29.

⑤ 延森 . 媒介融合 [M]. 刘君，译 . 上海：复旦大学出版社，2010：1，3-4，17.

由于之前的新闻学始终是框定在“职业”之中，是跟随新闻职业而起的一套操作知识体系，新闻学迄今为止一直是建立于伦理基础上的规范性学科。它与经验性学科不一样，它的课程内容和研究，就是为了区分和说明什么是应该什么是不应该。规范理论既不是按照“事物的实际面目来描述，也并未提供科学的解释或预言。相反，这些理论描述了在理想的价值观和理想的规则得到实现的情况下，事物所应该具有的面貌”。[①]

具体地说，它主要是围绕报刊实践所形成的一套规范——新闻生产的基本过程、报刊性质的认识和理解、报刊职业与社会的关系、报刊从业者必须具有的道德和素质等展开。这一切职业实践的规范是既定和明确的，新闻学就是通过介绍说明这些规范来培养学生、分析新闻现象、指导新闻实践的。当新闻学从专业机构的眼界向“人类传播实践”打开，新闻业是“人类传播平台范畴”中的一个部分，那么，新闻学转换的就不只是一个眼光，同时还要改变自身的“规范”性质，成为与传播学一样的经验描述性学科，研究和知识的生产是围绕“是 / 不是”。当然，这并不是说处于“网络化关系”中的职业新闻实践不需要规范了，不存在应该 / 不应该的界线，而是说，这种规范可能需要重新理解和确立，甚至不排除呈动态状，不同情况不同规则，与“这种涌现出来的全球流动一同向前流动”。[②]因此，只有从网络化关系视野去探析，始终不断从新的经验事实入手，方能理解和分析新闻实践的状况，方能辨析乃至抽象出规范和原则。同时，这也可以使原来的新闻学——规范性学科和传播学——与和经验性学科并存而不和的新闻传播学，在性质上趋于一致。新闻传播学成为名副其实的一个整体。

第二，基于“时钟”的隐喻让位于“因特网”。新闻学原来所坚信不疑的一些前提及其概念，同样需要改造。我很喜欢华勒斯坦的说法，我们总是习惯于反思，而且的确也不时在反思，但现在需要做的其实只是干脆“否思”（unthinking）。因为“时至今日，这些旧理论的很多既狭隘又具误导性的假说依然深刻影响着我们的思维，而实际上本不该如此。这些曾经被认为是思想解放的假说，今天已经成为我们对社会进行有用的分析的核心理性障碍”。否思社会科学，“首先就需要否思我们的理性束缚”。因为文章篇幅所限，不能对此有太多展开，仅举一例。

“社会需要论”是新闻学解释新闻传播的一个唯一的前提，这个源自徐宝璜一脉的预设，被20世纪50年代的王中教授进一步阐发，在改革开放年代经过激烈争辩而终于击败“阶级斗争需要论”，登临众所拜服的正宗地位，并成为搭建新闻学知识体系的奠基石。这个混杂着人的生物本能和唯物史观的理论前提，把所谓原始社会的新闻传播和现代社会的新闻业一线牵起。社会需要转而成为新闻传播变化的一种内在驱动力，好比一个人所内藏的心理动机，总是预伏在那里，一有合适机会就发生作用，犹如异性相吸。这种把社会需要与社会变化视为亦步亦趋互为呼应的做法，在经验的层面早已不攻自破。比如：晚清传教士所办的《察世俗每月统记传》，目前公认是第一份中文刊物，乃是因口头布道之不可能，马礼逊、米怜迫不得已出此下策，而且还没有人看。那么，这究竟是在满足什么社会需要呢？舒登声根据美国报刊史的状况，批判这是一种不对历史做出任何解释的“自然史”，

① 巴兰，戴维斯．大众传播理论：基础、争鸣与未来 [M]. 北京：清华大学出版社，2014：96.

② 厄里．全球复杂性 [M]. 李冠福，译．北京：北京大学出版社，2009：22，25，79-80，176.

“一种无解的社会进化”。[①] 王中教授曾经用过病人和医院的关系的风趣比喻，来证明“社会需要论”之正确。他说，“大众传播工具实际上不过是人的传播器官——嘴巴的延伸罢了”，而嘴巴之所以变成了“大众传播工具”，则是由于“资本主义生产方式”所导致，是生产力发展到一定水平的产物，这与病人和医院的关系是一样的，病人是医院产生和存在的基础，但扁鹊、华佗就只能是望闻问切，不可能搞出 X 光机。医院变化的不过是设备和技术，病人需要治病则是一以贯之。[②] 可是，当王中教授把病人和医院看成一种自然关系时，也就完全忽视了扁鹊、华佗的“病人”和“X”光机时代的病人并不是一个概念。比如有史学家就证明，西医进入中国之后，完全颠覆了中医的一切，无论是看病方式、病情诊断以及病人身体结构、器官的构造，等于就是“再造病人”[③]，属于中国之前从未所见的“病人”。这到底是因为病人需要创造医院还是医院创造了病人呢？“病人”当然是一直存在的，但谁是病人，什么是病人是因时而变的，技术和观念有建构病人的力量，就好比媒介对于新闻和传播的重新构建，否则福柯就用不着写《疯癫与文明》了。报刊等大众媒介的出现，并没有以消灭“口头传播”为代价，“嘴巴”仍然在起作用甚至不能替代，也就足以证明大众媒介不是口头传播的自然延伸，而是另一个脉络——现代性的产物，与口头传播完全不是一回事。

就理论上看，这种自然进化的“社会需要论”，与华勒斯坦所指认的 19 世纪以来社会科学的两个前提吻合：一是“发展”；二是自然的时空观，即“时空被认为是一种自然的常态，因此属于外生变量而非连续性的社会创造”。[④] 由此，时空不过是自然生成的坐标，“发展”就是顺着这样的坐标不断向前同时又为坐标刻出阶段性标志。这种互相印证的“历史一体化”神话，不仅把社会的周期性变迁变成了线性的进化，而且也不能真正认识社会和传播的关系。吉登斯批评说，这是“学者们以自己影响规定的一些社会需求为依据，塑造出所谓的‘社会的理由’。如果这样的解释能够成立，除非在社会关系中的“行动者在行事之时，认识到他们所做的正是社会需要的”。[⑤] 知识“不是被动的，它构成它的对象。当我们把某一现象当作经验的对象时，我们在实际经历该现象之前先验地假定它遵守着一组给定的原则。只要我们把它当作一种可能的知识对象而感知，它就成为我们思维的综合活动的产物。我们发现我们自己也在我们的知识当中，因而科学家本身就是他在自然界中发现的那些普世规律的根源”。[⑥]“社会需要论”的前提以及其构成的对象，在中国新闻学的历史发展中，的确起到过重要的作用，只是既不符当前情势，也不再能够解释传播的历史和现实变化。新闻学知识体系的整体清理和改造已是势所必然。

如沿此再稍做展开，“新闻真实”同样需要重做考量。作为新闻学中的一个关键概念，“真实”是和“真实性”理论分不开的，后者作为一种理论视野，决定了对于真实的不同理解。新闻学至今仍然坚守“主客体”两分，把新闻当成现实的镜子，不仅远远落后于人

---

① 舒登声 . 探索新闻 [M]. 何颖怡，译 . 台北：远流出版社，1993：41–43.

② 赵凯 . 王中文集 [M]. 上海：复旦大学出版社，2004：233–234.

③ 杨念群 . 再造“病人”——中西医冲突下的空间政治（1832—1895）[M]. 北京：中国人民大学出版社，2006.

④ 华勒斯坦 . 否思社会科学 [M]. 刘琦岩，叶萌芽，译 . 北京：生活 · 读书 · 新知三联书店，2008：3

⑤ 吉登斯 . 社会的构成 [M]. 李康，李猛，译 . 北京：生活 · 读书 · 新知三联书店，1998：73，74.

⑥ 普里高津，斯唐热 . 从混沌到有序——人与自然的新对话 [M]. 曾庆宏，沈小峰，译 . 上海：上海译文出版社，1987：83，127–128.

文和社会科学的基本认识，在今天的网络化关系中更是处处捉襟见肘。其实，这个问题也不是完全由新传播所引起。早些年有学者从辩证逻辑揭示“事实”并非客观之物，而是对外在事物的判断和陈述，就足以形成对新闻学理论的挑战。关于这个问题，除了芮必峰教授在《新闻大学》发过一文，就此对新闻报道提出一些新的理解之外，没有人再加注意。①现在看来，我自己写过的关于客观性文章，同样需要再审视和批判，我没有对不同维度的理论立场好好清理，反而试图归拢一起。

第三，与“社会需要论”相关，媒介在新闻学中永远摆脱不了为满足需要而被使用的工具之命运，而且是由少到多的直线型变化：口头传播、书写传播、印刷传播、电子传播，现在又加上了网络/数字传播。所谓的“媒体融合”或者“全媒体”，就是这种想象的结果，于是乎，在一贯以媒介为逻辑的专业划分中，再加上一个“新媒体传播”或“网络传播/创意”之类的，其他什么都无须变。这固然简便，用不着伤筋动骨，只是“错把杭州当汴州”。前面提到过的《纽约时报》“创新报告”中就说，在接下来，他们要进一步重视“创建受众拓展团队”；组建数据分析团队；创建战略分析团队；鼓励跨部门合作，零距离贴近受众；优先招聘数字人才，助力“数字优先”战略。显然，这种创新和人才职位的想象，远不是我们现有的教学思维和内容所能涵盖，也不是增加一个“网络传播”之类的所能解决的，而是要从网络化关系出发，彻底打破现有的专业划分，对人才培养的目标做出新的审视。与之相应，现有的教学方案、教学方式、课程体系等均需要做出新的结构性调整。对此，我最近在《新闻大学》上所发表的关于学科整体转型的文章中也已提及，这里就不再具体展开，以节省篇幅。

吉登斯说，“社会学习的能力是现代性留给世界的遗产，依靠它我们可以预知未来。面对加速的社会变迁，只有社会自身不断来调整它的制度，才能自信地迎接可预期的未来。社会学正是运用这种反思性的主要方法”②。吉氏这番话虽然是就社会学而言，对于新闻学同样适用。在当今传播革命的大变革下，增强自己的“社会学习能力”和反思的能力，重造新闻学，避免以旧知识旧眼光旧思维拥抱新交往，已经刻不容缓。

① 彭涟漪．事实论[M]. 上海：上海社会科学院出版社，1996.

② 吉登斯．社会理论与现代社会学[M]. 文军，赵勇，译．北京：社会科学文献出版社，2003：23.

目 录

第一篇

新闻业态重构

中国新闻传媒业的新生态、新业态*

李良荣　袁鸣徽

一、中国新闻传媒业新生态、新业态的基本表现

政府规制、技术进步、资本介入、社会变迁是影响传媒业发展的重要变量。通常来讲，政府对传媒业的政策比较稳定，随着互联网的深入发展，资本和技术对新闻传媒业的影响越来越大，改变了过去以传统媒体为主的传播结构，中国新闻传媒业的新生态、新业态已悄然形成。当前中国新闻传媒业新生态、新业态的基本表现主要有四个方面。

1. 以混合所有制为标志的传媒新体制基本成型

我们这里讨论的是宏观层面上新闻传媒业资本构成的变化。新闻传媒业混合所有制主要表现在两个层面。

首先，传统媒体时代，传媒资本归国家所有，实行企业化管理，尽管部分业外资本可以进入媒体的经营性业务，但仍必须坚持“宣传和经营两分开”和“国有传媒资本控股”的基本原则。现在，传统媒体中属于党的喉舌性质的报纸、广播、电视仍然坚持国家所有，但互联网上的大部分新媒体都属于民营资本所有。

其次，以 BAT 为代表的民营资本在政策的支持下，以参股、合作、收购等多种方式在传统媒体和新媒体领域积极布局。以阿里巴巴集团 2015 年的媒体布局为例，2015 年 6 月，阿里巴巴以 12 亿元入股“第一财经”，获得“第一财经”30% 的股权；10 月与四川日报报业集团华西都市报社合作成立“封面传媒”；12 月又收购了香港的英文报纸《南华早报》。阿里巴巴通过在传媒业的一系列并购，已经成功在视频、社交媒体、传统媒体、电影业、新闻客户端等领域布局，传媒帝国已然成型。①

2. 以互联网为中心的传播新格局形成，新媒体成为主导，传统媒体全线收缩

在当前新老媒体共同组成的传媒格局中，传统媒体整体上面临着江河日下的困境。2015 年电视广告投放量首次下滑，较 2014 年下降了 5.6%；报业的“断崖式”下跌仍在持续，停刊和休刊成为传统报刊行业的“新常态”。受互联网冲击较小的广播媒体市场在 2015

* 本文首发于《新闻大学》2017 年第 3 期，第 1–7 页和第 146 页。

① 崔保国 . 中国传媒产业发展报告（2016）[M]. 北京：社会科学文献出版社，2016：241.

年也出现了小幅下滑。[①] 与之形成鲜明对比的是，网络媒体的受众和市场规模仍在持续扩张。截至2016年12月，中国网民规模达7.31亿，互联网普及率为53.2%；手机网民规模为6.95亿，网民中手机上网人群占比由2015年的90.1%提升至95.1%。[②] 2015年传媒产业细分行业中，互联网媒体的市场占比由2014年的47.2%上升至51.8%，电视、报纸、广播媒体的市场占比萎缩至20%。同时，互联网媒体的广告收入（2 096.7亿元）也首次超过电视、报纸、广播和杂志四家传统媒体广告收入之和（1 743.53亿元）。从市场规模上看，互联网媒体已经成为真正的主导，传统媒体更加式微。[③]

更值得关注的是，在当前的新媒体格局中，民营新媒体占据主导地位，社会影响力与日俱增。以移动端市场为例，国内数据机构艾瑞数据显示，2017年3月"有效使用时长"排名前五位的新闻资讯客户端（今日头条、腾讯新闻、网易新闻、天天快报以及搜狐新闻[④]）都属于民营新媒体。除了像《人民日报》这样的中央媒体，传统媒体开办的移动客户端的用户普遍偏少，影响力不大。

3. "制播分离"新模式出现，传统新闻媒体面临沦为"内容提供商"的风险

相比过去传统媒体垄断新闻信息来源和传播渠道的"自产自销"，新闻传媒业"制播分离"模式越来越普遍。"制播分离"指新闻内容的生产和分发渠道的分离，主要表现在两个方面：社交媒体已逐渐成为新闻获取、评论、转发、跳转的重要渠道；以今日头条和一点资讯为代表的个性化资讯平台，采用"算法分发"模式，精确推送用户感兴趣的新闻资讯，正在改变门户网站历经十余年塑造出的格局。"制播分离"模式一方面推动了新媒体与传统主流媒体的融合，另一方面也将带来传播权力的转移，传统媒体可能会沦为互联网公司的"内容提供商"。有学者分析脸谱网（Facebook）进军新闻业的举措后认为，社交媒体依靠强大的用户技术和用户黏性，控制了新闻信息流向受众的主要渠道，以脸谱网为代表的技术寡头将取代传统媒体成为新的"信息把关人"和"议程设置者"，成为控制公共生活和媒介生态的决定性力量，从而颠覆新闻业传统的利益格局，并使互联网公共领域呈现出"再封建化"的趋势。[⑤]

4. 生产主体、多媒介渠道、融合新闻重塑新闻生产和传播生态

互联网的深度发展彻底改变了以媒体机构为主导的媒介生态。在新闻生产领域，PGC（Professional Generated Content）与UGC（User Generated Content）融合的新闻生产特征日益显现。从信息接收方面来看，用户获取新闻信息的媒介边界不断模糊，报纸、网站、客户端、微博等媒介入口不断完善，社交媒体在新闻获取和传播上的影响力不断扩大。从新闻内容形态来看，以图像、视频为主的融合新闻产品逐渐占据新闻生产和传播的主体地位，"有图有真相""无视频，不新闻"，这对新闻生产者提出了新的要求。

---

① 崔保国．中国传媒产业发展报告（2016）[M]. 北京：社会科学文献出版社，2016：6-7.

② 中国互联网络信息中心．中国互联网发展状况统计报告 [R/OL].（2017-01-11）[2017-03-10]. http：//10.6.0.123/files/21100000000781B2/www. cnnic.net. cn/hlwfzyj/hlwxzbg/hlwtjbg/201701/P020170123364672657408.pdf.

③ 郭全中，郭锐，郭凤娟．2015年我国传媒类上市公司发展情况研究 [J]. 西部学刊，2016（10）.

④ 参见艾瑞App指数，该指数在每个月根据月独立设备数、日均独立设备数、月度总有效时长三个指标对不同类别的移动应用进行排名。

⑤ 史安斌，王沛楠．传播权利的转移与互联网公共领域的"再封建化"——脸谱网进军新闻业的思考[J]. 新闻记者，2017（1）.

二、资本大鳄向传媒业进军，引发新闻业变动

无论在什么国家，在过去 20 年里，新闻报道都不是互联网的主业。但近年来，资本裹挟技术大举入侵媒体，兼并收购浪潮不断，互联网企业对传统媒体的“倒融合”逐渐成为趋势，跨界超级媒体集团显露雏形。

纵览国外，媒体投资快速升温，体量庞大的超级商业公司、科技公司纷纷进军新闻媒体领域。我国的互联网企业占有资本和技术的先天优势，截至 2016 年 12 月底，我国境内外互联网上市企业数量达到 91 家，总体市值为 5.4 万亿人民币。在中国香港上市的腾讯公司和在美国上市的阿里巴巴公司的市值总和超过 3 万亿人民币，两家公司占中国上市互联网企业总值的 57%。① 政策层面，“数字中国”“互联网 +”计划、推动传统媒体和新媒体融合等国家战略为资本进军传媒业提供了政策扶持。在这样的背景下，商界巨头开始积极布局传媒版图。BAT 中，腾讯和百度早已涉足传媒，“腾讯新闻”是移动客户端领头者。阿里巴巴近年来频频投资传媒，架构出了体系完整的媒体集群。

当前，资本在新闻市场的布局表现在 3 个方面。一是财团收购、参股新闻媒体，获得新闻市场入口，如阿里巴巴收购《南华早报》、入股“第一财经”，恒大集团收购香港新传媒集团，万达集团收购瑞士盈方体育传媒集团。二是媒体平台与传统新闻媒体展开内容合作，传统媒体变为新闻供应商，如 2015 年年底，今日头条和湖北省新闻出版广电总局签署战略合作框架协议，湖北省两百余家报纸、四百余家杂志入驻今日头条“头条号”平台。三是打造自身的内容制作和分发平台，扶持自媒体的内容生产，如2015年9月淘宝推出“内容开放”计划，优质内容创作者与机构三年内共享 20 亿市场佣金。当前，BAT 加入移动资讯分发市场，加大技术算法投入：2015 年腾讯上线天天快报，用户使用微信或者 QQ 登录，系统即刻识别用户的阅读兴趣和习惯；2016 年阿里巴巴通过 UC 实施“媒体赋能计划”，打造“懂你的 UC”；2016 年百度“百家号”上线，采用机器 + 人工方式审核，运用技术手段简化流程，提高效率。

在过去，民营资本想要染指新闻业阻力重重，政策壁垒难以突破，现在这一门槛似乎被轻松跨过，一个典型的案例是，2014—2015 年传统媒体机构为了寻求转型突破，依托政府支持和资本力量推出一系列数字原生新闻品牌，形成了“东澎湃，南并读，西封面，北无界，中九派”的格局，其中“无界”背后是财讯集团、新疆维吾尔自治区和阿里巴巴，“封面”背后是四川日报集团、阿里巴巴。有评论称这些“新的网络原生新闻品牌一来到人间，每个毛孔都充满着资本的气味”②。对传统媒体来说，借力资本、技术寻求发展的模式，机遇与挑战并存。正如《纽约时报》的 CEO 马克・汤普森所说的：“参与这个游戏会有风险（risk），但置身事外则会有危险（danger）。”③《纽约时报》曾经尝试过的付费墙和原生广告并没有挽救不断下滑的订阅量和不断减少的广告数，不得不与网络新贵

---

① 中国互联网络信息中心 .2016 年中国互联网新闻市场研究报告 [R/OL].（2017-01-11）[2017-03-10]. http：//www. cnnic.net. cn/hlwfzyj/hlwxzbg/mtbg/201701/P020170112309068736023.pdf.

② 王武彬 . 封面传媒们是因为什么而出现的 [EB/OL].（2015-10-29）[2015-12-21]. http：//mediahacker. baijia. baidu.com/article/210625.

③ 史安斌，王沛楠 . 传播权利的转移与互联网公共领域的“再封建化”——脸谱网进军新闻业的思考 [J]. 新闻记者，2017（1）.

如脸谱网、谷歌等平台联合进行新闻发布，借助互联网公司的渠道优势发布内容。但有学者指出，从长远看，当越来越多的用户从社交平台获取新闻，不再关注新闻内容的来源，传统媒体可能会由于高度依赖社交媒体而失去对内容的主导权，逐渐丧失其长期建立起来的品牌效应，从而被彻底边缘化。①

对于互联网巨头而言，与传媒联姻是资本做大做强的需要。一方面媒体能够为资本争取话语权提供支持，能扩大资本的社会影响力，当前国内财团对媒体的投资很大程度集中在财经媒体上；另一方面，资本出于扩张和增值的本性，自然也是希望从传媒市场中分一杯羹，这客观上推动了以互联网为主导的新传播格局的形成。新的格局也面临着新的困境，用户快速、大量集中在今日头条、天天快报这些平台上，将一定程度上加剧新闻垄断的局面。互联网民营新闻业在我国新闻传媒体系中应该如何定位，民营新闻与传统党报和都市报如何共生，如何避免资本的过度渗透而影响新闻的公共属性，这些都是政府在传媒规制上面临的新课题。

三、中间阶层与舆论新取向

按照不同算法，我国中间阶层的规模在总人口中的比重在 10%~25% 不等，20% 左右可以被大家认可。以70后、80后和部分90后为主体的中间阶层正逐渐成为社会的中坚力量。这一群体的基本特征可以概括为“五高”：高学历、高收入、高消费、高承担、高焦虑。中国中间阶层是改革开放和市场经济的受益者，因而是社会稳定的天然拥护者。在过去充斥着“三低人群”的网络舆论场上，中间阶层一直作为“沉默的少数”而存在。然而近一年的网络热点事件显示，中间阶层开始走上前台，成为网络舆论的主导力量和“意见表达派”，由此带来了网络舆论场的新变化、新取向。

1. 中间阶层成为网络舆论的主导性群体

中国互联网络信息中心 2016 年结合网民上网看新闻的行为指标，将我国互联网新闻用户大致分成了四个用户群：“手机娱乐派”“意见表达派”“多屏低调派”以及“传统时政派”。② 其中“意见表达派”的构成主体从年龄上看是 25—34 岁的青年人（占比 60.3%），从学历上看是大学本科及以上的高学历人群（占比达 56.6%），这一群体与现实中的中间阶层更为契合。中间阶层对社会热点事件的关注度和表达意愿最高，乐于表达观点，分享转发新闻，在新闻传播中扮演了更积极的角色，成为网络舆论的主导性群体。随着越来越多的高知新闻用户聚集在知乎、果壳等知识问答社区和网络社群，2016 年，高知用户聚集的网络社群在网络舆论热点事件的产生、发酵和传播过程中起到了非常重要的作用。

2. 网络议题的转换：从弱势群体的维权到对安全稳定的关注

过去我国的网民主体具有较强的“草根性”，农村网民及低收入网民一直占有相当的

① 史安斌，王沛楠. 传播权利的转移与互联网公共领域的“再封建化”——脸谱网进军新闻业的思考[J]. 新闻记者，2017（1）.

② 中国互联网络信息中心 .2016 年中国互联网新闻市场研究报告 [R/OL].（2017-01-11）[2017-03-10]. http://www.cnnic.net.cn/hlwfzyj/hlwxzbg/mtbg/201701/P020170112309068736023.pdf.

比例，他们整体处于社会弱势地位，未能充分享受改革开放的成果，互联网成为这一群体争取自身权益的平台，由此网络议题多聚焦在社会不公、贫富差距扩大等社会矛盾上，如浙江的钱云会事件、宜黄强拆事件。

随着中间阶层的觉醒，人身安全、财产安全、人格尊严和法治保障等议题开始受到更多关注，如常州“毒跑道”事件、大学生魏则西之死、雷洋案等。一线城市居民和中等收入阶层在一些突发事件和股市、住房、教育、个税等热点问题上表现出焦虑不安的情绪，如在雷洋案中，他们担心“今天不关心雷洋，下一个遭遇不测的就是自己”。中间阶层的焦虑主要源于他们自身的高度脆弱性，许多人从社会底层奋斗上来，承担着较大的生活压力，教育、住房、疾病等问题能够轻易改变他们现有的经济社会地位，使他们一夜之间沦落为贫穷阶层，因此有舆情报告指出，中间阶层对涉及他们切身利益的问题表现出强烈的关注，他们对社会走向持观望心态，成为舆论场的一股暗流。①

3. 网络动员和诉求表达有理有据

过去草根网民在网络维权中因对现实不满，容易产生极端对立情绪。中间阶层具有良好的教育背景，在一系列舆情事件中，他们的网络动员和诉求表达更加冷静克制、有理有据，他们不再是乌合之众，而是有组织的网络群体。在雷洋案中，不同年级的人大校友在雷洋死亡后联合发表声明、签名，接受媒体采访，质疑警方的解释，迫使公检法机关给予回应。他们还成立了工作组，分工明确，诉求过程中强调参与者保持理性和克制。网民在魏则西帖子后的留言表明了他们的身份是医生、护士、大学生、普通白领等，他们的留言或鼓励，或提供实际帮助。质疑账户和患者真实性的发言出现后，很快会有用户给予考证和合情合理的解释。

四、新生代与舆论新生态

舆论生态的另一个变化来自互联网上的新生代。报告指出，尽管80后、90后是互联网应用的主体人群，但作为新生代网民的95后、00后人群正在逐步重塑网络舆论的基本形态。②

1. 真正“丰裕的一代”

90后、00后不仅生活在丰厚与充裕的物质环境中，还成长在发展机会增多、空间增大、流通渠道畅通、社会态度兼容多元的社会环境中，他们是改革开放以来真正“丰裕的一代”，他们目睹了国家国力逐渐强盛，富有文化自信，乐于在网络上传播正能量。

2. 互联网“原住民”，网络使用娱乐化

新生代出生成长之时，互联网进入中国，他们是互联网的第一代“原住民”，互联网已经深深嵌入了他们的日常生活。许多90后从网络游戏开始接触互联网，他们的网络使用更加娱乐化。舆情报告指出，关注新闻热点话题的微博网民已经发生了代际交替，在新

① 祝华新，潘宇峰，陈晓冉．社会蓝皮书：2017年中国社会形势分析与预测[M]. 北京：社会科学文献出版社，2016：230.

② 祝华新，潘宇峰，陈晓冉．社会蓝皮书：2017年中国社会形势分析与预测[M]. 北京：社会科学文献出版社，2016：239.

一代微博用户中，时政类话题的关注度有所下降，演艺界话题更加走俏，“明星”“时尚”“美女”“动漫”话题受到热捧，微博的文娱色彩更加浓厚。①

3. 拒绝“严肃”，但具有朴素而强烈的爱国情感

其中一个现象是2016年“小粉红”群体的崛起。在表情包大战、南海仲裁事件等涉及爱国表达的热点事件中，90后用轻松活泼、娱乐化的表现方式展现了强大的自我动员与组织能力。

4. 主动拥抱新思维、新变化

作为互联网上最具活力的群体，新生代期望个性化的媒体呈现，热衷社交传播分享，是诸多新思潮和亚文化的追捧者。

作为互联网上最活跃的群体，90后、00后群体中的大部分是大学生或是即将进入大学校园的中学生，这群成长在互联网环境中的青年人的力量和影响力已经开始显现。可以说，他们的喜好决定了媒体的未来。例如，今年两会期间，中央和地方的强势主流媒体在新闻报道中融合了图解、数读、视频、H5、直播、二维码、VR等多种元素，这样做的一个重要原因就是要吸引年轻人关注两会。两会版《成都》、动画视频《当民法总则遇上哪吒》，视频节目《厉害了我的两会》，这些融媒体产品用生动、风趣、活泼的语言和形式来表达严肃的新闻，以迎合年轻人娱乐化的信息消费习惯。

五、“后真相”时代

2016年11月，《牛津词典》将post-truth（后真相）选为2016年的“年度词汇”。post-truth描述的是诉诸情感与个人信仰比陈述客观事实更能影响民意的种种状况。《牛津词典》指出，该词“在2016年度的使用率比上一年增长了2 000%”，“是拜英国脱欧公投和美国总统大选所赐”。有媒体称“后真相时代”已然来临。②

《牛津词典》中指出，社交媒体作为新闻来源和主流媒体提供的新闻事实不被人们信任，是出现“后真相”现象的深层原因。美国皮尤中心的调查显示，社交媒体和新闻网站已经成为人们获取网络新闻的首要渠道。而在美国大选期间，被商业逻辑主宰的社交媒体界面充斥着谎言与假新闻，美国新闻聚合网站BuzzFeed的调查显示，在美国大选结果出炉的前3个月里，排名前20的虚假新闻在脸谱网上的分享次数超过了870万次，比主流新闻网站真实新闻的740万次高出130万次。③

除了技术和资本因素之外，假新闻被广泛传播还在于受众更相信与他们愿望相一致的信息。后真相时代的基本特征是情绪在前，客观在后；态度在前，认知在后；成见在前，事实在后。正如李普曼指出的，在认识世界的时候，人们会倾向于抓住固定的成见，这些

---

① 祝华新，潘宇峰，陈晓冉．社会蓝皮书：2017年中国社会形势分析与预测[M]. 北京：社会科学文献出版社，2016：240.

② FREELAND J. Post-truth politicians such as Donald Trump and Boris Johnson are no joke [N/OL]. The Guardian, 2016-05-13[2016-12-10]. https：//www. theguardian. com/commentisfree/2016/may/13/boris-johnson-donald-trump-post-truth-politician.

③ 第一财经．“美国人喜欢看”：假新闻横扫网络，特朗普是最大赢家？[EB/OL].（2016-12-25）[2017-03-11]. http：//www. yicai.com/news/5190780.html.

固定的成见“包含了它们所附带的感情。它们是我们传统的堡垒，在它们的防卫下，我们能够继续感到我们所处的地位是安全的”[①]。适合病毒式传播的常常是情绪凌驾于事实之上的观点表达。如果说过去报纸和电视上仍会有不同信源和观点的呈现，现在社交媒体和新闻客户端极力追求的是推送符合用户口味的信息，“举媒体之力，结大众欢心”[②]。由此带来的“蚕茧效应”和“回音壁效应”不断强化用户对事物的原本认知，相比之下，真相已不再重要。

离我们最近的是事实，离我们最远的是真相。如果说资本和技术在新闻传媒业的渗透在传播格局上已经造成了传统媒体不可逆转的衰落，那么“后真相”的流行是互联网社交媒体对新闻媒体职业伦理的冲击，这将是继 20 世纪 60 年代新新闻主义以来，新闻报道客观性遇到的又一次重大挑战。

六、众媒时代的自媒体转型

2016 年，专业自媒体走向兴盛。微博时代的大 V、中 V 纷纷投身自媒体，专业媒体人转向微信公众号，在自媒体融资变现的诱惑下，越来越多的专业人士投身其中，在细分市场里精耕细作。以社群运营的自媒体是目前商业化最成熟的一种模式。自媒体的收益一方面来自粉丝的打赏和广告商的赞助，另一方面来自媒体平台的补贴。2015 年，各媒体平台相继启动自媒体扶持计划，注入大量资金和资源，以争抢优质内容和优质自媒体撰稿人。

无论自媒体账号的粉丝是有几万还是几十万，自媒体本质上还是小众传播。流量和眼球是维系自媒体运营和实现关系变现的关键。所以提供“你想知道”的内容，“为你的阶层写作”成为许多自媒体营销号的内容生产方向。资深媒体人宋志标认为，微信公众号谈不上对新闻有什么贡献，“更多的公众号是取媚于人，是另一种盲目，而且是故意放任这种盲目，引以为先进。在这个过程中，文本创新被轻佻地固定在轻松阅读、娱乐消费的层次上”[③]。

自媒体的崛起代表着中国真正迎来了“意见的自由市场”，传统媒体垄断消息源及整个事件表达的历史结束。但在商业逻辑的驱使下，一味迎合粉丝的自媒体实际上为用户搭建了一个个“信息茧房”，使人们眼界变得狭窄，观念固化。互联网让世界连成一片，但又让社会四分五裂，社会共识将更加难以达成。

七、视频直播和 VR 新闻

作为视频新闻的传统表现形式，电视新闻随着受众的流失受到严重冲击。而短视频、

① 李普曼 . 舆论学 [M] . 林珊，译 . 北京：华夏出版社，1989：62.

② 史安斌，王沛楠 . 传播权利的转移与互联网公共领域的“再封建化”——脸谱网进军新闻业的思考 [J]. 新闻记者，2017（1）.

③ 陈刚，王继周 . 微信公（众）号的进步“幻象”与媒体未来——微信公众账号“王冲”与“旧闻评论”访谈录 [J]. 新闻记者，2016（12）.

视频直播正日益取代传统图文，成为内容创业者的新蓝海。从 2015 年开始，腾讯新闻、网易新闻等先后在客户端增加了直播页卡，以直播形式报道包括体育赛事、娱乐资讯等新闻内容。今年两会期间，人民网与腾讯网联手，首次推出每日连续 9 小时、总时长超 100 小时的两会直播，创下访问量过亿的记录。[①]《2017 未来媒体趋势报告》指出，流媒体（视频直播）是未来新闻传媒业发展的重要趋势。[②] 直播的兴起得益于技术进步和成本下降，也反映了"标题党"泛滥的时代，用户对新闻真实的渴求。而视频直播带来了时间、空间的零距离感，一定程度上符合公众眼见为实、探究真相的心理预期。

此外，VR（虚拟现实）技术也将在新闻传媒业有所作为。2015 年，VR 技术开始走向大众消费市场，2016 年是 VR 产业化元年。国内 VR 市场处于启动期，预计 VR 市场规模将以每年 3—5 倍的增速扩张，到 2020 年将达到 550 亿元。[③] 尽管目前 VR 技术主要应用于游戏和影视领域，新闻传媒领域的实践尚不成熟，但 VR 技术在未来几年成为新媒体领域的中流砥柱似乎已成定局。VR 技术带给用户的不是一个画面、一种声音或一段文字，而是一种"体验"。VR 让新闻记者能够更直接、更真实地抓取新闻要素，同时也让读者能更真切、自主地体验到现实场景，真正意义上实现跨时空的新闻呈现。未来的新闻将不仅是用来"读"的，还是用来"体验的"。[④]

八、新时代中的"老媒体"

当前，在中国传媒业的新生态下，资本和技术推动下的网络新媒体看似正在不断压缩传统媒体的生存空间，然而在新的传播格局中，"老媒体"不是优势尽失，而是优势尽显。一方面，必须要承认的是在新闻生产和传播的模式已经根本上发生了变化之后，传统媒体过去作为"信息媒体"的功能已经不可逆转地衰落；另一方面，后真相时代，碎片化信息泛滥，新闻反转频繁出现，人们对新闻真相的需求更加强烈，传统媒体基于其人才、资源和品牌优势，更该承担起坚持真实、揭示真相、坚守真理的重任，从"信息媒体"变为"意义媒体"。

传统媒体的意义将主要体现在：在富有争议的热点事件中，专业记者通过深入调查为公众呈现事件真相；在国家的重大方针政策出台之际，传统媒体进行及时深刻的解读；对于国内外重大事件传统媒体进行综合全面的报道，而不是片面地一事一报。如果说网络媒体主要提供信息，传统媒体则提供"经核实的信息和深刻的思想"，从这个意义上来讲，当前"老媒体"的规模萎缩是一次新闻业的"供给侧改革"，未来传统媒体将重回"一报两台"的基本格局，通过提供"意义"在新的传播格局中找到属于自己的位置和价值。

---

① 人民网 . 两会视频直播引发关注过 1 亿 人民网"融发展"再上台阶 [EB/OL].（2017-03-13）[2017-04-15]. http：//media. people.com. cn/n1/2017/0313/c120837-29140891.html.

② 新浪新闻 .2017 未来媒体趋势报告 [R/OL].（2016-10-24）[2016-12-02]. http：//news. sina. com. cn/2016-10-24/doc-ifxwztrt0308410.shtml.

③ 艾瑞咨询 .2016 年中国虚拟现实（VR）行业研究报告 [M] // 崔保国 . 中国传媒产业发展报告（2016）. 北京：社会科学文献出版社，2016：302.

④ 新浪新闻 .2017 未来媒体趋势报告 [R/OL].（2016-10-24）[2016-12-02]. http：//news. sina. com. cn/2016-10-24/doc-ifxwztrt0308410.shtml.

互联网与中国新闻业的重构
——以结构、生产、公共性为维度的研究*

张志安　吴涛

过去十余年，互联网正在深刻改变乃至重塑着中国新闻业。以新浪微博、腾讯、字节跳动等为代表的商业门户网站，以东方网、南方网等为代表的重点新闻网站和以人民网、南都网为代表的媒体新闻网站，已经成为主流媒体版图中的重要组成部分。当传统报业面临越来越严峻的生存危机，网络新闻业无论是用户规模还是媒体市值都相当可观。伴随互联网用户规模的扩大和互联网产业的蓬勃发展，从产业结构、管理制度到生产方式，互联网正在改变着中国新闻业的深层结构和整体生态。本文试图从新闻业的结构、行动者的生产实践、传媒的公共性三个维度来总结和探讨互联网对中国新闻业的影响。

一、中国新闻业市场和权力结构的双重变化

新闻业的结构，包括用户结构、产业结构、产权结构和管制结构等，主要体现在市场和权力两个层次。互联网的应用和普及，使中国新闻业在结构层面发生了根本变化。

（一）互联网用户增长改变受众结构

受众结构变化直接表现在传统媒体受众减少、网络用户规模增长，尤其是年轻人越来越趋向于“不看报纸、少看电视”，更加依赖手机、Pad 等终端来随时随地上网，移动网民规模日益扩大。中国互联网络信息中心（CNNIC）第 43 次《中国互联网络发展状况统计报告》显示，截至 2018 年 12 月，中国网民规模达到 8.29 亿，手机网民规模达 8.17 亿，全年新增手机网民 6 433 万，网民中使用手机上网的占 98.6%。随着移动互联网技术的日趋完善、手机终端的大屏化以及手机应用体验的不断升级，手机作为网民主要上网终端的趋势进一步凸显。

为满足新型受众的移动化阅读需求，各大媒体纷纷发力移动互联网，推出大量新闻 App。人民网研究院 2013 年 1 月对国内 1 486 份报纸的统计显示，[①] 推出新闻 App 的有 170 家，

---

* 本文首发于《现代传播》2016 年第 1 期，第 44–50 页，有改动。

① 唐绪军．中国新媒体年度报告（2013）[M]．北京：社会科学出版社，2013：11.

占报纸总数的11.4%。2015年，在澎湃新闻的引领下，传统新闻媒体更是掀起新一轮建设新闻客户端的高潮，并读、无界、上游、封面、猛犸、九派、南方+等纷纷亮相，清华大学教授沈阳在发布的《未来媒体趋势报告》中指出，110家官方媒体中60%已拥有自己的客户端。

（二）互联网产业收入改造产业结构

从传媒产业的市场结构看，互联网已经远超报业，成为第一大传媒产业。2014年，互联网业务（包括网络加移动增值）规模占到传媒产业总体市场的47.2%，几乎占据了传媒产业的半壁江山，而传统报业的市场份额已经下降到5.1%。[①] 自2012—2013年传统报业出现“拐点”以来，在互联网行业的猛烈冲击下，传统报业持续衰退，2014年更是呈现“断崖式”下滑局面。清华大学发布的《2015中国传媒产业发展大趋势》中显示，[②]2014年全国报纸印刷用纸量约为270万吨，比2013年减少了近1/4，报纸发行量事实上下降了25%。作为传统报业主要收入来源的广告市场，也连续四年负增长，2014年的下降幅度达到15%，2015年报业广告收入则普遍下降20%以上，个别报纸甚至降幅高达30%。与传统报业广告市场的惨淡相比，2014年网络广告收入则超过了1 500亿，增长了40%。

（三）互联网产权突破改变股权结构

改革开放以来，我国媒体实行“事业单位，企业化运作”的双轨制，产权结构比较单一，始终坚持国家控股。进入2000年以后，政府加快了传统新闻业融资政策、产权结构改革的步伐，允许报业集团上市进入股票市场，比如2004年12月《北京青年报》在香港上市，但仍规定非国有股权不得超过49%，以保持国家的控股地位。[③] 此后，尽管陆续有粤传媒（广州日报报业集团）、新华传媒（解放日报报业集团）等在国内上市，但报业集团的产权结构始终是国家主导。

但是，以腾讯、网易、新浪、搜狐为代表的IT企业，其创业资本主要来自海外基金，加上在美国纳斯达克等海外资本市场整体上市，这些商业新闻网站的产权结构实质上已经突破了中国新闻业必须“国有”的传统。以腾讯为例，南非的两家外资集团MIH和ABSA分别占有34.27%和6.32%的股权，以马化腾为首的创业团队占有剩余股权。考虑到商业新闻网站在当下中国新闻业中举足轻重的地位与影响力，某种程度上看，中国新闻业的“事业单位”性质已被彻底改变，形成了传统媒体坚持国有、网络媒体国有与私有并存的全新格局。

（四）互联网管制体系改变权力结构

互联网业务的牌照多年来主要由国务院新闻办来管理，而整体的舆论导向皆由宣传部

---

① 资料来源：《2015年中国传媒产业报告 谁才是赢家》，网址为 http：//www. yejibang. com/news-details-10779. html。

② 中国社会科学网 . 清华大学研究报告：2015 中国传媒产业发展大趋势 [R/OL].（2015-06-15）[2015-11-13]. http：//www. cssn. cn/dybg/dyba_wh/201506/t20150615_2035014_9.shtml.

③ STOCKMANN D. Race to the bottom：media marketization and increasing negativity toward the United States in China[J]. Political communication，2011，28（3）.

门主导。如今，互联网新闻业务的归口管理已经从国务院新闻办转至2011年成立的“国家互联网信息管理办公室”。而且，随着网络成为舆论调控和管理的“重中之重”，2013年国信办与国新办正式分家，国信办成为互联网的主要监管机构，加之国家新闻出版总署和国家广电总局已合并为“国家新闻出版广电总局”，总体上看，网络新闻业的监管呈现出集中化、升级化特征。

再具体到新闻审查机制上，互联网新闻业跟传统新闻业最主要有三点不同。一是监管主体的“联动性”更强。“国家互联网信息管理办公室”主导，公安部、工业和信息化部等参与协同治理，过去网络新闻业“多龙治水”的局面得以出现根本性改观。二是管理权限更加集中。过去“互联网的管理规则虽然出自北京，但是每个省都有自己的管制规定，甚至每个城市都有自己的地方性自治条例，结果在不同的地方，存在着很大的政策、法规、服务和价格的差异”①。现在，主流商业网站和媒体网站主要集中在北京、上海和广州等大城市，尤其集中在北京，由此导致网络新闻的监管呈现“属地化”特征，监管效率更高。三是“事先审查”和“自我审查”的强化。过去，传统媒体采取的是审看制、追错制，而网络媒体采取的则是过滤制、纠错制，主要体现在：建立防火墙，屏蔽脸谱网、推特等一些国外网站上的内容；采用关键词过滤技术，将一些涉及敏感话题的关键词和谐掉，使受众无法搜索到与该关键词相关的内容；②及时有效地纠错，将违法或敏感内容尽快删除乃至全部从网络上清除干净。据称，我国的互联网管制在5—30分钟内可以将接近30%的“违规内容”删除，接近90%的“违规内容”在发表后24小时内会被删除，总体上看，过滤制提高了新闻发布事先审查的效率，纠错制能快速消除网络上负面、敏感信息的不良影响。

二、传统新闻业生产变革与网络新闻业实践特点

米切尔斯坦（Mitchelstein）和波奇科夫斯基（Boczkowski）指出③：以往对网络新闻的研究缺乏历史性视角，对于网络新闻业的研究需要超越新闻编辑室和新闻业的层面引入新的研究视角，以便更好地理解“谁开始生产网络新闻，生产是如何发生的，以及怎样的故事在这样的动力机制下被生产出来”。下面，我们试图引入一定的历史性视角，对传统生产方式与互联网时代生产方式进行简要对比，总结传统新闻业的生产变革和网络新闻业的实践特点。

（一）传统新闻业的生产变革

在互联网的冲击和影响下，传统媒体利用门户网站、论坛、博客、微博等互联网技术平台对其已经形成的新闻实践“惯习”进行再造，通过流程重构、机制调整和形态融合等方式进行了显著的生产变革，主要体现在以下五个方面。

---

① YANG G. The internet and civil society in China：a preliminary assessment[J]. Journal of contemporary China，2003，12（36）.

② KING G，PAN J，ROBERTS E. How censorship in China allows government criticism but silences collective expression[J]. American political science review，2013，107（2）.

③ STEENSEEN S. Online journalism and the promises of new technology：a critical review and look ahead [J]. Journalism studies，2011，12（3）.

1. 生产主体：从专业化到社会化

从行动者的角度来说，由于采集新闻信息的高成本，传统的新闻生产行动是由新闻机构中的职业新闻从业者（记者、编辑）实施，是一种专业化组织化的生产行为。而在“人人皆是记者”的互联网时代，理论上任何人都可以介入新闻生产领域，通过个人微博、微信等发布自己目击甚至调查的新闻。当下，非专业新闻传播者参与的新闻主要有三种形态：一是目击新闻，即重大事件目击者快速发布现场照片和滚动播报所见所闻；二是网络爆料，以知名爆料人周筱赟为代表，主要接受匿名消息源提供的消息，对公权力机构或官员进行网络舆论监督；三是社会动员，即普通公众为了激发网络情感、形成网络舆论而进行“网络抗争”，其主要目的在于发起环保、维权等社会运动。再加上传统媒体对用户生产内容（UGC）的吸纳和整合，越来越多的公众有机会参与新闻生产，很大程度上推动了新闻生产从专业化组织化到社会化的转变。新闻生产不再仅仅是一个专业组织的封闭性生产活动，还是共同参与的协同生产活动，新闻业的把关人逐渐以前所未有的开放合作、广泛参与的方式进行新闻生产活动。

2. 生产机构：从封闭性到透明性

传统的新闻生产过程是相对不透明的，新闻生产被置于后台，很少有机会为公众所见。但在互联网语境下，新闻线索的发现、与信源的联系、阶段性报道的发布，使新闻把关过程更加开放、直接地呈现在公众面前。在这种新闻生产“可视化”的新生态中，受众既可以了解新闻生产过程，也可以频繁地参与互动。[①] 由此传统媒体组织透明性被强化，主要体现在“向公众说明”和“邀公众参与”两个层面，“透明意味着在新闻报道中植入一种新的意识，说明新闻是如何获得的以及为什么要用这种方式表达”[②]。比如，新闻行业的争议性话题，会在微博等网络平台上被激烈讨论，由此公众对新闻伦理和规范的认知更加深刻；调查记者也可利用微博等进行采访突破，尤其当遭遇地方政府和官员阻挠时，滚动直播和在线动员能拉近职业新闻人跟受众之间的距离；大量媒体人开设实名微博，利用这种新媒体手段来服务于新闻的生产、转载和发表……这些都大大增强了新闻机构的透明性。

3. 生产频率：从周期型到循环型

互联网语境下，传统的截稿时间不复存在，24 小时滚动循环成为常态。比如，传统媒体在报道地震等突发性事件时，利用微博等 24 小时不间断滚动发布地震救灾进展，并对已经刊发的纸质报道内容进行补充修订，突破了截稿时间的限制。为了保证 24 小时滚动循环生产，媒体机构也必须在组织制度上做出相应调整，采用新的生产流程和考评机制。以《人民日报》法人微博运营为例，[③] 报社将微博作为“独立媒体”来运作，微博的发起、筹备、运营统一交由《人民日报》编辑采访的总枢纽——新闻协调部负责，打破部门限制，人民日报社的全体编辑、记者包括评论员都要参与微博的内容生产。生产频率从周期型到循环型的转变，使得针对重大事件的“直播”成为一种常态，而与之相对应，新闻从业者的工作强度与工作压力也会显著增加。

---

① 周葆华 . 从“后台”到“前台”：新媒体技术环境下新闻业的“可视化”[J]. 传播与社会学刊，2013（25）.

② 科瓦奇，罗森蒂尔 . 新闻业的十大原则 [M]. 刘海龙，连晓东，译 . 北京：北京大学出版社，2011：89.

③ 涂光晋，陈敏 . 媒体微博的内容特色与生产机制研究——以三家报纸的官方微博为例 [J]. 现代传播，2013（3）.

4. 生产资源：信息源结构的多元

传统的新闻生产，新闻记者主要靠日积月累的人际关系网从信息源那里获取新闻线索，而且对不同类型新闻线索的依赖背后是新闻作为社会建构的“框架”，是社会权力结构的“再现”。正如塔奇曼所言，“新闻从业者更倾向于选择体制内的信息源，而不是普通人提供的信息”[①]，这造成了政府部门官员、专家、精英人士更多地成为记者的信息源，出现在新闻报道中。遇到特殊情况，新闻记者则依赖“深喉”等线人提供的线索，如水门事件。而互联网新闻业至少从两个层面在改变传统消息源的权力结构：一是机构消息源具有了更大的话语权和设置议题的能力，比如大量的政务微博、企业微博（农夫山泉和《京华时报》事件中的企业微博）；二是草根的声音更多地在网络新闻中占据明显位置，更多地被传统媒体的报道所吸纳。

5. 生产压力：网络民意的影响扩大

过去，控制新闻的力量主要来自政府权力、商业利益及专业理念和规范，受众主要通过市场化的商业驱动满足需要。如今，由于公众舆论在传统媒体的话语空间很难生成，因此，互联网已经成为形成中国社会舆论的核心平台，甚至中国的网络舆论已经呈现“微博化生存”的态势。

由此网络民意对新闻生产的影响力大大增强：一方面，传统媒体的调查报道借助互联网迅猛传播，网络民意和社会影响对公权力机关会造成监督压力，网络舆论监督和传统媒体批评报道的合力，有利于推动国家和社会治理；另一方面，职业新闻人边进行报道边进行微博直播，实时掌握网络民意，而整体上，相对非理性、群体极化的网络民意对记者的价值判断和报道立场会产生负面影响。总体来看，网络民意对新闻生产的影响是利弊共存的。

（二）网络新闻业的实践特点

互联网时代新闻生产方式的变革不仅表现在传统媒体在门户网站、论坛、博客、微博等互联网技术平台上产生新的特点，还表现在以新浪、腾讯为代表的商业网站自身新闻生产呈现新的特点。

1. 从记者主导转向编辑主导

传统新闻生产的主体是记者，主要负责现场采访和快速写稿，稿件编辑虽然可以进行进一步的审核、编辑和排版，但稿件的关键部分受制于记者的供稿。但是在互联网时代，根据《互联网新闻信息服务管理规定》的相关条例，新浪、腾讯等商业网站只有新闻编辑和刊载权，而没有原创新闻采访权，因而其生产主体主要是编辑。目前，网络新闻多数是非原创的，稿件主要还是来自传统媒体，编辑为吸引网民点击或扩大稿件影响，往往需要对标题做深加工。由此，传统新闻报道中记者主导的高成本原创被编辑主导的“复制 / 改编 + 聚合（草根新闻）+ 少数原创”所取代，记者在场的 offline research（线下观察）被编辑不在场的 online research（在线观察）所取代。网络编辑对新闻的选择、整合和挖掘决定了新闻产品的质量，以及其的受众吸引度，编辑素质的高低越来越多地决定了网络新闻的传播效果。

---

① 塔奇曼 . 做新闻 [M]. 麻争旗，刘笑盈，徐扬，译 . 北京：华夏出版社，2008.

2. 从作为产品到作为过程的新闻

传统的新闻生产机制是记者主导，严格遵循截稿和发稿周期，在规定时间内集中采集、合成和分发。新闻报道是社会化的产品，由编辑部主导，以中心化的机制一天一次刊发，实现一对多的单向传播。同时，新闻作为产品，衡量其优劣的标准主要是专业品质。网络新闻则不同，依托海量、开放的发稿平台和聚合空间，商业网站的传稿和发稿不再有严格的截稿时间，可以实现每周 7 天、每天 24 小时的滚动发布和即时更新，制作和发布的新闻专题也可以根据新闻事件的动态进展不断更新和补充，作为过程的新闻可以只有开始，永不结束。此外，基于相对平等和开放的公众参与性，网络新闻具有内在的“去中心化”的偏向，其传播和扩散由链接促发，是一个不断整合、加工和添加的动态过程。

3. 新闻生产的偏向从硬变软

传统新闻生产机制生产出的新闻内容呈现整体、有深度、一次性、文本性的特点，强调事实至上，在新闻价值上，崇尚由浅至深，不断逼近真相和公众利益至上的价值观使传统新闻机构对“硬新闻”的社会意义更加看重。而网络新闻生产者对满足用户需求的看重、对技术表达的注重、对点击量的追求，使其强调视觉至上而非事实至上。由于娱乐化、碎片化、视觉化的文本，最适合通过移动互联网发布和传播，也最容易在短时间内形成爆炸式、病毒式的传播效果，所以商业网站的新闻内容制作逐渐追求速度而非深度，强调体验而非质量。

总体上看，伴随着网络新闻的日益规模化和主流化，软性新闻业开始兴起，具体体现在新闻制作从传统的提供公众需要的转向提供公众想要的，从软硬兼顾的公共利益偏向转向逐渐偏软的用户兴趣偏向，从读者口碑驱动的质量至上标准转向用户点击率驱动的影响至上标准，其背后体现的是商业主义的强化和专业理念的弱化。

三、社会控制的新趋势与传媒公共性的隐忧

我们探讨互联网对中国新闻业的整体影响，归根结底要回到两个关于新闻业的核心问题上：自主性和公共性。前者强调的是新闻生产的独立性，即互联网能否为中国新闻业“赋权”，创造更大的报道空间和传播自由；后者追求的是，在转型社会的中国，新闻业能否在更大程度上承担其公共责任，以更好的公共性来服务和推动国家和社会发展。从社会控制的新趋势和互联网新闻业的公共性角度看，值得关注的变化和趋势主要有以下三点。

（一）过度的商业控制与专业伦理的失范

20 世纪 80 年代开始的传媒市场化，很长一段时间内对中国媒体的“自主性”起着“解放性”的积极作用，有利于媒体在被拉向市场的过程中更加注重为受众服务，并通过调查报道和深度时评等实践舆论监督，进行公民启蒙和推动社会进步。但过去 10 余年，市场化的负面效应在都市报、电视娱乐节目中表现出来，表现出利益至上、过度煽情等商业主义的问题，市场化的消极影响，正在逐步体现出来，同时越来越集中地体现在网络新闻实践中。因此，对过度市场化的反思正成为网络新闻业的重要命题。如有学者指出：“媒体的市场化进程培育了一种新型的媒介——受众关系，使得媒体更倾向于对受众的市场需求做出回应。媒体的改革使得中国的新闻业从意识形态到专业理念都发生了历史性的变迁，从政党—

媒体模式转变到改革时代的市场—受众模式……互联网更是加速了这一模式转变的进程。”①从新闻生产的自主性看，互联网行业对传统媒体的冲击，促使传统媒体在转型和自救过程中，越来越多地采取“事业部制”，采取整合营销等理念和做法，从而导致编辑部门和经营部门之间的“防火墙”崩塌，这对新闻生产的专业原则和独立性产生极大损害。

而以商业网站为代表的网络新闻编辑部，尽管在吸纳用户生产内容（UGC）和探索原创新闻报道上有一些专业理念上的努力，但整体上，受制于“市场导向新闻业”的公司文化驱动，其新闻生产的专业性和自主性整体上均比较弱。而且，这些商业公司运营新闻网站的目的，归根结底是直接盈利或服务于公司的品牌和利益，而非通过披露真相满足公众利益，因此资本力量主导下的商业控制会对编辑部产生更加严苛的约束机制，甚至会导致新闻网站实际上扮演着商业公司的“公关部”的角色。

此外，新闻寻租、有偿不闻等也是网络新闻业中让人痛心疾首的现象。据媒体披露，不少商业网站的财经频道对准备 IPO 的企业进行报道，抓住和放大企业存在的问题，通过敲诈勒索来获取高额广告费或“封口费”；一些商业新闻网站内部存在“大客户保护名单”，只要大企业每年给网站投放一定额度的广告，网站就可以协助这些大企业屏蔽负面新闻，这种“有偿不闻”的做法也是对公众知情权的极大伤害；一些侵犯公民隐私权、名誉权的新闻或“爆料”，在网络上被轻易地广泛传播，而相关的把关机制却形同虚设……这些专业伦理缺失的现象，在当下和未来的网络新闻业可能会愈演愈烈。

（二）政治监督的内化与自我审查的强化

一方面，传统的行政管理和权力控制，无论对传统媒体还是对网络媒体的影响都在不断加大。伴随着互联网监管力度的强化和管制结构的调整，网络新闻的监管和舆论治理正向“行政化”和“法制化”合力的趋势发展。另一方面，外部政治监督的强化，再辅之以关键词过滤和审查技术的不断升级，网络新闻生产过程中的“自我审查”现象更加普遍。

一项关于网络新闻从业者的调查显示，在对“新闻网站编辑、记者应当主动淡化不利于政府的信息”这一观点的态度上，受访者的得分均值为 3.07 分，倾向于较为肯定。②可见，网络新闻从业者对行政监督的压力感知比较强烈，外部政治监督容易内化，致使其在新闻生产过程中主动规避风险。另一项研究也表明，即便是比较善于突破的调查记者群体，在强有力的权力监督和组织规范之下，在调查性报道生产过程中也普遍存在自我审查现象，调查记者主要通过使用微博等互联网技术提升新闻生产效率，进行新闻突破和社会动员只是非常规情境下的极少数偶发事件。③

（三）网络舆论的极化与公共空间的弱化

传统媒体时代，受众对媒体的直接影响相对较弱，由民意造成的社会压力往往只有在

---

① TAI Z，SUN T. Media dependencies in a changing media environment：the case of the 2003 sars epidemic in China[J]. New media & society，2007，9（6）.

② 张志安，陶建杰 . 网络新闻从业者的自我审查研究 [J]. 新闻大学，2011（3）.

③ 吴涛，张志安 . 调查记者的微博使用及其职业影响研究 [J]. 中国地质大学学报（社会科学版），2015（4）.

极端事件中才能产生，常规新闻生产中记者和编辑部受到民意的影响并不大也不直接。而进入互联网时代，以论坛、博客、微博为主的平台给网民提供了充分的表达空间，由此也容易形成针对热点事件的汹涌的网络舆论。不过，当下的网络舆论场呈现出一些明显的缺陷，如市民社会的不成熟及狭隘民族主义和民粹主义的局部失控，导致网络舆论的情绪化和非理性倾向明显；微博等技术平台碎片化、爆炸式传播的特点和效能，导致事实和观点割裂，难以在网络上形成真正持久的深入对话，因而也难以形成理性的社会共识；由于针对特定议题、特定群体存在"结构性怨恨"和"普遍不信任"等社会心理，网络舆论很容易走向"群体极化"。

尽管财新网等少数专业的网络平台，尝试在每条新闻下方将本站跟帖、来自新浪微博和腾讯微博等不同渠道的评论"抓取"在一起，建立一种基于事实的观点表达的互动机制，但这种试图通过提供准确真实事实、汇聚不同渠道的言论推动理性网络空间形成的努力，总体上仍然非常稀缺，其作用也相对较小。基于网络舆论的分化、割裂、极化等特点，网络平台很难真正从理性、积极的方向持续推动中国新闻业的发展。

四、结论与探讨

以往的研究表明，中国从未像西方新闻业那样"已经形成了阐述这些专业特征和理念的一套话语，并且有相对独立于商业和政治利益的专业规范机制"。当下，在互联网重塑中国新闻业的整体语境中，本已局部化、碎片化呈现的新闻报道又面临新的重构可能，其中既包含有利因素，也包含不利因素。从行动者如何影响结构的角度看，无论是传统媒体利用互联网平台进行新闻生产实践，还是商业网站自身进行新闻生产，以记者、编辑为代表的职业新闻人和制作草根新闻的普通公众，他们之间的合作、博弈直接影响着新闻的准确、客观、真实。

首先，新闻的准确、客观、公正原则，主要是针对职业新闻人而言的。网络新闻生产实践中，职业新闻人面临两方面的挑战，一是"职业新闻人已经不再满足于传统的把关人角色而是利用博客、微博等互联网技术工具试图超越它"[①]，在传统媒体利用互联网进行新闻生产实践中，职业新闻人"参与者"角色在不断被强化。在大量公共事件中，记者利用微博进行的在线报道和网络动员，增强了其直接参与事件的几率和风险，由此其"记录者"的专业角色定位出现了偏差。令人担忧的是，这种"参与者"的角色使得职业新闻人自身的情感和情绪很容易表达出来，这种将自我置于新闻舞台的中心，将情绪裹挟在新闻报道中的倾向，容易产生所谓的"社运型"记者现象。[②]二是在商业新闻网站新闻生产中，作为职业新闻人的网站编辑，过度迎合公众对视觉、娱乐、煽情新闻的偏好，生产和推送过度碎片化、娱乐化的软新闻，造成网络新闻"标题党"现象盛行，使得商业主义驱动的生产机制完全起主导作用。

其次，普通公众在网络新闻业中扮演的角色是双重的，他们既是帮助职业新闻人建构

---

① YU H. Beyond gatekeeping：j-blogging in China [J]. Journalism，2011（4）.

② 石扉客．"社运型"记者的特征和行事边界 [EB/OL].（2011-07-01）[2015-09-21]. http：//www. southcn. com/nfdaily/media/cmyj/30/04/content/2011-07/01/content_26239520.html.

客观、真实新闻的有效助力者，也以一种去“专业化”话语挑战着职业新闻人对传统专业规范的坚守和对自我作为职业权威的捍卫。一方面，普通公众已经广泛参与新闻生产实践，他们的参与扩大了新闻报道空间，丰富了新闻报道内容，也改变着传统的消息源权力结构，有助于职业新闻人摆脱对体制内信息源的依赖。另一方面，新闻作为“一种诠释现实的权力实践”，在传统媒体时代，原有的新闻场域是由组织内的新闻专业人士主导确立的，而在互联网语境下，这种诠释现实的权力实践和话语权威正面临着普通公众发起的严峻挑战，如技术赋权使得新闻生产资料社会化、全民化，专业人士面临与场域内新入者即普通公众的激烈竞争；过去，新闻从业者依靠专门训练获得知识和技能以及以与大众绝缘的方式获得专业资本，如今，在改编、复制和聚合为主的网络生产模式下，传统新闻专业的核心能力被边缘化，大众不仅能够通过市场对新闻加诸间接影响，而且可以通过公共舆论参与干涉新闻生产，职业新闻从业者在新闻场域内的专业资本在减少；① 此外，新闻业被要求体现与普通公众的联系，既要代表公众，反映底层人民的疾苦，又要参与社会行动，帮助底层人民解决实际问题。② 于是，大量网络传播实践都采取了情感宣泄、反讽戏谑、悲情化、标签化等话语方式，这种易走向极端的去专业化话语，不仅与新闻所要求的“客观性”格格不入，而且和专业话语之间也很难形成理性的对话空间。

回到社会控制新趋势和传媒公共性的关系上，我们大体可以这样总结互联网对中国新闻业的结构性影响：其一，政治权力的有效监管，未能给互联网新闻业带来比传统媒体更大的报道空间和独立性；其二，市场驱动的利益短视和逐利倾向，导致互联网新闻业很难在商业网站建立专业的价值规范和品质追求，整体上的煽情主义、商业主义影响了网络新闻的品质和水准；其三，互联网技术的传播赋权和信息突破，给少数人和机构带来了提升知情权和表达权的机会，但非理性的网络舆论又可能会对新闻生产的自主性造成负面影响，“去专业化”的话语也会使职业新闻人的自我认同感趋于弱化。

综上所述，在互联网的影响下，中国新闻业面临着“双重尴尬”：一方面，在传统媒体时代，专业理念的启蒙和共识尚未形成；另一方面，在互联网时代，碎片化和局部的新闻传播又面临新的重构，而在新的重构过程中消解与促进、挑战与机遇因素并存。未来中国新闻业需要媒体管理者在宏观政策上有更积极的改革、机构所有者在组织制度架构上有更合理的设计，以及新闻从业者在生产实践中有更专业的追求和更理性的自觉。

---

① 李艳红．重塑专业还是远离专业——从伦理和评价维度解析网络新闻业的职业模式 [J]. 新闻记者，2013（2）.

② 谢静．民粹主义：中国新闻场域的一种话语策略 [J]. 国际新闻界，2008（3）.

社交媒体时代党媒“重夺麦克风”现象探析*

方可成

一、引言

始于20世纪70年代末的新闻改革，将中国的媒介版图大致划分为两个阵营：一是党媒，也即中国共产党的喉舌媒体，它们的主要任务包括发布和解释党的方针政策、引导舆论等；二是市场化媒体，它们需要在大的方向上符合党的舆论导向，同时也要在竞争激烈的媒介市场上取得成功，获得效益——也正是为了在市场上获得成功，它们所生产和发布的内容往往更加多元化、更能吸引大众的目光。①②③④ 虽然市场化媒体从未脱离党的新闻体制，始终在党的管理和监督之下，但它们确实对党媒的生存状况造成了不小的影响。1979 年之前，党媒是唯一的声音，而在 1979 年之后，它们的声音越来越被新兴的市场化媒体盖过，面临着颇为严峻的发展难题。⑤⑥⑦ 互联网的出现和社交媒体的发展，更是一度令两个阵营的力量对比进一步向市场化媒体倾斜，也让以“微博大 V”为代表的意见领袖加入了挑战党报影响力的阵营。官方话语在近年来反复提的“两个舆论场”——以党媒为主的主流媒体舆论场和以互联网为基础的民间舆论场，⑧ 正是由党媒面临的这一持续多年并在 2010—2012 年上半年左右最严重的危机催生的。

---

* 本文首发于《新闻大学》2016 年第 3 期，第 45—54 页和第 148 页。

① CHENG J. BROSSEAU M. China，in China review[M]. Hong Kong：The Chinese University Press，1993：1–19.

② CHU L. Continuity and change in China’s media reform[J]. Journal of communication，1994（3）.

③ HUANG C. China’s state–run tabloids：the rise of “city newspapers” [J]. International communication，2001（5）.

④ ZHAO Y Z. From commercialization to conglomeration：the transformation of the chinese press within the orbit of the party state [J]. Journal of communication，2000（2）.

⑤ 李良荣，林晖．试析双重压力下党报面临的困难及其对策 [J]．复旦学报（社会科学版），1999（3）.

⑥ LEE C C. Power，money and media：communication patterns and bureaucratic control in Cultural China[M]. Evanston：Northwestern University Press，2000：1–44.

⑦ PEI M. From reform to revolution：the demise of communism in China and the Soviet Union [M]. Cambridge：Harvard University Press，1994.

⑧ 陈芳．再谈“两个舆论场”——访外事委员会副主任委员、全国人大常委会委员、新华社原总编辑南振中 [J]. 中国记者，2013（1）.

表 1-1　新浪微博媒体类账号影响力前 20 名（2012—2014 年）①

	2012	2013	2014
1	*财经网*	**人民日报**	**人民日报**
2	*南方都市报*	**央视新闻**	**央视新闻**
3	*新周刊*	*财经网*	**环球时报**
4	*新闻晨报*	*新闻晨报*	*法制晚报*
5	**人民日报**	*南方都市报*	*中国新闻周刊*
6	*创业家*	*新周刊*	**人民网**
7	*中国新闻周刊*	**广州日报**	*财经网*
8	米娜	*中国新闻周刊*	暴走漫画
9	凤凰卫视	*创业家*	*看天下*
10	*看天下*	米娜	*新闻晨报*
11	*三联生活周刊*	**人民网**	*南方都市报*
12	*中国企业家*	**南方日报**	**河南日报**
13	*扬子晚报*	*看天下*	猫扑
14	**广州日报**	凤凰卫视	*财新网*
15	*南都周刊*	**环球时报**	*扬子晚报*
16	华尔街日报中文版	*扬子晚报*	**证券资讯博览**
17	*南方人物周刊*	*三联生活周刊*	*每日经济新闻*
18	**南方日报**	*新京报*	果壳网
19	*南方周末*	*每日经济新闻*	*成都商报*
20	天娱传媒	**央视财经**	**南方日报**

出乎很多人意料的是，从 2012 年下半年开始，党媒就迅速站稳了脚跟，并且成为“两微”——新浪微博和微信公众平台——上极具影响力的媒体力量。2012 年 7 月 22 日，北京暴雨夜，《人民日报》微博账号开通并获得大量关注；另一家中央党媒央视新闻也在同年 11 月开始全新的微博运营尝试。微信公众平台开通后，以这两家媒体为代表的党媒也迅速入驻并获得巨大关注。在 2013 年之后，“人民日报”和“央视新闻”就稳稳占据“两

① 图表中粗体代表党媒，斜体代表市场化媒体，加线字代表其他（包括时尚娱乐类媒体、外媒等）。注 1：严格来说，《环球时报》是人民日报社主办的市场化媒体，但由于其观点倾向迥异于其他市场化媒体，在这里使用粗体标注。注 2：评价影响力的指标包括粉丝数、发帖数、转发数、评论数、点赞数等，三年间的评价体系基本一致，但 2014 年的榜单新增了一些新兴的新媒体账号，如猫扑、果壳、暴走漫画等。数据来源：微博官方报告，网址为 http://data.weibo.com/summary/2012year/influence；http://data.weibo.com/summary/2013year；http://slide.news.sina.com.cn/media/slide_1_37787_81104.html。

微”媒体类账号影响力排行榜的前两把交椅，它们在粉丝数、发帖数、阅读数、转发数、评论数、点赞数等指标上压过了其他所有市场化媒体。截至 2015 年 11 月底，“人民日报”和“央视新闻”在新浪微博的粉丝数均已达到四千万上下。与此同时，在榜单上排名靠前的其他党媒账号也越来越多（见表 1–1 和表 1–2）。此外，很多党媒在自己的主账号之外还开始运营“二级账号”，构建起自己的影响力矩阵，最成功的案例是《人民日报》（海外版）旗下的微信公众号“学习小组”和“侠客岛”——这两个号在没有主动推广的情况下，用了一年多时间就积累了四十多万粉丝。[①②] 尤其值得一提的是，与党报党刊在相当程度上依靠单位公费订阅不同，在大部分情况下用户自主决定在私人设备上关注党媒的社交媒体账号。这一差异的存在以及社交媒体时代可供选择的账号之丰富，使党媒社交媒体账号成功“重夺麦克风”的现象更加值得关注。

表 1–2 微信媒体类公众账号影响力前 10 名（2015 年 7—9 月）

	2015 年 7 月	2015 年 8 月	2015 年 9 月
1	**人民日报**	**人民日报**	**人民日报**
2	**央视新闻**	**央视新闻**	**央视新闻**
3	*都市快报*	*都市快报*	**央视财经**
4	**央视财经**	*新闻夜航*	*都市快报*
5	**人民网**	**央视财经**	*新闻夜航*
6	*新闻夜航*	**人民网**	**人民网**
7	*新北方*	*钱江晚报*	**经济日报**
8	*钱江晚报*	*新闻晨报*	*钱江晚报*
9	*新闻晨报*	*半岛晨报*	*半岛晨报*
10	*半岛晨报*	**经济日报**	*新闻晨报*

图例：粗体代表党媒，斜体代表市场化媒体、都市类电视栏目。数据来源：新榜（newrank.cn）。

对于关注中国政治传播的研究者来说，党媒如何在社交媒体时代适应、调整并重新崛起是一个至关重要的研究课题。本研究旨在解开党媒在社交媒体时代重新崛起的“秘密”，主要数据来自笔者在 2015 年 6—8 月间对在五个党媒微博、微信公众号担任运营工作的 12 名编辑进行的深度访谈。笔者将首先回顾两方面文献：一是党媒影响力的兴衰起伏；二是社交媒体内容影响力的决定因素。随后笔者将详细介绍研究方法和收集的数据。接着，笔者将汇报主要研究发现。最后，笔者将分析这一研究的意义和局限。

① 褚朝新 .“学习小组”的尺度 [N]. 南方周末，2015 -01- 22（B10）.

② 申孟哲 . 说热话、说人话、说深话——“侠客岛”如何让时政好读、趣读、乐读 [J]. 网络传播，2015（2）.

二、文献综述

1. 媒体市场化改革之中的党媒：逐渐丧失的影响力？

在我国当前的媒介体制中，并不存在私营报刊或广播电视台，所有传统媒体都需要有体制之内的主管主办单位，并接受宣传部、新闻出版广电总局等党政部门的管理。但是，不同媒体和执政党之间的距离有远近之别，这种距离也导致不同媒体的核心任务、内容取向和发展策略出现差异。

1978 年之前，我国的媒体性质非常单一，媒体是党的“耳目喉舌”。党媒基本是民众获取新闻的唯一渠道，几乎没有其他类别的媒体与其竞争。[①②] 改革开放后，中国的新闻媒体也开始了市场化改造，党媒的垄断地位被打破。新诞生的市场化媒体，不仅给市场经济发展提供了至关重要的信息流通渠道，而且减轻了政府财政补贴的负担。它们中有很大一部分以晚报、都市报、专业报的形态出现，相对享有较大的自由度。[③④⑤⑥] 由于要通过广告获得收入，这些市场化媒体会刊登更加多元化的内容，以吸引读者。

不少学者指出，市场化媒体兴起的同时党媒影响力下降。尽管党媒“在形式上仍然代表着执政者的权威声音”，但“它们的全盛期已经结束了”。[⑦] 陈力丹指出，党报编辑业务“从内容到形式变化缓慢，编辑思路老化”，因此，读者“很快就被专门性报刊夺走了”。[⑧] 丁柏铨和肖艳艳也认为，以都市报为代表的市场化媒体的崛起，是导致党报读者被“分流”的主要原因。[⑨] 李良荣和林晖 [⑩] 就党报读者流失提供了一个直观的统计数据：中央党报《人民日报》1996 年每期平均发行量比 1987 年萎缩了将近 60%。他们指出，党报发行量的这种剧烈下跌也是公费订阅市场萎缩和自费订阅市场扩张的结果。一方面，国有企业效益下降，财政出现困难，用于订阅党报的经费大幅缩减；另一方面，报刊市场的多元化也使得读者不再依赖单位的公费订阅，而是转向自费订阅市场化报刊。对读者吸引力不足的报刊，广告商自然也不愿眷顾，从广告收益来看，党媒一度全方位落后于市场化媒体。[⑪]

此外，还有研究指出：比起市场化媒体，党媒不仅更少被人阅读，广告收入更低，同时也面临着信任危机。施达妮分析了包括 2002 年北京读者调查和 2005 年中国大众媒体信

---

① SUKOSD M，WANG L. From centralization to selective diversification：a historical analysis of media structure and agency in China，1949—2013[J]. Journal of media business studies，2013（4）.

② WINFIELD B，PENG Z. Market or party controls？ Chinese media in transition[J]. International communication gazette，2005（3）.

③ CHAN J. Commercialization without independence: trends and tensions of media development in China[M]//CHENG Y S，BROSSEAU M. In China review. Hong Kong：The Chinese University Press，1993：1-19.

④ CHU L. Continuity and change in China's media reform[J]. Journal of communication，1994（3）.

⑤ HUANG C. China's state-run tabloids：the rise of “city newspapers” [J]. International communication gazette，2001（5）.

⑥ ZHAO Y Z. From commercialization to conglomeration：the transformation of the Chinese press within the orbit of the party state [J]. Journal of communication，2000（2）.

⑦ HUANG C. China's state-run tabloids: the rise of“city newspapers”[J]. International communication gazette，2001（5）.

⑧ 陈力丹 . 谈谈党报新闻业务改革的定位：上 [J]. 当代传播，2000（6）.

⑨ 丁柏铨，肖艳艳 . 改革开放 30 年党报的新闻业务改革 [J]. 新闻与写作，2009（2）.

⑩ 李良荣，林晖 . 试析双重压力下党报面临的困难及其对策 [J] . 复旦学报（社会科学版），1999（3）.

⑪ CHEN C，GUO Z. Opposites apart：explaining differential revenues between China's party and mass - appeal newspapers[J]. Asian journal of communication，1998（2）.

任度调查等在内的多项调查数据，发现民众对市场化媒体的信任度更高。[①] 她指出，对于很多中国人来说，党媒可能更多发布党和政府的方针政策，而市场化媒体则会更多讨论普通人日常生活中关心的话题，并提供更加客观的信息。

概言之，许多关于中国新闻媒体的研究都指出：改革开放之后兴起的市场化媒体对党媒造成了全方位的严峻挑战，使得曾经占据垄断地位的党媒迅速丧失原有的影响力。然而，本文引言部分揭示的趋势表明：既有文献中讨论的这一此消彼长的现象，已经告一段落，甚至已经开始逆转——党媒在社交媒体上受到的追捧，表明它们正在“止跌回升”。对这一现象的分析，将呼应此前对党媒和市场化媒体影响力的研究，并填补文献中的一块空白。

2. 什么决定了新媒体内容的传播度？

在分析党媒社交媒体账号“走红”的原因之前，我们可以先总结回顾学界关于新媒体环境，尤其是社交媒体环境下内容传播度决定因素的研究成果。这些研究来自新闻传播学、社会心理学、公共卫生学、市场营销学等多个学科领域，它们揭示的决定因素大致有以下几个。

（1）可见性（visibility），也就是被读者看到的可能性。很容易理解：越容易被看到的内容，越能获得更多的点击和分享。如果有一系列文章按次序呈献给读者，第一篇总是被阅读得最多的。[②] 在《纽约时报》的主页上，位置越好的文章，越容易出现在热门文章排行榜上。[③] 在推特上，你发送推文的次数越多，也就越能够吸引更多其他用户与你互动。[④]

（2）信息的效用（information utility），也即对读者有用的内容更容易获得好的传播效果。[⑤] 一项对《纽约时报》网站的研究表明，在医疗、理财、职业发展、婚恋关系等生活的方方面面提供建议的文章更容易长期占据热门文章排行榜。[⑥] 单就医疗健康类新闻而言，那些提供了实用建议的文章往往更能引发“病毒式”传播。[⑦] 还有研究表明，一般情况下，人们总是更倾向于阅读和自己的既有观点相一致的文章（也即“选择性接触”），但是，如果有一篇与自己观点相左的文章提供了实用信息，人们便会放弃“选择性接触”，转而阅读这篇与自己意见不一致却很实用的文章。[⑧]

（3）利用情感打动读者。研究发现，社交媒体上充满感情色彩的消息总是比中立、

---

① STOCKMANN D. Media commercialization and authoritarian rule in China[M]. New York：Cambridge University Press，2013.

② LYENGAR S，NORPOTH H，HAHN K. Consumer demand for election news：the horserace sells[J]. Journal of politics，2004（1）.

③ BERGER J，MILKMAN K. What makes online content viral？[J]. Journal of marketing research，2012（2）.

④ VEALE H. The use of social networking platforms for sexual health promotion：identifying key strategies for successful user engagement [J]. BMC public health，2015（1）.

⑤ CAPPELLA J，KIM H，ALBARRACIN D. Selection and transmission processes for information in the emerging media environment：psychological motives and message characteristics [J]. Media psychology ahead-of-print，2014.

⑥ THORSON E. Changing patterns of news consumption and participation：news recommendation engines [J]. Information，communication & society，2008（4）.

⑦ KIM H. Attracting views and going viral：how message meatures and news - sharing channels affect health news diffusion [J]. Journal of communication，2015（5）.

⑧ HART W. Feeling validated versus being correct：a meta-analysis of selective exposure to information[J]. Psychological bulletin，2009（4）.

无感情色彩的消息更能引发分享。[①] 在具备感情色彩的消息中，人们又更倾向于分享积极、正面的消息，而不是消极、负面的消息。[②③] 还有一些研究更进一步对情感做了分类，研究了引发欢乐[④]、恐惧[⑤]、愤怒、焦虑[⑥]、厌恶[⑦] 等情感的内容会获得怎样的传播效果。

（4）社会压力，也即一个人在社交媒体上是否阅读、分享某篇文章，会受到其他人影响。如果人们得知一篇文章已经获得了百万点击，或者一篇文章被自己的家人、朋友、信赖的伙伴多次分享，那么他们就会更有动力去阅读和分享这篇文章，造成所谓“从众效应”。[⑧⑨]

决定社交媒体内容传播度的其他因素还包括使用照片、视频等多媒体内容，通过向读者提问的方式吸引阅读等。[⑩] 此外，专门针对某一目标群体写的内容以及个性化定制内容，也往往能够获得不错的传播度，因为读者会认为这些内容是专为他们打造的。[⑪]

在下面对党媒社交媒体运营的分析中，笔者将会对照以往研究中的这些发现，分析它们的运营策略。本研究要解决的主要问题是：党媒社交媒体账号发布的哪些内容获得了极好的传播度？这些账号使用了哪些具体手段来吸引读者？党媒自身的特性是如何在这一过程中发挥作用的？

三、研究方法

为了了解党媒社交媒体发布的内容及其传播情况，笔者在新媒体数据采集监测的权威第三方网站新榜（newrank.cn）的技术支持下，获得了2015年上半年（1月1日—6月30日）人民日报、央视新闻、学习小组、侠客岛这四个微信公众号发布的所有内容及其发布的时间、阅读数和点赞数。前两个账号是党媒社交媒体账号中最具影响力的“主账号”或“一级账号”，后两个是最具影响力的“二级账号”。

我们可以直接根据阅读数和点赞数对这半年的内容进行影响力排名，但是需要注意的是：这六个月间，这些账号的粉丝数量是不断增长的，而粉丝基数越大，阅读数和点赞数

---

① STIEGLITZ S，LINH D. Emotions and information diffusion in social media—sentiment of microblogs and sharing behavior [J]. Journal of management information systems，2013（4）.

② ALHABASH S. Between likes and shares：effects of emotional appeal and virality on the persuasiveness of anticyberbullying messages on Facebook[J]. Cyberpsychology，behavior，and social networking，2013（3）.

③ BERGER J. Contagious：why things catch on[M]. New York：Simon and Schuster，2013：80.

④ BERGER J. Arousal increases social transmission of information[J]. Psychological science，2011（7）.

⑤ WITTE K，ALLEN M. A meta-analysis of fear appeals：implications for effective public health campaigns [J]. Health education & behavior，2000（5）.

⑥ BERGER J，MILKMAN T. What makes online content viral？[J]. Journal of marketing research，2012（2）.

⑦ HEATH C，BELL C，STERNBERG E. Emotional selection in memes：the case of urban legends [J]. Journal of personality and social psychology，2001（6）.

⑧ FU W，SIM C. Agregate bandwagon effect on online videos' viewership：value uncertainty，popularity cues，and heuristics [J]. Journal of the American society for information science and technology，2011（12）.

⑨ GARRETT R. Troubling consequences of online political rumoring[J]. Human communication research，2011（2）.

⑩ VEALE H. The use of social networking platforms for sexual health promotion：identifying key strategies for successful user engagement[J]. BMC public health，2015（1）.

⑪ RIMER B，KREUTER M. Advancing tailored health communication：a persuasion and message effects perspective[J]. Journal of communication，2006（1）.

自然也会越多。因此，直接比较阅读数和点赞数，会对一月份发布的内容不够公平，同时会高估六月份发布的内容的影响力。因此，参照此前一些研究的做法，[①]笔者基于粉丝增长速率对这些数字进行了针对性的调整。例如，倘若一个账号在这半年间的日均粉丝增长率是 0.5%，那么 1 月 2 日的数据会除以 1.005，1 月 3 日的数据会除以 1.0052，1 月 4 日的数据需要除以 1.0053，以此类推。同时，由于这些文章的阅读数和点赞数呈现出非常不均匀的分布态势——大部分数据点集中于一个区间，少数数据点的值大大超过其他数据点，数据最大值和最小值之间的差距非常大，因此本研究对这些经过了基于粉丝数的针对性处理的数据又进一步做了取对数处理，得出经过调整和取了对数的阅读数和点赞数。由于二者之间的相关性达到了 0.87，因此本研究将经过调整和取了对数的阅读数和点赞数直接相加，得出每一篇文章的"传播指数"，并以此对文章进行排名和分析。

在本研究中，数字只是用于评估内容的传播情况，使笔者从中发现最受欢迎的文章，更深层的分析则要基于定性数据。2015 年 6 月至 8 月间，笔者对五个党媒社交媒体账号的共 12 位编辑和运营人员进行了面对面的半结构式深度访谈。访谈对象是通过滚雪球的抽样方法获得的。这五个账号除了上述人民日报、央视新闻、学习小组、侠客岛之外，还有《中国青年报》的微博账号。需要注意的是，这几家媒体往往在同一个部门内运营微博和微信，虽然每一位编辑具体会侧重于其中一个平台，但大部分情况下两个平台是可以打通进行分析的。每次访谈用时一个小时到一个半小时，涉及的主要问题包括：日常工作是如何进行的，运营中采用了哪些具体的手段和策略，如何确定发布的内容和形式，如何与其他账号进行合作或展开竞争，如何与粉丝互动等。在以下的具体分析中，笔者对所有访谈对象进行了匿名处理。

四、研究发现

1. 成熟的"吸粉"策略

在这一部分中，笔者先从内容入手，了解党媒的"两微"账号发布了哪些引发"病毒式传播"的内容。表 1–3 是 2015 年上半年微信媒体类公众号传播度最高的 20 篇文章，它们全部来自人民日报和央视新闻——实际上，根据新榜的监测数据，排名前 100 的文章绝大多数都是这两大"巨头"发布的。

从表 1–3 可以看到，这些引发巨量传播的内容和呈现在报纸上的《人民日报》内容及在电视里播出的央视新闻的内容有着明显区别。这里看不到连篇累牍的领导人讲话，也没有呆板、枯燥的会议新闻。一位接受访谈的《人民日报》社交媒体编辑说："我们发布的内容绝大部分都不是来自报纸版的《人民日报》。我们会从《生命时报》《环球时报》等子报选取内容，也会自己撰写、编辑一些原创内容，但是更大量的还是从其他媒体账号选取内容，看什么内容受欢迎就转载过来。"

---

① LYENGAR S，NORPOTH H，HAHN K. Consumer demand for election news：the horserace sells[J]. Journal of politics，2004（1）.

表 1-3　2015 年上半年微信媒体公众号传播度排名

	发布账号	标题	时间	阅读	点赞	传播指数
1	央视新闻	央视新闻微信发 2 015 万现金红包 还不看看攻略?	2 月 17 日	1 287 372	97 796	25，51
2	人民日报	《Hi，I' m China!》中国超级贺岁大片国际版，5 分钟震撼灵魂!	2 月 19 日	2 114 006	32 549	24，90
3	人民日报	中国新首富，竟是这样的人!	2 月 7 日	3 041 054	21 160	28，85
4	人民日报	2015 两会，将这样影响我们的生活	3 月 15 日	3 280 523	16 188	24，62
5	央视新闻	夜读｜面朝大海　春暖花开	3 月 19 日	1 760 010	17 064	24，05
6	人民日报	今天返程，写给离乡追梦的你	3 月 24 日	1 642 425	17 265	24，01
7	人民日报	【荐读】宫崎骏：内心强大才能道歉，但必须更强大才能原谅	3 月 26 日	1 705 347	15 962	23，94
8	人民日报	痛心！双料博士后被押解遣返！看完你会对教育有新看法	4 月 25 日	1 608 460	16 566	23，89
9	人民日报	一位县委书记的愤怒	6 月 14 日	1 082 945	21 631	23，71
10	人民日报	看完这个，你还会对祖国失望吗?（强烈推荐）	2 月 27 日	1 491 681	13 943	23，70
11	央视新闻	夜读｜妈妈，我想你了	3 月 9 日	1 289 404	17 228	23，70
12	人民日报	她以为相机是武器而投降，另一个她被军舰接回了祖国	4 月 1 日	1 232 411	12 293	23，35
13	人民日报	【提醒】海边玩水看到断层的海潮，立即上岸，很多人因为这个丢命!	3 月 21 日	1 483 748	8 425	23，11
14	人民日报	汶川七年祭：因为记得，所以怀念	5 月 12 日	829 737	14 853	23，10
15	央视新闻	6 月 8 日那夜 肃宁生死追凶	6 月 16 日	908 077	13 771	23，08
16	人民日报	【健康】钟南山：最好的医生是自己，做好这 9 点就赚了健康!	3 月 26 日	823 055	12 910	23，00
17	人民日报	一张图、一幅画，献给天下母亲，您辛苦了!	5 月 9 日	768 688	14 243	22，99
18	人民日报	【健康】钟南山养生经：最关键的竟然不是运动，而是……	5 月 13 日	1 105 228	9 897	22，98
19	央视新闻	夜读｜莫负春光，读书可好?	4 月 22 日	851 748	11 686	22，91
20	人民日报	重磅！教育新政将带来 8 大激变（务必高度重视）	2 月 7 日	1 133 705	7 976	22，89

在社交媒体运营中，这种“拿来主义”是最快也是最有效的“吸粉”方式。接受访谈的一位党媒社交媒体编辑说：

“在微博时期，我们的一种主要做法就是关注大量的微博账号，看人家转得高的就拿来转。比如说‘新华视点’今天发了20条微博，其中19条都是转发200次左右的，但另一条转了1 500次，那我们就把那条拿来发，发的时候@一下新华视点。微信时代也是一样，我们的微信编辑手机里关注了近千个微信公众号，包括地方党媒、市场化媒体，也包括一些自媒体，持续看它们的内容，如果看到有一个号平时发的文章点击量只有500次、1 000次，但突然有一天发了一篇文章点击上万了，那我们很可能就会拿来用。”

这种依据既有传播效果进行转载的运营方式使用多了之后，党媒的社交媒体编辑们便逐渐熟悉了受众的喜好。在访谈中，大部分编辑表示，他们已经形成了一种能力：看到一篇文章，就能大致判断出它能被点击多少次，会不会在朋友圈产生“刷屏”效应。比如，他们发现，标题里含有“跑步”的文章总是很容易在阅读量上超过10万。对表1–3中排名前20的文章进行简单分析，并对照上文对涉及社交媒体内容传播度决定因素的文献的回顾，我们可以基本总结出这些账号的“吸粉”策略。

排名第一的是央视新闻在2015年春节期间联合腾讯推出的微信红包活动。和很多微博、微信账号的运营经验一样，开展“转发抽奖”“抢红包”等提供实物奖励的推广活动是迅速吸引人们大量关注的重要方法。同样，在2015年“双十一”期间，《人民日报》微信、客户端也和支付宝合作推出了连续七天派送多个万元红包的活动。这种简单直接的推广方式是在纸质的《人民日报》和电视里的央视新闻中见不到的。

排名第2、第10、第12的都是能够激起民族自豪感的内容。无论是展现中国形象的贺岁大片、赞颂“中国模式”的演讲视频，还是将误以为摄像机是武器的叙利亚小女孩和也门撤侨行动中被军舰接回的中国女性对比的文章，这些内容都能激发中国人的积极、正面的情绪。如此前研究所揭示的，激发正面情绪的内容更容易获得广泛传播。更何况，由于长期的历史教育和媒体宣传，民族情感是极易在中国的普通民众中获得回应的。[①] 此外，排名第11和第17的两篇母亲节文章，以及排名第14的汶川地震七年祭文章，也是主打感情牌。

排名第4同时也是阅读量最高的文章是《人民日报》微信公众号发布的《2015两会，将这样影响我们的生活》。这是一种典型的将政治会议与普通人的日常生活结合起来，让枯燥的政策变成实用信息的操作方式，此前较多为市场化报刊所用，很少见于党媒。同样，排名第20的有关教育政策变化的内容，也采用了类似的操作方式。而排名第13、第16、第18的文章提供了避险、保健等实用信息——尤其令人惊讶的是，钟南山一人就包揽了前20名当中的两席，读者对健康养生类内容的兴趣可见一斑。

排名第5到第7的是三篇抚慰情绪、激励斗志的“心灵鸡汤”故事，这也是党媒社交媒体账号所发布的内容中的一个重要类别。一位《人民日报》微信编辑在访谈中说，他们的账号被一些人戏称为“鸡汤中的战斗机”。每晚10点左右，他们都会发布一篇归类为“夜读”的鸡汤文，这类文章往往在一小时之内就会获得超过10万次的阅读。

从这些文章的标题可以看到，党媒的新媒体编辑相当注意对标题的操作，乃至一些内容会被认为是“标题党”。“震撼”“重磅”“提醒”“痛心”“竟”这样的词语频频出

---

① WANG Z. Never forget national humiliation：historical memory in Chinese politics and foreign relations [M]. New York：Columbia University Press，2014.

现。此外，如一位受访编辑所言，制造悬念的方法在标题制作中屡屡被使用：“中国新首富，竟是这样的人”“钟南山养生经：最关键的竟然不是运动，而是……”这样引发读者强烈好奇的标题可以显著增加文章的点击量。另一位受访编辑则说：“虽然我们不用‘不转不是中国人’这样的说法，但很多标题中也暗含了类似的意思，比如‘所有中国人都该记住这些’‘你愿意为你身边的环卫工人而转吗？’”

另外值得一提的是，不少党媒的新媒体账号都享有一定的“特权”。绝大多数微信公众号每天只能推送一次内容，但人民日报和央视新闻微信公众号每天可以推送多达10次——虽然它们一般情况下每天只推送四五次。根据上文提及的在社交媒体上“发得越多、传播越广”的可见性定律，党媒在和市场化媒体的竞争中的确拥有领先一步的优势，但是，党媒取得优势的更重要原因还是编辑们对上述运营手段能娴熟使用。

2. 对党媒权威性的利用

虽然很多党媒的“两微”账号都使用了很多和其他市场化媒体相同的运营手段，但前者的内容依然有其独特性。具体而言，不少党媒都在有意识地利用其“权威”“代表执政党”的形象，增强其内容传播度。上文中述及的阅读量最高的文章《2015两会，将这样影响我们的生活》，就与党报的定位有关。在政策解读方面，党报有着独特优势。

对这一点利用得最好的，是学习小组和侠客岛这两个由《人民日报》（海外版）编辑、记者创办的“二级账号”。前者专注于报道习近平主席的活动、行程，解读其讲话和文稿，以“这些年，与习一起进步，共同担当”为口号；后者则以时政热点、政策解读为主要内容，笔法活泼幽默，甚至带有武侠小说的味道。根据《南方周末》报道，[①] 主管部门对这两个微信公众号曾经做出了这样的评判：“在新兴媒体传播中，党报的平台仍具有非常强的话语权和权威性。很多网络媒体转载时，都会对‘侠客岛’和‘学习小组’冠以‘《人民日报》（海外版）旗下公众号’或标注‘党媒’字样，以吸引更多人围观。”

侠客岛团队的一位编辑在写的一篇经验总结文章中说，权威性和趣味性的结合是他们成功的关键：“党报作为党中央机关报，具有天然的权威性……在‘侠客岛’的运营中，我们也在思考权威性表达的新方式，是否可以采用与读者聊天的方式对时政进行解读，能否把文章写得更直接，能否为读者尽可能多地提供干货。”[②]

在侠客岛的文章中，最受欢迎的一类是所谓“信号体”文章——例如，某某官员落马，透露了怎样的信号；某某政策发布，透露了怎样的信号。在访谈中，侠客岛团队的一位编辑说：

“这种由我们首创的文体极其受欢迎，反映出读者对权威、有干货的时政解读、政策分析有相当大的需求。我们甚至了解到，很多地方公务员乃至中央部委里有一定级别的官员都非常喜欢这种‘信号体’文章，他们需要我们帮助进行解读。”

《人民日报》的微博、微信主账号也同样在有意识地利用其权威性，尤其是将这种权威性与对新闻热点的及时反映结合起来。“《人民日报》微博账号借北京‘7·21’暴雨之机上线，通过对灾情的及时报道，抢得先机，获得好评。”两位微博编辑在一篇经验总结中写道：“此后，从江苏省启东市民抵制排污工程，到湖南永州唐慧案，再到钓鱼岛风

---

① 褚朝新.“学习小组”的尺度[N].南方周末，2015-01-22（B10）.

② 申孟哲.说热话、说人话、说深话——“侠客岛”如何让时政好读、趣读、乐读[J].网络传播，2015（2）.

波、彝良地震和山体滑坡、宁波PX事件、贵州毕节流浪儿童事件、河南周口平坟事件、‘房叔’等，在一系列重大、突发、敏感事件面前，《人民日报》微博账号均敢于直面，及时、动态地传播事实真相，引导社会舆论。”[①]

3. 上级重视、资源投入和同级竞争

以上我们关注了党媒社交媒体账号的具体运营手段和策略，是技术层面的分析。实际上，党媒在“两微”平台上的成功，还应放置在更大的背景之下检视。

在中国政治体制中，自上而下的推动和引导是促成很多变化的关键原因，党媒对社交媒体的适应和改变也不例外。这种自上而下的推动，则是由上文所述的党媒危机引发的。曾任《人民日报》微博运营室主编的王舒怀在一篇文章中说，《人民日报》微博的诞生有两个大背景，一是“两个舆论场”分裂；二是新媒体对传统媒体造成冲击。因此，人民日报社的社交媒体探索从一开始就带着“打通两个舆论场，扩大和增强母报传播力和影响力”的任务。[②]

2013年8月19日，中共中央总书记、国家主席习近平在全国宣传思想工作会议上说，“要把网上舆论工作作为宣传思想工作的重中之重来抓……很多人特别是年轻人基本不看主流媒体……必须正视这个事实，加大力量投入”[③]。2014年2月27日，习近平任组长的中央网络安全和信息化领导小组成立，他在第一次会议上表示，“要创新改进网上宣传，运用网络传播规律，弘扬主旋律，激发正能量……使网络空间清朗起来”[④]。同年8月18日，他在中央全面深化改革领导小组第四次会议上又着重强调了“传统媒体和新兴媒体融合发展”的问题，提出要“着力打造一批形态多样、手段先进、具有竞争力的新型主流媒体”[⑤]。

自上而下的肯定和鼓励，并给予尝试空间，是党媒在社交媒体取得发展的重要因素。此外，党媒也往往拥有市场化媒体所不能匹敌的人力投入。《人民日报》和央视新闻的社交媒体部门均有十几名全职编辑及不少实习生，这种投入对于面临着经营危机的很多市场化媒体而言，是难以想象的。

有意思的是，党媒之间的竞争，尤其是《人民日报》和央视新闻这两大旗鼓相当的“巨头”之间的竞争也促进了它们的发展壮大。在访谈中，两家媒体的编辑都频繁提及对方，将对方视为主要的竞争对手。《人民日报》的一位微博编辑透露：一开始，他们的微博发布频率是每40分钟一条，但后发的央视新闻为了迎头赶上，一下子将发布频率提高到了每20分钟一条。发布内容翻倍了，“吸粉”的速度自然也就更快。“我们别无选择，只能也提高发布频率”。

两家媒体还不断学习对方的运营策略，双方的编辑都将对方的账号置于“特别关注”

---

① 李志伟，陈宁. 传统媒体转型的社交化路径——《人民日报》法人微博的运营与探索[J]. 中国报业，2013（5）.

② 王舒怀. 传统媒体转型的社交化路径——《人民日报》官方微博的运营实践[J]. 青年记者，2013（12）.

③ 习近平. 在全国宣传思想工作会议上的讲话[M]// 中共中央文献研究室. 习近平关于全面深化改革论述摘编. 北京：中央文献出版社，2014.

④ 习近平主持召开中央网络安全和信息化领导小组第一次会议强调：总体布局统筹各方创新发展 努力把我国建设成为网络强国[N/OL]. 新华社，2014-02-27[2014-09-20]. http：//cpc.people.com. cn/n/2014/0227/c64094-24486402.html.

⑤ 习近平主持召开中央全面深化改革领导小组第四次会议强调：共同为改革想招一起为改革发力 群策群力把各项改革工作抓到位[N/OL]. 新华社，2014-08-18[2014-09-20]. http：//cpc.people.com. cn/n/2014/0819/c64094-25490968.html.

列表中，每天留意和分析。“央视新闻喜欢发跟环卫工人有关的微博，每次发的时候都会加一句‘你愿意为身边的环卫工人而转发吗？’”一位《人民日报》微博编辑说：“后来我们也学习了，有时也会发关于环卫工人的内容，更重要的是，学会了‘你愿意为 ××× 转发吗？’这种句式。”

五、结论和讨论

本研究关注了中国政治传播领域的一个重要话题：党媒在社交媒体时代的重新崛起。这一崛起趋势颠覆了此前市场化媒体影响力上升、党媒逐渐式微的态势，也改变了中国社交媒体上的舆论生态。通过分析党媒社交媒体账号所发布内容的传播度，以及深度访谈党媒社交媒体编辑，本研究尝试为党媒在微博和微信上获得的影响力提供一些解释。从技术层面来看，党媒的社交媒体编辑熟练使用着多种推广和运营策略，在“两微”平台上发布着与主报、主刊、主频道迥然不同的内容；另一方面，他们也利用了党媒的权威身份，增加了自身发布的时政分析、政策解读类内容的吸引力。从制度层面来看，来自党中央的自上而下的肯定和鼓励是党媒在社交媒体时代重新崛起的重要因素，而党媒之间的竞争也促进了它们的发展。

需要指出的是，党媒的重新崛起并非没有问题和隐忧。在访谈中，不少社交媒体编辑就表达了几个方面的担忧。其一，中国的网络空间依然面临着严重的“左右”撕裂。“之前对于左右之争都是看热闹，但开始做微博之后，发现自己置于旋涡中心了。”一位编辑说，“稍微掌握不好平衡，就会今天被左派骂，明天被右派批评。但是如果我们永远一副中立、中庸的态度，我们就会失去读者。”对于党媒而言，它们的声音很容易被认为代表党和政府的意志，因此这种平衡变得更加困难。其二，尽管心灵鸡汤和生活小窍门等内容以及“标题党”式的做法吸引了大量普通民众关注，但是这些内容在中上阶层、精英阶层却并不受欢迎，因此这些党媒的社交媒体账号面临着在精英群体中失去影响力的危险。其三，生产这些内容对于编辑自身没有太多提升，很多时候工作遵循着机械的流程，有几位编辑在访谈中表示工作中已经没有了成就感。

本研究有几方面的缺陷。首先，研究的党媒都是中央层面的党媒，没有在分析中纳入地方党媒，实际上，一些地方党媒也取得了很好的传播度和影响力。其次，本研究只关注了相对成功的案例，对相对不成功的案例没有关注——例如，为什么本应与《人民日报》和央视并列为“三巨头”的新华社没有在微博和微信上取得那么大的成功？对不成功案例的研究，会给分析成功因素的人带来更多启发。最后，限于时间和资源，本研究也没有比较党媒和市场化媒体的社交媒体运营，今后的研究可以考虑对二者进行对比。

尽管有这些缺陷，本研究依然对既有文献做了重要补充。本研究分析了中国媒体领域近年来发生的最重要现象之一，并将之与 1979 年以来的媒体市场化改革以及近几年的新媒体技术发展这两大主题相联系。从比较政治传播的视野来看，本研究为国家属性媒体如何回应和利用互联网，特别是社交媒体补充了重要案例。

未来传媒生态：消失的边界与重构的版图*

彭兰

迄今为止，新媒体发展对于传媒业的一个关键影响，是淡化了传统传媒业的边界，并在此前提下改变了传媒业生态。过去由传统媒体垄断的传媒生态，已经有多种新力量（如自媒体、互联网公司等）进入，而这些新力量并非可有可无的配角，它们已经在一定程度上削弱了传统媒体话语权力，也带来新的市场格局。

今天，移动互联网、物联网、大数据、人工智能、VR/AR 等技术，正在推动新一轮传媒业生态的重构。

对于未来的传媒业生态来说，用户平台、新闻生产系统、新闻分发平台及信息终端是几个关键维度。它们彼此关联，而每一个维度的每一个变化，都意味着更多非媒体力量的进入。

这也意味着传媒业原有边界的进一步消解，一个扩张的传媒业新版图将在新的角逐中形成，新的生态也是在这样无边界的大格局中被重构。

一、用户平台的重构

（一）物体、环境：用户测量的新变量

迄今为止，当我们说到用户平台的时候，都是指向“人”，而未来媒介环境下，用户这个主体不再只简单对应人的状态与活动。与人相关的各种智能物体，以及与人相关的环境，都成为描述与理解用户的重要变量。

1. 物体：提高人的“可量化度”与“可跟踪性”

万物互联的物联网时代，不仅要解决物的信息获取以及物与物的信息互动的问题，还要重新定义人与物的关系。

当越来越多的智能物体存在于人的身体上（如智能手机、可穿戴设备以及其他的传感器等）以及人的生活环境中（如智能家居物品），各种与人相关的物体的数据，便成为人的行为、需求及状态等的一种外化或映射。物可以提高人的“可量化度”与“可跟踪性”。

人的空间位置、身体状态、运动状态甚至心理反应，在未来都可以通过传感器或其他

* 本文首发于《现代传播》2017 年第 1 期，第 8–14 页，第 29 页。

智能设备来探测或描述，这为基于个人的即时场景的信息生产与推送提供了依据。因此，未来的用户研究，将需要更多地借助物来理解人。

美国研究机构 Gartner 在预测 2017 年的新媒体发展趋势时，提出了数字孪生（Digital Twin）这一概念，数字孪生是物理事物或系统的动态软件模型，它依赖传感器数据理解其状态，对变化做出响应，改进操作，增加价值。数字孪生包括一个由元数据（如分类、组成和结构）、条件或状态（如位置和温度）、事件数据（如时间序列）和分析（如算法和规则）形成的组合。[①] 对于人来说，其数字孪生，很大程度上依赖可穿戴设备和其他传感器这样的物。而人与物的关系，也会进入数据互动的层面。

2. 环境：用户场景的构成要素

与人相关的环境包括两个方面：现实环境与虚拟环境。

我曾在《场景：移动时代媒体的新要素》一文中将移动时代用户场景要素界定为四个方面：空间环境、用户实时状态、用户生活惯性、社交氛围。[②] 其中，空间环境和社交氛围都是用户所处的现实环境，把握用户在特定时刻所处的现实环境有助于媒体提供更精确的服务。

无论是空间环境，还是社交氛围等社会环境，在未来都是可以量化的。

空间环境状态的量化，同样依赖于相关的物体。地理位置、活动场景甚至气候与空气状态，都可以由特定空间内的智能物体监测。

社会环境的分析，主要是对影响个体的社交关系、社会圈子、意见气候等的分析，在大数据技术支持下，这些层面的量化分析，也在变得可行。

虚拟环境是用户在新媒体平台中体验到的环境，是新媒体为用户提供内容和服务的基础。

到目前为止，新媒体构建的虚拟环境主要是符号化的，无论是文字符号，还是图像符号或影像符号。而 VR/AR 技术将构建一种超出符号化环境的临场化环境，用户不再通过符号来间接体验世界，而是直接置身于一个与在现实世界感官体验相同的三维虚拟世界。

符号化环境和临场化环境都有它们的价值。在什么场景下应该给人们提供什么样的虚拟体验，也是未来新媒体产品设计的核心之一。

（二）新用户平台的形成路径

未来的用户平台将是人的社交平台、与人相关的物体（如可穿戴设备、智能家电、汽车等）以及与人相关的环境（包括现实环境与虚拟环境）三个要素（系统）互动形成的大平台，如图 1-1 所示。用户分析也将是对三类数据的协同分析。

当然，在这样的大平台系统中，人的社交平台仍是用户平台的核心，基于社交黏性的平台是可持续的。从社交平台向智能物体系统和环境系统扩张与兼容，相对容易，也是新的用户平台形成的主要路径。但也不排除另外的可能性，如一些提供智能物体数据或环境数据的平台，以其创新性的服务获得用户黏性，再向社交平台扩展，或者是一些已经具有社交属性的服务类平台（如购物、地图、天气等），整合智能物体和环境数据，形成一个

---

① Gartner. 2017 年十大战略科技发展趋势 [EB/OL].（2016–10–26）[2016–10–27]. http：//tech. ifeng. com/a/20161026/44478224_0.shtml.

② 彭兰 . 场景：移动时代媒体的新要素 [J]. 新闻记者，2015（3）.

综合性用户平台。

图 1-1　未来的用户平台系统

而无论是哪种扩张途径，对于传媒业来说，掌控用户平台，就意味着掌控未来。但是，今天用户规模最大、黏性最强的用户平台，已经存在于传统媒体领地之外，未来这一趋势还可能进一步加剧。专业媒体在未来需要更多地依托第三方用户平台来获得用户规模，进行用户分析，完成新闻分发。

用户平台的扩张和用户分析的多维化，为精确化用户服务提供了基础。传媒业所要提供的内容产品，将不只是公共化信息，针对局部甚至个体环境的定制化信息服务也将成为未来用户的普遍需求。

另一方面，当用户数据变得如此复杂时，对用户数据保护的难度也必将增大，后文将进一步分析。

二、新闻生产系统的重构

（一）机器、数据、“云”：未来新闻生产系统的新关键词

未来新闻生产系统，将进一步打破今天传媒业的新闻生产格局，其构成或许如图 1-2 所示。

1. 从人到机器：生产者的扩展

在未来新闻生产系统的各个环节，参与主体都将不仅是人，机器及其他万物都可能成为信息的采集者，而机器也可以完成信息的智能化加工。这意味着掌握着智能机器和传感数据的 IT 企业、物联网企业，也将成为新闻生产系统中的成员。

其中，机器写作将是一个重要趋势。机器写作得以实现的前提，是数据资源、数据思维以及数据工具在新闻生产中的普遍应用。

自 2011 年美国 Narrative Science 公司的新闻写作软件出现以来，越来越多的媒体开始在财经、体育等专业新闻领域采用机器化写作，国内腾讯的 Dreamwriter、新华社的快笔小新、今日头条的 Xiaomingbot 等写作软件也开始了常规化运作。根据腾讯财经提供的数据，2016 年第 1 季度，Dreamwriter 撰写的财经新闻为 400 篇，而第 3 季度已达到 40 000 篇。

机器写作究竟是一个噱头，还是一次革命的开端？目前业界的判断也许不尽相同，但

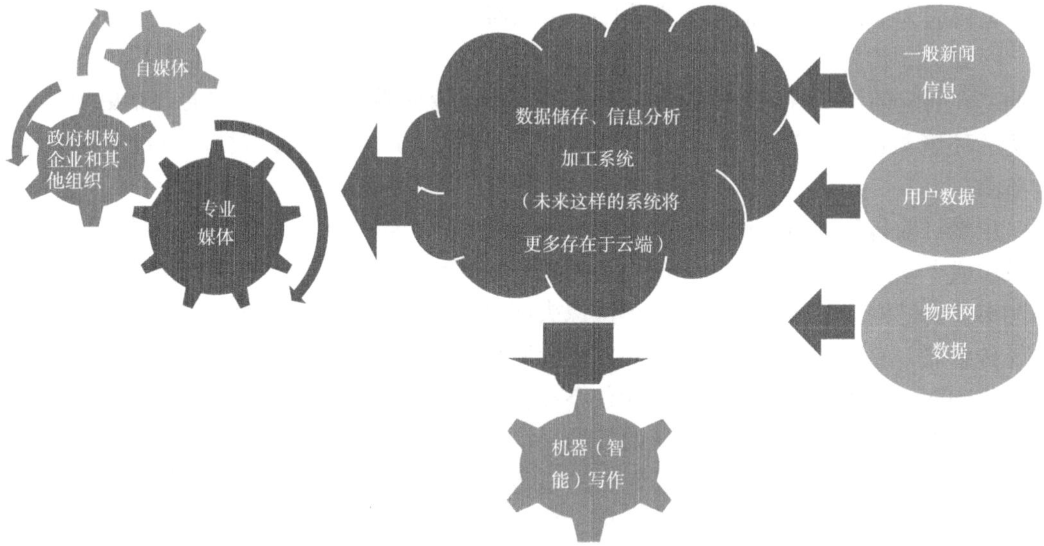

图 1-2　未来的新闻生产系统

是，某些领域的机器写作（如常规性的公司业绩报道、一般体育比赛消息等）在未来或许会成为常态。当记者们从这些机械性的写作中被解放出来时，他们会有更多时间、精力致力于深度报道或专业评论。这对媒体专业水准的提升未必不是好事。

机器写作是否只适合程式化写作的问题，同样也是媒体人所关注的。人工智能技术的进展，特别是机器对自然语言理解能力技术的提高，也许会使得未来的机器写作像人的写作一样形成自己的风格，在某些领域完成个性化创作。

但在新闻写作中，机器更重要的作用，是与人进行协同工作。人—机一体的写作体系或许是更主流的方向。机器帮助人进行选题的发现与判断，帮助人收集数据并完成那些程式化部分的写作，包括部分可视化呈现，而人则在技巧性叙事、深度解读中发挥自己特长。机器也可以帮助人分析以往类似报道的传播效果与主要受众，为写作与传播的优化提供依据。

除了新闻写作外，机器还会在其他环节与人合作完成新闻生产。机器的存在，会让人重新思考自身在新闻生产中的核心位置。

2. 用户数据、物联网数据：新闻资源的扩张

从信息资源角度看，除了传统媒体过去所依赖的信息外，用户数据、物联网数据将成为新闻生产的另外两类重要资源。

用户数据包括用户主动生产的内容以及他们的行为数据等。用户数据对于新闻生产具有双重意义。

其一，用户数据是反映社会情状的一种重要信息。用户在各种社交平台中发布的信息、意见以及蕴含的情绪，都是社情民意的局部表现。对这些用户数据进行有效收集与分析，可以为新闻报道提供新的拓展维度。

其二，各种用户数据是用户场景、需求分析的主要依据，是个性化信息生产与服务的基础。

物联网在新闻生产中的应用，将给未来传媒业带来一种全新的可能。物联网中的传感

器，也将成为一种全新的信息采集手段。传感器在新闻生产系统中扮演着双重角色。

一方面，传感器可以作为新闻信息的采集手段，拓展人的能力。传感器将变成一种新的“人的延伸”。相较以往的媒体对人的延伸，传感器在社会环境中的分布更为广泛，到达的环境与场景更为多样。它们可以在人所不能及的地方进行持续的物的状态或环境的监测。

虽然目前传感器新闻这样的概念似乎还没有普及，但是，今天媒体的一些报道，已经在或多或少使用“传感器”，大街小巷无处不在的摄像头，就是一种典型的传感器。一些新闻事件的“剧情反转”，也得益于摄像头记录的视频。而近年兴起的无人机，同样也是一种传感器，它们是可以飞的摄像头，或者说空中的传感器。

物联网的推进，将使得传感器无处不在。它们对物或环境状态进行监测，可以见人所未见，知人所未知。因此，物联网的数据，将是未来重要的公共信息资源。

另一方面，传感器将带来一种新型的“反馈”机制，它将用户的反馈深入到了“生理”层面。脉搏、血压、大脑表层的兴奋度，这些过去只有医学意义的数据，在未来将成为信息传播效果的测量指标。

这些反馈信息，不仅用于评价某个信息的传播效果，还会成为优化内容的依据。例如，观众在观看某个内容片段时大脑的兴奋度都很低，说明内容的传播效果不佳，那么创作者可能需要对相关内容做出调整。

3. 从内部到“云端”：新闻信息处理系统的转移

今天的媒体，主要在自己内部系统处理新闻信息，形成文字稿件、音视频作品。而未来，这样的处理系统，将可能独立于媒体，出现在一些公共平台上。

2015 年，谷歌推出它的新闻实验室计划，记者们可以通过它访问来自谷歌的所有应用程序和平台的数据，如谷歌地图、Google Fusion Tables、谷歌地球、YouTube 以及谷歌搜索，记者们可以利用这些数据，进行选题策划、稿件写作，并通过谷歌的渠道进行新闻发布。同时，它还面对自媒体开放。

2016 年 10 月，今日头条推出的类似谷歌新闻实验室的今日头条媒体实验室，也开始向全部媒体和部分自媒体开放。它的定位是面向创作者的实时和历史数据分析工具。类似这样的工具，对媒体人还是具有一定诱惑的。

这样的工具，也是前文所提到的人—机一体的写作系统的起点。如果类似工具平台日益普及，可以想见，未来越来越多的记者的新闻生产是基于外部平台完成的，而一些专业的自媒体，也会向这样的平台聚集。

从技术角度来看，这样的平台对使用者来说，是一种“云端”的资源。专业媒体的生产者可以摆脱内部系统的资源限制，在更广泛的时空中完成报道。

这些新的工具与平台的出现，同样也是基于数据这样的新闻资源的价值扩张，这也意味着，掌握数据资源、算法优势的技术公司，逐渐从新闻分发向新闻生产的核心技术领地渗透。它们将逐步在新闻生产领域掌握话语权。

（二）机器入侵时代人的价值

今天各种现象都在指向一个趋向，那就是在未来的新闻生产系统中，机器、算法、数据会扮演越来越重要的角色。这使得专业媒体和专业媒体人产生一种深深担忧，未来我们是否会被排挤甚至边缘化？

未来的专业媒体和媒体人的生存空间，取决于其对媒体职责与专业价值的认定与坚守。

媒体的职责是尽可能真实地反映现实社会。虽然机器与算法可以完成信息的整合、分发，但是，对这些信息的真实性判断、价值判断，仍主要依赖媒体人，在这方面，难度和工作量甚至会更大。算法虽然提高了信息整合与传播的效率，但算法中也时时存在陷阱。媒体人需要比常人更多地保持对算法的警惕，也需要比常人更敏锐地发现算法带来的风险与问题，特别是算法客观面目下的信息偏见与不均衡。

媒体不仅要帮助人们了解生存环境的状态，还需要帮助人们理解这些状态意味着什么。机器与算法可以更多地描绘现实图景，但对现实图景的意义的解读，在很大程度上还需要人去做，尤其需要受过专业训练的媒体人去做。评论信息也将是未来媒体工作的一个重点。

媒体也承担着社会整合功能，它需要推动各种社会群体之间交流与对话，而这未必是机器与算法可以实现的。

媒体的社会监督功能的实现，更需要专业媒体人持之以恒的努力。人在机器不能到达的新闻现场和社会角落的专业调查，仍是揭示真相的首要手段。人对真相的不懈追问，对正义的不懈追求，仍是社会进步的根本动力。

但无论怎样，“人”与“机器”，并非非此即彼。人与机器，在未来更多是协同的关系、共生的关系。人与机器的智慧的相互注入，是为了提升未来媒体的信息生产与服务水平。当然，这一目标能否实现，取决于人对自身和机器价值的认识与应用能力。

三、新闻分发平台的延展与生态重构

（一）新闻分发平台的延展

新媒体发展的一个显著影响，是新闻生产与新闻分发两者的分离，而在传统媒体时代，它们是捆绑在一起的。

新闻分发平台与用户平台有很多交集，但两者不完全等同。例如，搜索引擎到目前为止仍是重要的新闻分发平台，但它未必是一个用户平台，它吸引的用户流量很大，但用户间没有互动，所以没有形成有效的用户聚合。而社会化媒体平台则成功地实现了新闻分发与用户沉淀的结合，因而目前新闻传播最主要的平台都在社会化媒体领域里。将一个新闻分发平台沉淀为一个用户平台，正是在传媒业生态中获得更高权重的重要方式。而如前文所分析的，在未来，要构建一个成功的用户平台，不仅需要连接用户的社交关系，还需要整合物的平台、环境平台。

互联网进入大众传播领域以来，出现了很多新类型的新闻分发平台，如图 1–3 所示，每一种新平台的分发机制不尽相同。但它们的共同点是，都并非为传统媒体所掌控。这也是整个传媒业生态发生深刻变革的一个关键路径。

1. 整合类平台：多源聚合 + 人工分发

在中国，进入互联网时代后，商业门户网站这样的以第三方方式出现的内容整合平台，成了重要的新闻分发平台。这样一种平台，其传播模式与传统媒体基本是一致的，但内容源大大增加。网站作为内容的聚合平台，将多个媒体的内容聚合在一起，再以编辑的判断为基础筛选内容，将媒体的内容二次贩卖给用户，人工判断在内容分发中仍然起主要作用。这样的平台虽然可以扩大媒体内容的传播范围，但基本不会给媒体网站贡献流量。移动时代的综合性新闻客户端，起到的作用也是类似的。

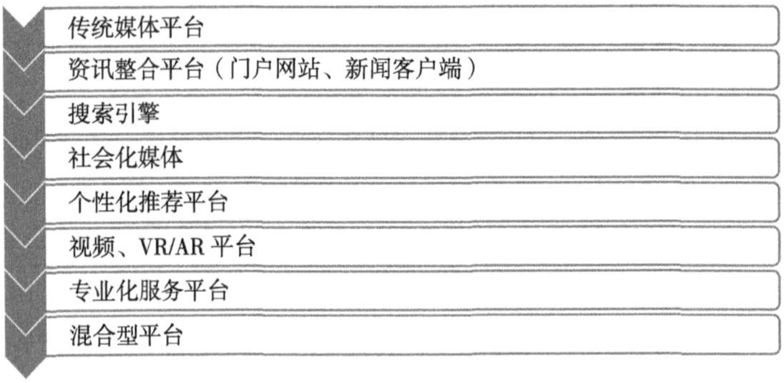

图 1-3　新闻分发平台的延展

2. 搜索引擎：多源搜索 + 算法调度

搜索引擎兴起后，它作为新闻分发工具的作用也凸显出来。搜索某个关键词后内容的排序，决定了相关内容及其生产者被用户点击的可能性的大小。

搜索引擎同样是在广泛的信息来源中进行搜索，但对搜索结果排序的依据，是算法，这种算法与用户无关，它更多地是对传播者及其制作的内容的一种权重衡量。

谷歌、百度等不仅通过搜索引擎使内容提供者与用户之间实现匹配，还利用搜索技术，通过专门的新闻或资讯频道，形成自动化内容分发平台。虽然搜索引擎自身并不生产内容，但是，它对网站流量的调度作用是明显的。

3. 社会化媒体：人际网络 + 大众传播

在社会化媒体普及的同时，其也开始成为新的内容集散地。社会化媒体对整个新媒体新闻及其他公共信息传播模式与结构的影响都是深层的。门户等整合类平台虽然拓展了新闻传播渠道，但从传播机制与模式来看，与传统媒体的点对面模式是完全一致的，而社会化媒体将公共信息传播，带向了社交化传播。

在社会化媒体里，由社交网络构成的人际传播渠道成为公共信息传播的基础设施，在这些平台上，媒体内容的再分发能力，很大程度上取决于它们激活的人际传播网络的规模。

以社交网络来传递公共信息，这是大众传播出现之前的公共信息传播模式。因此，在某种意义上，社会化媒体带来的是一种“回归”。但是，由于互联网形成的社会网络的规模的巨大性，社会化媒体的传播效率，是以前人际传播无法企及的。

这样的一种传播模式，也使得信息的筛选机制发生了变化，过去职业媒体人进行的信息“把关”，在社会化媒体中演变为用户的鼠标投票。转发量成为推动新闻“上头条”的核心要素之一。

当然，这样的机制未必总是优于专业媒体的选择。很多情况下，多数人的意志不一定指向正确的方向，而炒作、水军、自动发帖机器等的干扰，也有可能营造出虚假的信息环境。

4. 个性化推荐平台：个性分析 + 算法匹配

近年，新闻传播中的一种新现象，是类似于“今日头条”这样的客户端出现，它们以“个性化”为卖点，为用户提供了一个新维度的与内容匹配的依据。换句话说，内容与其特定的接收者之间是以算法为“媒”进行匹配的。

个性化算法是搜索引擎算法的一个升级，它把个性作为算法中的核心变量，凸显了个人偏好的意义。个性化算法在未来还会进一步优化，对用户需求的解读能力与匹配精确度还会不断提高，但是，个性化推荐不能成为未来唯一的新闻分发方式。

个性化算法在一定程度上会减少人们在信息消费中付出的成本，但是它是以小灶的方式对用户进行填食，这可能会使人们产生消化疲劳与厌食。即使用户并不抗拒，个性化算法带来的“信息茧房”效应，也会使用户越来越失去对外界环境的全面感知，面对被“信息茧房”隔离的社会个体，社会整合将变得越来越难。

因此，作为对个性化信息服务的平衡，面向大众的常态化的公共化信息推送，仍然是必要的。

5. 视频和 VR/AR 平台：临场体验 + 社交传播

接下来，随着网络视频的发展和 VR/AR 应用的深化，视频和 VR/AR 平台，也可能成为一种新的新闻分发平台。

网络视频直播和 VR/AR 技术，重新定义了新闻现场。在这些新的新闻现场里，用户可以较少受到传统电视直播中记者、摄像、导播等视角的限制，特别是在 VR/AR 新闻里，人们可以直接“进入”现场并根据自己的兴趣观察与体验，他们对于新闻的认知，也更多取决于自己的临场观察。

而在这些平台上，新闻分发会较多借鉴社会化媒体的模式。社交关系对视频或 VR/AR 新闻的传播，起着至关重要的推动作用。

6. 服务类平台：生活场景 + 新闻推送

而除了以内容生产为核心的上述平台外，一些原来以生活服务为核心的网络平台，也在某些领域开始媒体化。如淘宝、高德地图、墨迹天气等已经整合了一定的新闻。未来将有越来越多的专业化内容通过这些服务类平台流向用户。

服务类平台具有向新闻渠道延伸的可能性，是基于以下几个原因。

（1）服务类平台具有较大的用户规模和较强的用户黏性。

（2）服务类平台所掌握的用户数据，有助于其对用户的深入理解。其基于一般消费行为来推测用户的新闻阅读需求，在某种意义上也有可行性。

（3）服务类平台常常对应着用户的各种场景化应用，与此场景相关的新闻推送，可以得到用户更好的认同。

（4）从未来发展看，服务类平台更容易将人的社交、物的数据及环境数据结合在一起，成为新型用户平台。

这样的平台上，新闻分发的主要逻辑，是人们的生活场景。

上述几种新闻分发平台在今天是彼此独立的，但未来的新闻分发平台更有可能是现有各种平台的混合。无论是哪一种类型的新闻分发平台，未来都要能实现如下目标。

（1）规模化用户的集聚与维系。成为一个新闻分发平台，需要形成并维系足够规模的用户，社交、社群对用户的集聚与维系发挥着主要作用。

（2）多元化内容生产者的汇聚。内容生产者的多元化，不仅有助于平台满足用户多元化需求，也有助于平台营造均衡的信息环境。

（3）内容生产与消费之间的匹配。分发的意义，即内容生产与消费的匹配，可以通过人工编辑，也可以通过算法实现。无论是哪种方式，都需要兼顾个性化满足与公共价值关照。

（4）多重新闻体验环境的营造。对于不同内容，用户需要使用不同的体验手段，虽然每个平台对于使用文字、声音、视觉、VR等不同手段有所侧重，但是，如果同一平台能提供多重体验，用户的黏性会增加。

（5）内容与其他互联网服务的关联。未来的内容、社交与其他互联网服务之间的关联度将更高，这不仅有助于内容产品的价值挖掘，也有助于形成新的盈利模式。

（二）重构的生态与有待重建的传播秩序

新闻分发平台的延展，带来的直接影响是，新闻可以借助多种通道以不同方式流向用户。由于不同用户群体的需求和使用习惯的差异，多种分发渠道将长期并行，其中一些会相互融合。

这样的一个延展过程，也是传统媒体在新闻传播格局中地位不断下降的过程，包括传播媒体在内的专业媒体虽然仍然可以在内容生产上保持一定强势，但在内容分发方面，未必有足够的话语权，某些时候，它们甚至需要向分发平台的控制者让步。

内容生产与内容分发的分离更为明显，分发渠道与平台的话语权继续上升，这将是未来传媒生态的一个重要特征。

这也意味着，新闻分发平台对传播秩序的影响将举足轻重。信息的质量、信息的均衡以及信息的自由流动，都与分发平台本身的传播机制与规则相关。

多样化的分发平台，意味着专业媒体的把关也会在一定程度上弱化，这是否会意味着新闻质量的不可控？

2016年美国大选结果揭晓之后，大选中Facebook的假新闻传播问题遭到质疑。批评者认为，2016年8月后，Facebook撤掉了其编辑小组，将人工审查、筛选内容改为通过计算机算法进行信息筛选，也许这个变化给Facebook带来了更多假消息，干扰了选民的判断。[①] 尽管Facebook创始人扎克伯格并不认可这样一种批评，我们现在也并不能简单地推断Facebook的信息推送算法是否对美国大选的结果造成了影响。但是，对于那些权力越来越大的新闻分发平台而言，无论它们是否具有专业媒体背景，无论它们是以人工还是算法方式进行新闻分发，权力的上升也必然意味着责任的加大。对新闻质量把关，应是任何平台或渠道的职责。

进一步我们要问，这些新的分发平台，能否让新媒体对现实社会的反映更为完整、真实？以往，专业媒体由于版面空间和播出时间等限制，只能通过自己的选择与判断用有限的容量来反映无限的社会现实，因而在媒体中营造了一个拟态社会。今天，当多元的生产者提供的多样化的内容通过多样的渠道传播时，我们是否就会获得一个比过去媒体的拟态

---

① 李增新．社交媒体成就大选？众口铄金惹争议[EB/OL].（2016-11-13）[2016-11-23]. http：//international.caixin. com/2016-11-13/101006986.html.

社会更接近真实社会的信息环境？

虽然从理想状态来看，新媒体的确可能会使过去被媒体排除的某些内容进入公共信息分发平台，进入公众的视野，这有助于信息环境的多样化，但是，无论是社会化媒体中的“鼠标投票”，还是机器算法，都难免会造成一些信息被“遮蔽”。公众意志下形成的传播的“马太效应”，同样也容易造成信息环境的不平衡。

各种新的新闻分发平台，同时也是企业的“产品”，这些产品都牵涉着企业利益和相关联的资本的利益。如何抑制企业利益或资本利益对公共信息传播的干扰，是未来各种平台面临的一个重大考验。

而对于用户来说，在各种新的新闻分发平台中，当媒体把关被淡化或削弱时，用户判断信息的能力，变得更为重要，尤其是当他们不仅作为信息消费者还作为信息生产者影响新媒体中的信息环境时。新媒体时代用户的媒介素养，需要在一定程度上延伸到以往媒体人的媒介素养领域。

新闻分发系统生态的重构，需要伴随着新闻传播秩序的重建，但这一重建不完全建立在传统媒体时代的传播管理制度及思路上。新的平台责任观、新的媒介素养观对于新秩序的建设，具有特别的意义。

四、信息终端系统的重构

（一）信息终端的三个新指向

未来将是“万物皆媒”的时代，而信息终端未来发力的三个重点领域是：可穿戴设备、智能家居、智能汽车。

1. 可穿戴设备：构建双向“人肉终端”

各种便携的 VR/AR 设备，是可穿戴设备的一个主流方向，但未来可穿戴设备显然不只是 VR/AR 设备。

可穿戴设备将使人体变成双向的“人肉终端”。人体终端化，不仅意味着人对外界信息的获取与处理能力的增强，也意味着人体向外界发送数据的丰富化。

当人可以利用可穿戴设备实现与外部力量的融合时，人自身的力量究竟是被削弱还是增强了？

乐观地看，人体上的智能物体是最直接的“人的延伸”，它们可以提升人的感知能力、认识能力，以及人与物的信息交互能力。人在某些方面的能力可能上升到一个前所未有的高度。

而悲观地看，也许外部力量的辅助，会使人的某些器官的功能因为使用减少而退化。例如，当人们越来越依赖搜索引擎查找知识，而不是将这些知识“固化”在自己的大脑“内存”里时，记忆需求的下降可能会带来记忆能力的衰退。

可穿戴设备也将带来人的一种“外化”，人的思维活动、内部状态这些本来的隐秘信息，成为可以感知、存储、传输甚至处理的外在信息。人，包括人的身体状态、活动、情绪、思维等，在全面数据化情况下形成“数字孪生”。

当可穿戴设备与人形成如此紧密的联系时，由它们带来的对个人数据的跟踪、监测将无所不在，个人隐私通过可穿戴设备暴露的风险势必大大增加，隐私权保护所面对的挑战越来越大。而除了隐私权外，未来个体还应拥有一种新的权利——“隐身权”，以便自己在某些时候可以从数字世界里“消失”，不受外界侵扰。

2. 智能家居：重构家庭信息系统

从过去占据客厅的电视媒体，到后来占据书房的网络媒体，再到卧室和卫生间场景中的移动媒体，家庭内部的信息系统在发生变化，但到目前为止，人们谈到家庭内的媒体使用时，关心的主要是每一块独立的“屏幕”，而未来，家庭内的媒体，更可能是由各种智能家居设备构成的立体的信息系统。

智能家居使得围绕个人产生的信息变得丰富，人的行为、需求和环境不仅被可穿戴设备也被智能家居设备全方位信息化、数据化。例如，冰箱对应着人们的饮食、健康、购物等状态及需求，空调和空气净化设备对应着空气状态、健康状态等数据。家庭内的信息传播，很多时候是人与物体、环境之间的“对话”过程，各种智能设备在其中扮演着媒介的角色，而各种需求信息，也会转化为其他服务需求与行为，如冰箱食品不足的信息可能直接转化为网上购物行为。

家庭成员间的信息传递与情感交流，也可以在更多场景中借助各种家庭设施展开。

3. 智能汽车：重新定义移动媒体

在信息终端领域一个尤其值得关注的动向是智能汽车。

汽车与早期的移动媒体——广播是天然的盟友。广播的发展与汽车的发展息息相关。而未来的智能汽车，将再次定义移动媒体。

智能汽车不仅提供了一块移动的屏幕，更会变成一个完整的信息系统。

作为一个全新的信息系统，智能汽车可以实现以下目标。

（1）车与人的信息互动。汽车驾驶、人在车内的信息接收等，都需要人与车的互动，而智能化汽车可以带来更便利的人车互动，包括远程互动。

（2）车与车的信息互动。车与车的信息互动是无人驾驶的核心，但即使是有人驾驶，车与车的互动，也可以在更大程度上提高汽车行驶的安全性。

（3）车与环境及关联信息系统的互动。车与公路交通系统的互动，可以使汽车找到更为快捷的行驶路线；车与警察、医院、保险等相关信息系统的互动，可以使事故的处理更便利、直接。

（4）车与公共信息系统的互动。今天一些地图类应用生成的实时路况信息，数据的主要贡献者是行驶在道路上的汽车，未来这样的思维将在更广泛的领域里得到应用。

在移动终端的发展方向发生变化时，移动终端的生态也必将发生变化。物联网厂商、智能家电厂商和汽车生产厂商等，都可能借助硬件进入未来的传媒业生态中。

（二）新终端时代的新人机界面

新的终端也会使新的人机交互方式，或者说人机界面出现。自然化交互，如语音交互、手势交互、面部识别等，在未来将会被越来越多地使用。

目前，语音交互技术已经趋向成熟，微软、科大讯飞、苹果、谷歌、百度等语音技术的识别准确率都超过 90%，甚至在某些情况下比人识别的准确度还高。

微软的 Kinect 推动了用户对手势交互的认识，而未来这样的通过手势或其他肢体动作进行隔空操作的人机界面，将适用于更多场景的需求。

图像识别技术会使得机器更好地理解图形（包括人脸）的意义，而未来大量的应用，将是基于“刷脸”（面部识别技术）的应用。

新的人机界面，其核心是让人保持自然本性，用与生俱来的方式与机器或智能物体进行对话。新的界面，也可以帮助一些特殊人群，如身体某些部位有残疾的人，更方便地实现与机器的交互。

信息终端越发达，人机交互方式越回归自然，终端也就越隐身于人、自然物体和环境之中。

支持这些新的交互方式的技术公司，也会在未来的传媒生态中占据一席之地。

这样一种打破传媒业旧边界所形成的新版图、新格局，究竟会给我们带来什么？是更好还是更糟的传播？也许我们现在还不能判断，但就像凯文·凯利在《科技想要什么》一书中所指出的：“人类既是技术元素的主宰者，也是它的奴隶，我们的命运将是保持这种令人不快的双重角色。所以，我们将始终对科技存在矛盾心理，难以做出选择。可是我们的担忧不应该包括是否拥抱科技。我们已经不只是拥抱，还与它共进退。从宏观意义上说，技术元素正沿着它的必然进程前行。而在微观层面，意志决定一切。我们的选择将与它一起进入同样的轨道，为所有人与事物增加选择的机会，并且给科技的具体形态赋予优雅和美丽。”①

优雅和美丽也许难以企及，但至少，我们需要给公众增加选择的机会。今天，在我们看来辉煌的大众传媒业，对人类历史来说其存在还只算“一瞬”。我们不能因为其曾经的荣耀而认定这是唯一可行的模式并放弃未来其他可能的选择。但是，我们需要将如今传媒业的优秀基因和专业价值观带入未来的传媒业。也许未来传媒业的边界终将消失，但传媒的职业责任以及这些责任的履行者永远都不会消失。

---

① 凯利．科技想要什么 [M]. 熊祥，译．北京：中信出版社，2011：188–189.

第二篇

新闻生产变革

微信新闻：一个交往生成观的分析*

谢静

社交媒体的终端优势，给传统新闻业带来了前所未有的挑战，“危机”话语[①]充斥着业界与学界：或将社交媒体时代视为新闻业的“黄昏”，即将面临死亡；或将社交媒体时代视为新闻业的“黎明”[②]，预示着大转型与新开端。然而，不论是“黄昏”还是“黎明”，立足点都在新闻业自身，其基本前提都是职业新闻生产者与作为消费者的新闻用户之间的隔阂与对立。美国新闻学者马尔基奥尼（D. M. Marchionni）曾提出“作为对话的新闻”概念，以之与传统的“训话式新闻”相对照，认为从公共新闻、互动新闻，到参与式新闻、市民新闻，记者与普通民众之间的互动与交流程度日深。[③]毋庸置疑，社交媒体能够为这种对话提供更多便利，增加二者之间的互动。但是，社交媒体有关新闻的对话只发生在记者和民众之间吗？民众之间的新媒体交往，无关新闻生产吗？

企鹅智库 2015 年 12 月发布针对全国逾万网民的调查报告，70.2% 的网民表示，过去一年要比往年更多地使用社交应用看新闻，不用社交应用看新闻的人只占 10.3%。调查没有说明人们阅读的新闻是什么，重点分析出“以个人账号和聚合性新闻应用为代表的自媒体 + 自媒体平台”获得高阅读率。[④]2014 年 6 月，企鹅智库针对微信用户的调查则显示，近 8 成的微信用户关注了公众号，其中关注自媒体和认证媒体的比例最高，分别为 29.1% 和 25.4%。[⑤]由此推测，与传统媒体一样，来自社交媒体企业自身的调查也把社交媒体看作新闻（自媒体和认证媒体内容）的传播渠道和平台，与人们的直接交谈和其他形式互动切割开来。然而，对于用户而言，这种切割是否符合其实际的媒介实践体验？仅仅把微信看作新闻传播平台，就像是将其视为社交工具，实际上忽略了人们运用这样的新技术形式重新构筑自己生存体验的日常实践。社交媒体提供了新的交往体验，形塑

---

* 本文首发于《新闻与传播研究》2016 年第 4 期，第 10–28 页。

① 比如：（1）LUENGO M. Constructing the crisis of journalism[J]. Journalism studies，2014（5）；（2）ZELIZER B. Terms of choice：uncertainty，journalism，and crisis[J]. Journal of communication，2015（7）.

② （1）PICARD G. Twilight or new dawn of journalism?[J]. Journalism studies，2014（5）；（2）MARCHIONNI M. Journalism–as–a–conversation：a concept explication[J]. Communication theory，2013（23）.

③ MARCHIONNI M. Journalism–as–a–conversation：a concept explication[J]. Communication theory，2013（23）.

④ 王鑫 . 谁更频繁用社交应用看新闻？中年人胜过年轻人 [EB/OL].（2016–01–26）[2016–04–13]. http：//tech.qq.com/original/biznext/b138.html.

⑤ 企鹅智酷 . 解密微信：微信平台首份数据研究报告 [R/OL].（2015–01–27）[2016–03–14]. http：//tech. qq.com/a/20150127/018482.htm#p=1.

了新的交往形式，而新闻活动即嵌入这样的交往过程之中，因此也必然呈现出不同于以往的特征，形成新的新闻方式。①

孙玮从"在世存有"的角度审视微信。她指出，公众号是微信的新闻传播形式之一，而"业余的新闻生产"则存在于各种交往过程中，是"关于真相的生产"，"以嵌入日常生活场景中的交谈为基本模式"。② 笔者认为，可以用"作为交往的新闻"来概括社交媒体新闻高度情境化的特征，因为人们不仅利用社交媒体订阅、转发自媒体内容，而且在交往中定义新闻、生产新闻，社交媒体上的新闻活动就是社会交往的一部分、一个维度，二者相互纠缠，难以区隔。因此，如果仍将社交媒体仅仅看作新闻传播的渠道和平台，实质上就区隔了编码和解码这两种活动及其展开的场所，没有真正理解社交媒体的"社交"特性。这种"渠道观"实际上把社交媒体终端看成了新闻生产的"后端"，即生产完成之后的环节，忽视了传播过程之中所进行的生产；而生产、传播与消费的同步甚至一体化，正是社交媒体不同于大众传媒的独特之处。在社交媒体上，生产者与消费者的身份已然模糊难辨，新闻成了作为交往的新闻。有关社交媒体新闻的研究，需要转变思路，反思形成于大众传播时代的新闻理念，突破既有范式，将新闻生产置于社会交往的动态关系之中。本文的基本观点是，传统大众传播时代的生产观是以一种媒体（作为技术与组织）为本位的观念，在社会生活重心转向交往的新媒体时代，我们需要走出以传者为中心的生产本位，不是考察如何继续在社交媒体上传递新闻产品，而是考察人们如何在社交媒体上的交往中生成新闻。

需要指出的是，作为交往的新闻并非社交媒体的发明。按照英国专长报道科学和技术的新闻人斯丹迪奇（T. Standage）的说法，"社交媒体"应从莎草纸算起，已有 2 000 多年历史，而"大众媒体插曲"只不过区区 150 余年。③ 林语堂总结中国新闻舆论史，认为"仅仅通过调查古代报纸来研究中国古代舆论显然不妥"，因而把古代歌谣、"清议"运动、宋朝的学潮等都看作新闻舆论现象。④ 作为交往的新闻伴随着人类社会的发展而变化，当前社交媒体的新闻活动，既是对传统的回归，又是新技术条件下对传统的超越。研究社交媒体新闻，并不是仅仅为传统新闻行业寻求应对之策，而是要探寻作为交往的新闻对于社会生活的意义。

本文以微信为对象，分析社交媒体新的新闻生成方式，借用法国哲学家德勒兹（G. Deleuze）和瓜塔里（F. Guattari）的"生成"概念，笔者称这种新的新闻生成方式为"新闻生成"（下文详述）。笔者选择微信进行研究，不仅仅因为微信正以迅速增加的用户数量⑤ 成为当今中国第一大社交媒体，而且其设计理念和实践形式，比任何其他社交媒体更加凸显了人际交往的性质。相较而言，微博还带有一定的大众传播痕迹，而微信的好友转发则基本在熟人之间，这种新闻活动，既是过去交往的延续，也是当下和日后线上线下交

① 需要说明的是，人们有关"什么是新闻"的观念，往往受到新闻生产的影响，因此无论是"训话式新闻"还是"作为对话的新闻"，实际都是在言说由专业新闻机构所生产的新闻产品，此"新闻"即"新闻业"或"新闻方式"，是作为"工艺的新闻"。"自媒体新闻"虽然去组织化，但仍然沿袭了这种"工艺"观。本文所探讨的微信新闻活动，与这种组织的、工艺的新闻业不同，是一种"作为交往的新闻"。

② 孙玮．微信：中国人的"在世存有"[J]. 学术月刊，2015（12）.

③ 斯丹迪奇．从莎草纸到互联网：社交媒体 2000 年 [M]. 林华，译．北京：中信出版社，2015：序言．

④ 林语堂．中国新闻舆论史 [M]. 王海，何洪亮，译．北京：中国人民大学出版社，2008：4.

⑤ 《国际金融报》2016 年 3 月 17 日刊载：腾讯集团公布的 2015 年财报显示，微信及 WeChat 月活跃账户数于 2015 年年底达到 6.97 亿，同比增长 39%。

往的基础。同时，熟人之间微信交往中的新闻活动，创造出了新的交往空间和维度。这种新的作为交往的新闻活动体现了一种新的新闻生产范式：在交往中生成。这种理念颠覆了以往有关新闻的定义、形式和重要边界，因此，微信新闻生成并不仅是一种独特的实践形式，还是一种生产范式的更迭。传统新闻生产是与线性序列过程中处于下游的消费相区隔的生产，也是建立在机构本位基础上的中心化生产。微信的新闻生产/生成以文本间性（互文性）的方式呈现，在各种链接、评论、图片、影像、表情符号之间，在有意或无意形成的上下文之间，在不同的圈与圈之间，形成多重连接、交叉并置的互文，不断生成新的信息与世界图景，创造含混、多维的意义。微信的这种新闻生成方式，对于人们的时空感受重组、传统的新闻框架边界的再造，都具有深刻影响。本文拟在分析经验材料①的基础上，研究微信新闻生成的基本含义，分析其互文类型与方式，探讨这种“在交往中生成”的方式对大众传播时代形塑新闻的诸多边界所带来的冲击，最后阐释这种新生成观的意义。

一、从生产到生成：作为交往的新闻

将人际交往中的新闻活动视为一种新闻生产，首先挑战了经典的新闻概念。大众传播时代的新闻，有着生产者的烙印，通常只有专业机构生产并通过大众传媒发布的产品才被认定为新闻。新闻生产的组织化、专业化特征，在当前的社交媒体新闻研究中通常仍被未加批判地继续沿袭。有关微信新闻的讨论大多集中在专业新闻机构的新闻内容上，比如由传统媒体组织开设的公众号，即使关注非组织化的“自媒体”新闻生产，也多局限于关注专门的公众号（体现了一种专业性），对交往过程中的新闻关注较少。交往过程中传播的信息，不仅没有可供辨识的专业机构或专业性标志，而且往往被认为琐碎、无聊，甚至虚假、情绪化，比如充斥朋友圈的晒娃、晒吃，以及各种谣言、段子，因此“不配”称为新闻。

任何有关定义的问题，实际上首先是“由谁定义”的问题。大众传媒通过把关的方式，为受众定义新闻，未经专业组织和从业者把关的新闻，就如同未经检疫不能销售的生猪一样，组织化和专业化成了新闻生产、流通的许可标签。不过，霍尔（S. Hall）等学者曾明确指出，大众传媒其实还只是“二级定义者”，它们“复制那些有特权接近媒介的‘可靠消息来源’的定义”，而权势机构才是原始定义者。②作为交往的新闻，正是对新闻的重新定义，这种定义首先打破的是定义等级制。微信新闻的两种形式，公众号新闻和弥漫于交往过程中的新闻，都失去了中心化的定义权威。微信公众号还残留了大众传播的痕迹，但其地位已被极大地弱化了。用微信创始人张小龙的话说，就是“微信不会提供一个中心化的流量入口来给所有的公众平台方、第三方”；微信公众号的阅读量更多地来自朋友之间的流转，即所谓的“二八原理”：“20% 的用户到订阅号里面去挑选内容，然后 80%

① 本文并非对微信使用进行类型化描述、分析，而是力图阐释微信特殊的新闻过程及其意义，因此并未采用严格的社会学方法收集资料。文中部分经验材料来自个人体验和日常观察、非系统性访谈，以及亲友提供的相关文本内容。为准备此文写作，笔者还对 4 位不同年龄的学生进行了集体访谈，并委托这 4 位学生对 13 位年龄、性别各异的普通人进行了半结构化访谈，这些访谈全部录音并誊录。为保护当事人隐私，本文没有引用微信的原始文本。

② 霍尔，克里契，杰弗逊，等. 作为社会生产的新闻[M]//张国良. 中国传播学评论: 第一辑. 上海: 复旦大学出版社，2005：148–153.

的用户在朋友圈里去阅读这些内容”。①实际的比例需要实证研究，但这一说法却概括了特定现象：转发本身成为定义新闻的一种新的方式！是否转发、转发什么、何时转发、如何转发，镶嵌于好友交往之中，好友对新闻的定义最终决定了新闻的阅读量。消息源、传递者和接收者原有的高低等级被极大地弱化了，至少在形式上变得更为平等。当然，不同来源的新闻的影响力差异并不会自然消失，但是以往潜伏在媒介形式中的等级制失去了技术所支撑的结构化依附。微信新闻的第二种形式更加散乱，因而也更容易被人蔑视。但是，从新闻的基础——“经报道（或传播）的新近事实的信息”②——来看，许多微信使用者发布的个人活动信息，毫无疑问具有新闻性。至于价值大小，则是相对于阅读者而言的变量：有些微信新闻虽然影响范围有限，也不如明星八卦那般引人关注，但是在其朋友圈、聊天群里，仍然具有价值。事实上，19 世纪便士报的诞生，也重新定义了新闻，过去为精英报纸所不齿的市井新闻开始大行其道。与之不同的是，这次社交媒体的新闻再定义，并非单方面的，更加去中心化，是人们在交往中共同界定的。英国媒介与文化学者库尔德利（N. Couldry）就曾断言：“社会交往正在改变我们‘何为新闻’的感觉”，而这是“一场根本的变革”，“堪比 16 世纪和 17 世纪‘新闻’一词的诞生”。③

定义等级的存在是垄断性大众传媒的合理性结果，而生产与传播、消费的分离则是垄断性大众传媒定义实现的操作机制。生产通常被视为先于流通和消费的一个独立环节，受到媒介和社会环境等各种因素的影响。在大众传播时代，这样的理解具有一定合理性，大众传媒的技术特性和组织机制，为新闻传播的线性、单向流程设置了框架，也导致了一种生产本位的价值取向。与生产相对的是消费，作为受众的消费者，有时被看成“沙发上的土豆”，消极被动；有时被认为是能够积极满足自身需求的消费者④——不过这种需求的满足仍然发生于新闻产品被生产、扩散之后，受众的使用与满足状况可以作为回馈过程影响新闻生产，但不能直接介入生产过程。在生产—消费二元模式中，本应具有居间连接作用的媒介也被分割了。一方面，媒介被视为生产要素之一，影响产制过程与产品内容，比如一些新闻生产研究注意到，报纸和电视对于时间、空间和人员的不同要求，导致了完全不同的新闻生产实践。⑤另一方面，媒介也被当作影响消费方式的关键因素，虽然有关大众传播效果和被动受众的研究，大多直接将媒介内容与受众行为相关联，较少关注媒介物质与形式的作用。即使社交媒体赋予受众更多的主动性和参与权，但也往往关注消费方式的改变。加拿大新闻与新媒体学者赫米达（A.Hermida）在分析了推特的新闻传播形式变化后提出极其形象的“弥漫新闻”概念，⑥但仍然是从受众的“知觉系统”“意识模型”来阐释社交媒体的影响的，并未动摇生产与消费的二分法。

本文认为，新媒体尤其是微信的多维传播形态，最为突出的意义在于它打破了大众传

① 张小龙. 微信公众平台的八大法则 [EB/OL].（2014-12-11）[2016-03-14] .http：//tech. qq.com/a/20141211/026981.html.

② 宁树藩. 新闻定义新探 [J]. 复旦学报（社会科学版），1987（5）.

③ 库尔德利. 媒介、社会与世界：社会理论与数字媒介实践 [M]. 何道宽，译. 上海：复旦大学出版社，2014：20.

④ 布茨. 美国受众成长记 [M]. 王瀚东，译. 北京：华夏出版社，2007.

⑤ 比如：（1）TUCHMAN G. Making news by doing work: routinizing the unexpected[J]. American journal of sociology, 1973（1）;（2）GANS H. Deciding what's news[M]. New York：Random House，1979.

⑥ HERMIDA A. Twittering the news：the emergence of ambient journalism[J]. Journalism practice，2010（3）.

播中线性的生产—消费模式。微信不仅提供了专业产品的新型流通渠道，给非专业生产者创造了生产、发布的自由平台，更重要的是，微信独特的互动与呈现方式，使得原本清晰区隔的生产、流通和消费各个环节可以同时展开，甚至颠倒、交错，最终使得生产、流通和消费交织融合，难以区分。为此，本文将由这些元素构成的过程统称为“新闻生成”，以突显其混杂融合的状况。在这一过程中，微信直接连接以往的传者和受者，将他们并置甚至交换，使他们模糊了各自的角色与身份，使交往本身具有了生产的实质与意义。

“生成”是德勒兹和瓜塔里的重要概念，其本意并非否定生产，而是清除生成与存在的对立，但是由于清除了作为先验基础的存在，生成更具有了生产性：创造出更多的可能性。如果说根据存在的模仿是一种生产，那这种生产就是序列性的、进化式的，就像是由根而生的树木，仍然受到限制；相反，生成是块茎，不是一棵树。生成当然不是模仿，不是与某物认同；不是倒退—进步；不是对立，确立对应关系；不是生产，生产父子关系或通过父子关系生产。生成是动词，有完全属于它自己的一种黏性，它不简约成或回归到“现象”“存在”“等同”或“生产”。[①]

德勒兹和瓜塔里擅长运用与众不同的比喻和新概念来突显其新思想。作为一种比喻，块茎不同于“根—树”形象。树木由根而生，是对根的模仿、认同和对应，就像是父生子一样，具有序列性、承续性，体现以一变二的逻辑。块茎不存在这种二元关系，它可以根据任何一部分、向任何方向繁殖，所以是没有主体、没有基础的多元生成。作为一种比喻，块茎的原则还意味着任意连接和异质混合，“块茎的任何一点都能够而且必须与任何其他一点连接”[②]，因此也就是非序列性、非进化式的。块茎多元繁殖、任意连接和异质混合的特性，蕴含了开放性和多种可能性。生成正是通过没有预设、没有目的的连接、混合、繁殖，在与“他者”的遭遇中获得改变，由是，生成也意味着“逃逸”和“解域”，“当一个生成的事件逃逸或者脱离它的原初领域的时候，解域就发生了”。[③]因此，生成不仅具有更为彻底的生产性，也具有伦理性，体现了“生命的权利”。

将微信的新闻生产看作一种生成现象，首先意味着生产者与消费者区隔的消失。这并不仅仅意味着二合一式的“产销者”诞生，还意味着各种身份主体混合于同一平面产生异质混合与多重连接。在某一具体时刻，面临具体事件，有人提供消息，有人分析解释，有人质疑批判，而在另一场景中角色可能完全倒转。而且，微信中人们的相遇充满了偶然性，某个朋友圈、聊天群的同步或异步交往形成了形式各异、变动不居的连接关系，而作为社交的新闻即产生于这种混合、流动的交往之中，因此，也就不存在线性的、序列的生产—消费过程。其次，微信的新闻生成是没有基础、没有本源的生产。在微信上，文本之间不可预计、无穷多样地相互参照、彼此关联（即互文性），生发出各种意义，远比文本本身的意义或者作者试图传递的信息更为丰富、多样，这是一种“在之间”的生产。最后，由于异质混合、多重连接和无本源生产，微信新闻生成具有前所未有的开放性，成为逃逸和解域的力量来源，同时也高度不稳定，时空秩序和生产框架出现裂缝，边界变得含糊不清。本文接下来将深入探讨作为新闻生成方式的互文性，以及由此而给时空秩序、生产框架带来的变化。

---

① 陈永国．游牧思想：吉尔·德勒兹 费利克斯·瓜塔里读本 [M]. 长春：吉林人民出版社，2010：157.

② 陈永国．游牧思想：吉尔·德勒兹 费利克斯·瓜塔里读本 [M]. 长春：吉林人民出版社，2010：127.

③ 科勒布鲁克．导读德勒兹 [M]. 廖鸿飞，译．重庆：重庆大学出版社，2014：74.

二、互文性：微信新闻的生成方式

社交媒体的新闻是在交往中生成的，无论是原创文字还是转发转帖，或者点赞评论，都生产了新的意义，而每位使用者的微博主页或者微信朋友圈、聊天群，都是独特的文本，具有新闻的特征与价值。更重要的是，这些意义并非仅仅来源于文本本身，还来自文本之间的关联，以及文本所嵌入的关系和场景。所以，微信的新闻生成不再是有关文本的生产，而是体现一种互文性。

互文性（Intertexuality，又译“文本间性”）是克里斯蒂娃（J. Kristeva）在巴赫金对话理论基础上提出的概念，其核心思想在于超越文本而关注文本间的互动，以及文本与读者之间的互动，强调的是“之间性”。与习惯上视文本为静止、稳定之物不同，互文性概念揭示了文本之中总是包含其他文本的现象，即引文性：“任何文本的建构都是引言的镶嵌组合；任何文本都是对其他文本的吸收与转化。”① 这些文本之间的对话，把历时性的承续转化成了共时性的并置，或者说从生产性转向交流性，其结果便是如法国思想家巴尔特（R. Barthes）所宣告的：“作者的死亡”：不要“再把作者当作主体、支柱、来源、权威、父亲，仿佛作品是通过表达的途径从这个父亲派生出来的”，这个主体其实也就是一个文本，“是连接的材料，而不是传承的材料”。② 正是从这一意义上，克里斯蒂娃认为“互文性概念取代主体间性概念而确立”③。

但是，大众传播时代的互文性并不彻底。克里斯蒂娃说：“历史和社会本身也被视为作家所阅读的文本，作家通过重写文本而将自己嵌入其中。”④ 前一个文本其实是比喻，互文性的考察最终仍然落在后一种文本之中，而大众传播时代的读者位置也始终被悬置着。巴尔特将作品与读者对话看成“后来的文本”，后续的研究更将其纳入“记忆”问题加以研究，实际上是又把共时性的互文概念重新打回历时性的序列中。微信等社交媒体把交往关系和过程痕迹化、可视化，构筑了新的“之间的空间”，在这一空间，交往、关系与文本紧密勾连，相互佐证或相互拆台，直观呈现又转瞬即逝，生成了更为彻底的互文性和无穷无尽的“之间性”。

新闻记者的主体权威性通常远不如小说作者，新闻被视为“知晓性”知识。与“理解性”知识所需要的原创性不同，作为知晓性知识的新闻来源于其他的生产者。⑤ 新闻与来源之间的对话，构成了新闻互文性的第一维度，但这仍然指的是生产领域，还不是巴尔特所说的互文，因为其间并无读者的位置。在大众传播时代，我们似乎只能在霍尔的“协商式代码”和“对抗式代码”及德·塞托（M.de Certeau）的战术中，找到读者的身影（第二维度的互文性），但那是“以时间换空间”，缺乏真正平等、积极的交流。这种状况在新媒体时代被极大地改变，作者的主体权威被进一步消解，第一维度和第二维度的等级次序几近消失，主体化作文本在几乎同一个平面上并置、遭遇。根据笔者的观察与访谈，微信比较独特的互文性大体表现在三个方面。

---

① 克里斯蒂娃．符号学：符义分析探索集 [M]．史忠义，等译．上海：复旦大学出版社，2015：87.
② 秦海鹰．罗兰·巴尔特的互文观 [J]．法国研究，2008（1）.
③ 克里斯蒂娃．符号学：符义分析探索集 [M]．史忠义，等译．上海：复旦大学出版社，2015：87.
④ 克里斯蒂娃．符号学：符义分析探索集 [M]．史忠义，等译．上海：复旦大学出版社，2015：86.
⑤ 霍尔．编码 / 译码 [M]// 张国良 .20 世纪传播学经典文本．上海：复旦大学出版社，2003：423–437.

首先是引文。微信的各种文本与文学作品、机构新闻产品一样，也是各种引文的编织品，而且由于作者的分散多元，其引文的多样化程度更高。有时，微信引文是新闻机构的公众号文章，有时是现场目击者拍摄的照片，有时则是来自微信之外的文本和内容。使用者对于引文的处理方式也十分不同，通常人们会将某人的引文理解为与转发者价值、观念一致或接近的内容，但有时也可能正好相反；一些敏感话题，甚至没有评论只有转发，此时，理解其用意的恐怕只有真正的好友。正是因为微信内容生产于关系之中，所以内容的意义因关系而变化，也改变着关系，即内容与关系相互生产。一位被访者如此描述她对内容的选择：

比如说不太认识的，可能他的文章就不太看，然后就一带而过。朋友的话就先关注是不是自己的朋友，或者是什么，如果是自己的朋友就格外关注一些他的文章或者点开看看，一些朋友圈子里不太认识的就心情好的时候点开看看，一般情况下可能就忽略过去了。

新媒体引文与大众传播中的引文的第二个区别是链接。如果说传统的互文是在一个平面上展开，那么链接的互文则是多维的延伸，它打开了无数的平面，这些平面之间的文本连接与互补、矛盾与互斥，形成了多重意义空间。一位访谈对象告诉笔者，其 70 多岁的老母亲近来通过手机微信为自己开掘了一个巨大的宝藏，她通过不断打开链接追索公众号有关环境的新闻报道和分析文章，形成了自己有关环境问题的知识框架，俨然一个环境专家，经常要给女儿、外孙女“上课”。

其次是上下文。微信新闻的生成通常是通过朋友圈和聊天群中的转发、讨论来完成。最早进入人们视线的实际上是不同好友在朋友圈和聊天群中展示的内容，所谓刷屏即这样一种效应。另外，一些不相干的人因为同为一个使用者的朋友，而被上下连接在一起。明星在“举国同庆”或者“举世哀悼”的时刻晒娃，遭到网友穷追猛打，[①] 这并不表明网友自己整日在欢庆或哀悼，来不及看上自己娃一眼，或许是在网友的屏幕上，满目欢庆或哀悼内容之中夹杂晒娃的内容使网友产生“同时错觉”而令其无法承受。这些个案大多发生在微博上，其上下互文的方式与微信类似，但正是因为一些微博好友与微博使用者没有私人交往，所以他可以不计情面地加以抨击，而在微信上下文中生产的意义则往往被静默地解读，或者被以温和委婉的方式回应而由此进入新闻生成过程。与微博晒娃被骂不同，我的访谈对象提到阅兵时的刷屏现象，都表达了震惊与疑惑，但有些人选择了沉默（不点赞也不评论），有些人则以发出有不同内容的链接甚至直接评论作为回应，比如转帖有关世界阅兵的历史、不同国家阅兵情形的比较等。有时，在一个聊天群里出现持不同意见的转发内容，有人会特意 @ 赞成的人表示支持，而不一定直接否定持不同意见者。正是因为微信比微博更具有社交性，其互文特点更加丰富、多样，意味深长。

最后是场景的互动。人们已经注意到新闻与场景的关系问题，大多数新闻生产研究是从生产者与新闻发生场景之间关系展开的，进而绘制出一个与社会权力机制高度契合的“事实之网”[②]。另一方面，“适宜于早餐桌”的宣示则表达了有关新闻阅读场景的想象。关于“受众的人类学研究”的书中，多位作者专门考察了受众所处场景与媒介文本之间

---

① 刘阳 . 道德绑架也是绑架 [N]. 人民日报，2015-11-19（17）.

② TUCHMAN G. Making news：a study in the construction of reality[M]. New York：Free Press，1978.

的关系，[1] 描绘读者的生产状况。而微信的区别在于场景的移动性，这使得新闻内容与场景之间、场景与场景之间的关系更为微妙复杂，甚至场景本身成为生产要素进入新闻过程，创造出更为宽广的意义。有访谈对象对于“使用的地点有没有比较特别的”问题表示不解：“有哪些人会考虑地点的问题？我还没考虑过这些问题。”有些人则会指出所谓的零碎时间，比如开会、等候的时候。也有人兴致勃勃地向我描述在大会上开“小会”的情景：要好的同事之间就大会内容进行评论、商议，以协调行动，或者讨论完全无关的内容。有时场景本身成为新闻内容，进入微信群聊，比如大会的照片、内容摘要等，成为在场或不在场群成员共同关注的焦点。那些心在别处的使用者，用远方的场景替换了身体所在的空间，身边的关系被远方或想象的关系取代；而大会小会交相呼应的场景互动，则生发出无尽的意义，可能是共同体的再造，也可能是毁灭。但无论哪种情形，都不再是一个单一的“想象共同体”[2]，或者有如德勒兹解析文学阅读时所提到的，是一种“不合时宜”[3]。

三、多元轨迹：微信新闻的时空再造

德·塞托把人们的媒介使用置于日常生活实践之中，高度肯定了使用 / 消费所具有的创造性，即所谓“生产性消费”。

还有另外一种生产，它与合理的、扩张的，且集中、嘈杂、壮观的生产相对应，我们称之为“消费”。它是有计谋的、四处分散的，但是它渗入任何地方，悄悄地、几乎不为人所察觉地渗入，因为它通过对占主导地位的经济秩序强加的产品进行使用的方式来突显自己，而不是通过产品本身来显示自己。[4]

在此，消费的创造与生产是通过对产品的使用来实现的，但是，这种生产不能被转化为资本，也不被承认，甚至没有自己的“专属空间”，是一种与策略相对的“战术”：“战术只能以他者的场所作为自己的场所。它呈碎片状渗入，无法整体地把握这个空间，也无法远离此空间。”比如阅读，读者可以在作者的空间中跨越、跳动，可以“在新闻报道中阅读自己童年的风景”，但是它没有可见性，因而只能是“寂静的生产”。[5]

微信新闻生成与作为战术的消费不同，它不是边缘、从属的活动。如前所述，微信新闻生成取消了大众传播中生产—消费的对立，因此也改变了习以为常的新闻生产—消费的时间和空间范式。微信新闻生成通过可视化获得自己的生产空间：微信将隐而不见的诸多新闻消费 / 阅读过程可视化，比如系统显示阅读数量、点赞、转发转帖、评论回复等。这些形式在传统的阅读 / 消费过程中大多有对应物，点赞类似于书本阅读过程中的抚掌击节、朱墨圈点，而评论则是眉批。但是，在单向的大众传播中，这些“寂静的生产”无法进入生产环节和产品形式之中。曾经流传于多人之手的书本，可能会加载各个读者的眉批、圈

---

① 比如：罗杰·西尔弗斯通的《电视与日常生活：关于电视观众的人类学研究》、罗杰·迪金森等编的《受众研究读本》。

② 安德森.想象的共同体：民族主义的起源与散布 [M]. 吴叡人，译.上海：上海人民出版社，2003.

③ 科勒布鲁克.导读德勒兹 [M]. 廖鸿飞，译.重庆：重庆大学出版社，2014：79.

④ 塞托.日常生活的实践：1. 实践的艺术 [M]. 方琳琳，黄春柳，译.南京：南京大学出版社，2015：33.

⑤ 塞托.日常生活的实践：1. 实践的艺术 [M]. 方琳琳，黄春柳，译.南京：南京大学出版社，2015：39，41.

点，生产出作者之外的意义，然而由于人际关系的范围较小，以及书本作为物质流通的限制，其生产规模和意义终究不大，工业化生产的报纸则罕有书本的这种流传形式。如今，微信的大范围与高密度使用，把这种十分边缘的生产方式普遍化了，成为许多人消费新闻内容的主要形式，许多人的新闻阅读都是在各种群和朋友圈中完成的，在无数的点赞、评论之中创造意义，并加入点赞、评论——生产意义——的过程之中。他们在消费的同时亦进行了生产，消费的痕迹转变为产品进而成为他人消费的内容。

事实上，这种生产性消费的可视化也就是新闻生成的空间化。微信中的痕迹形式和可视化形成一个新的空间：这个新空间已然不是作者的专属空间，也不是德·塞托分配给读者的"租赁"空间，因为作者 / 主人已经多元、重叠，与读者 / 租客的身份区别也变得模糊不清。因此，新的空间也是融合的空间、流动的空间，生产者、消费者的混杂、交错的空间，原先空间作为隔离的用途被颠覆。一位被访者谈到一个事例："今天早上有个小子喜欢关注台湾的媒体，是宋庆龄和宋美龄，那个后面的评论就不对了，我瞬间就把它关掉了，言论是自由的不错，但跟主流的不对。"或许这位被访者意识到，仅仅关注（在场、连接）就意味着他自身的介入（参与生产），因此需要断然隔绝（退出）。

德勒兹在说明看电影的感受时，指出感受具有生成的力量，但他强调感受作为"强度"而非"外延"的属性。外延被看成"空间化"的组织方式，"外延性通过预设的意图和目的对世界进行测绘和综合"[①]，所以空间化在德勒兹眼中与秩序化等同，与差异性、多样化相背离。这种从时间对立面来理解空间的方式，是对空间的误解，遭到英国社会学者马西（D. Massey）的批判。马西反对将空间等同于静止、固化、封闭，强调空间也是"多样的绵延的维度"。空间因为多样性和开放性而建立"与时间的完整联系"，因此"空间体是可能性的舞台"。[②]上述分析表明，微信新闻生成的空间化并未导致意义或关系的固化、秩序化，而是产生了更为丰富的多样性和可能性，也造成了不稳定性。它所包含的多重轨迹则体现了空间中的时间性。

微信新闻的生产与消费往往同时进行，却又绵延不绝，难以找寻开端，也无法终结，这与大众时代的新闻生产形成巨大反差。大众时代新闻机构的生产与受众消费的分离，部分通过时间分割实现，最为突出的标志即截稿时间，它规定了新闻生产的周期，也预示着新闻即将进入流通和消费环节。不同的媒介形态和组织性质，对于出版和生产周期的要求不同，反过来又影响了新闻的形态。塔奇曼（G. Tuchman）曾指出，新闻工作者以为他们是根据内容标准对新闻进行判断和分类，但事实上，新闻的类型化首先是依据时间进行资源分配的结果。[③]时间要素在新闻生产中的意义非常重大，新闻生产周期越来越短，直至生产与流通的同步进行（直播），这往往被认为是技术革新的结果。然而，面对社交媒体铺天盖地的自传播，传统新闻机构发现，无论自身如何努力都无法跟上新闻当事人随时发布消息的速度，因而"时新"本身变得不再是新闻机构的专长。比如，美国文化社会学者亚历山大（J.Alexander）就提出要从"阐释"而非"告知"或"信息"的角度理解新闻，

---

① 科勒布鲁克．导读德勒兹 [M]. 廖鸿飞，译．重庆：重庆大学出版社，2014：17.

② 马西．保卫空间 [M]. 王爱松，译．南京：江苏教育出版社，2013：33，123，149.

③ TUCHMAN G. Making news：a study in the construction of reality[M]. New York：Free Press，1978.

以解救新闻业于危机中。[①]微信新闻生成融合了生产与消费，所以在实质上取消了截稿时间，新闻生产、发布与消费是随时、任意的。

其实，传统的新闻生产与微信新闻生成的实质差别还不是新闻生成的快慢，而是后者不再展现单向、序列的时间线。相反，微信新闻生成的时间是穿插交错或平行并置的，亦即卡斯特（M. Castells）所说的“无时间的时间”[②]。人们在朋友圈或聊天群发布新闻，引发点赞、评论或转发，新闻就像是病毒一样扩散开来。在微信的生成空间中，这些信息不必遵循某种特定顺序。对于使用者来说，他的新闻接触是任意的，他拼凑新闻事件的图景也可能颠三倒四。比如，一个人打开微信，在朋友圈看见有人讨论屠呦呦名字的来源，满心疑惑：为什么对一个人的名字那么感兴趣？然后他又在聊天群里看到大家在讨论屠呦呦是所谓“三无[③]科学家”，更觉诧异：难道不应该“有”才是新闻吗？于是他在聊天群里拼命“爬楼”（往上翻看之前的讨论），或者在朋友圈不断下行，终于看到有关屠呦呦获得诺贝尔奖的消息，于是兴奋起来，赶紧点赞，并在有关屠呦呦名字来源的转发内容下面加上自己的感叹：“以后给孩子起名一定先翻《诗经》！”这与传统媒体使用形成极大反差：报纸、电视往往假设人们每天跟随其节奏关注新闻，后续报道总是基于前面的内容；同时，为了照顾未能看到此前报道的受众，新的内容往往会简要重复之前发布的最为核心的信息。受众在消费过程中，许多人习惯了传统新闻的节奏，通常在固定时间阅读、收看新闻，以免错过重大消息；假如遗漏，传统媒介受众也会和微信使用者一样，查询过往信息，但这些信息已经与生产者无关了。而微信使用者“颠三倒四”的痕迹留在微信空间，这些痕迹本身就是一种生成新闻的方式。有关屠呦呦获诺奖的消息，一些微信使用者是通过所谓“刷屏”[④]而获得的，打开微信朋友圈看到许多朋友“同时”发出了类似消息，极其震撼，就像是看到所有的报纸头条，所有电视频道都在报道同一条消息。然而，不同的是，微信使用者的阅读、点赞、转发、评论立刻汇入新闻生成过程之中，微信的同步和异步传播并行不悖，造成了微信时间的多重维度。

另外一种常见情况是，类似消息隔一段时间就会有人重新转发。比如，有关赈灾捐助的号召，文本的最初生产者没有明确标注时间，事后的声明又没法复制同样的传播途径，所以每次转发时文本都被当作新闻予以再生产。在笔者的一个聊天群里，一位成员转发了一条捐助消息，很快其他成员指出，当事人在一年前已经申明不再需要捐助了。那位转发者愕然回答道：“我刚从别的群里看到的啊！”再生产这类新闻，事实上也再生产了每位参与传播过程的人的时间轨迹，以及相互的时间差。正如英国学者科勒布鲁克（C. Colebrook）分析德勒兹时所说的：“新不是发生于时间之中，相反真正的时间是新本身，是对变化的永恒的生产。”[⑤]

---

① 周红丰，吴晓平．重思新闻业危机：文化的力量——杰弗里・亚历山大教授的文化社会学反思 [J]. 新闻记者，2015（3）.

② 卡斯特．网络社会的崛起 [M]. 夏铸九，王志弘，译．北京：社会科学文献出版社，2006.

③ 所谓“三无”是指没有博士学位、留洋背景和院士头衔。

④ 刷屏又称“洗版”，也叫“洗板”“洗屏”，广义指在网上论坛、留言板、BBS 以及即时聊天室、网络游戏聊天系统（公频）等短时间内同一人发送大量信息，专指重复相同或无意义的内容（百度百科：http: //baike.baidu.com/link?url=BwNbL2Emvyzg0AER2Jh8-9OKnDAkdBoVyIxfQSwUwS_DTCFZmZoqRonQtURNpQ6HggTwXN4-vefhO5apWHIxH_），现也指多人同时发送同样的信息，占据使用者的微信、微博等个人屏幕空间。

⑤ 科勒布鲁克．导读德勒兹 [M]. 廖鸿飞，译．重庆：重庆大学出版社，2014：80.

四、范式变化：微信新闻生成的边界重组

微信新闻在诸多方面已经与大众传播中的新闻形式大相径庭。原先界定新闻的一系列边界与区隔，在微信上遭遇重大挑战，这些边界的模糊化与重组，重新界定了微信新闻的基本含义和价值，拓展了人们对于新闻的整体理解。

第一是新与旧。从新闻生产的角度来看，新媒体给传统媒体带来了速度挑战（比如微博有关温州动车事故的报道，微信有关天津化工厂爆炸事件的报道），速度限制几乎是传统媒介无法逾越的难题，因此传统媒介不得不在一定程度上放弃以时新、时效来定义自己的产品。但如前所述，新媒体真正的时间革命并非在于单一维度上的胜利，而是对于线性时间观念的颠覆。微信新闻生成的时间是多重、交错的，既有最及时迅速的快报，也有辗转多年的“旧闻”。比如有关屠呦呦“三无科学家”的报道，是她于 2011 年在美国获纽约拉斯克奖之后的新闻，在她获得诺贝尔奖之后该新闻再度成为“新闻”。对于微信使用者而言，这些新闻之新，不仅在于发生与发布时间的间隔，更与自己的知晓程度相关。作为一种知晓性知识，传统媒介更多地以事件状况和组织机制的协调关联进行新闻判断，但是，作为非专业生产者，微信使用者从自身及具体关系中判断价值，首先打破的是被垄断的时间价值体系，而不是所谓的在场优势。仅仅从在场优势来看，传统媒介还是占据一定的制高点，比如在马航飞机失联之后，国外专业新闻机构对于掌握相关信息的组织的资源的有效利用，使其在新闻生产中占尽优势。这种优势使得传统新闻机构的产品能够在微信新闻生成中获得较大的能见度。但是，微信新闻生成中弥漫的大量含糊不清、纠缠交错的个人时间和关系时间，使得传统新闻的时间观念被稀释、被重新定义。

第二是真与假。真实被认为是新闻的生命，传统新闻机构发展出一系列的专业技巧以保证新闻真实。不过，无论是从机构还是文化视角审视，新闻能够实现的真实相当有限，至多是在事实层面上，尽力确保可验证“事实”与报道内容相一致，比如时间、地点、人物等不发生差错。这种真假判断建立在报道与事实的关系之上，暗示了报道乃事实的再现。然而，人们在微信上对于真实的追求远比这样一种再现观复杂。一位被访者告诉笔者，他有一个亲戚，高级知识分子，退休后在微信上转发了各种与其专业无关的信息，许多看上去真实性大为可疑，于是，这位被访者在他的一条朋友圈内容后面评论道：“这是真的吗？”结果，亲戚毫不犹豫地答复：“管它真的假的！”对这种回答，与其理解为缺乏对于真实的判断，不如说是其判断的依据和机构化生产者的完全不同，她以自己的生活经验和知识框架为参照，与微信消息互相印证，这是基于经验与关系的真实性建构。有一位被访者明确表达了真实性与关系的相关性：“朋友圈里发的都是和自己有关的，全是原创，所以真实性可靠；我不转载，转载的真实性很低。”可以说，微信带给使用者的真实感，是一种不同于大众传媒再现的真实感，这是由微信这种新媒介“给予”的：“传媒构造出感知、认识和行动的范畴，在这个范畴里我们才理解在相关形式中和意象的真实性的关系。”①

第三是事实与意见。事实与意见分离是机构化新闻生产的一项重要专业标准，媒体以此为基础建立了作为专业核心的客观性原则，这项原则的实践机制则是从业者及其新闻机

① 塞尔．实在的传媒和传媒的实在 [M]// 克莱默尔．传媒计算机、实在性——真实性表象和新传媒．孙和平，译．北京：中国社会科学出版社，2008：220.

构与其他社会机构的分离，即所谓的中立、超然。不过，有关新闻生产的研究发现，事实与意见并不能真正分开，事实的选择与呈现方式都体现了一种意见的表达，而且系统地偏向于权力机构。① 在微信上，原本作为专业原则的事实与意见的分离失去了组织与制度支持，微信不存在事实与意见分离的技术和机制，而点赞、评论、转发等谋求关系建构的设计，本身就蕴含了立场与态度方面的特殊价值。无论是公开的表态，还是隐喻性的表达，或者是默默的围观，都意味着某种连接和关系，与中立、超然无关。一位被访者说道，由于视力下降，一段时间里他较少查看同学聊天群，也没有说话，结果一位好友特意打来长途电话询问，是否因为某位同学的某些言论受到冒犯而生气不语，如果是，则会要求他亲自道歉。如前所述，由于微信朋友圈关系的因素，不同意见之间偶有交锋，但较少有微博上的语言暴力。除了较为温和的讨论之外，微信意见时常通过所谓的事实传播体现出来。再以屠呦呦获诺奖为例，希望批评现行科研制度的使用者大量转发有关屠呦呦的“三无”证据，以及有关其他院士遇到各种问题的文章。

第四是专业与业余。微信是一个开放平台，专业和业余的新闻传播都被置于同一平面，专业性仍可成为一种价值诉求获得在这一平面上的显著位置，但是已然不再占据权威高地，而是面临着与其他专业性的竞争，以及专业之外的质询。所谓其他专业性，这里指非新闻采集本身的专业性。作为“知晓性知识”的生产者，新闻从业者的专业性体现在新闻采集与加工过程中，采访作为一种共同的实践，是专业认同的首要来源。② 这种基于大众传播的专业模式在分散化的新媒介实践中，首先遇到的就是各种理解性知识生产者，以及那些被新闻媒介当作权威性基础的机构和组织，新闻专业生产者不再需要大众传媒这一中介，可以直接进行新闻发布与交流，新闻媒介原本的中介作用现在面临被新媒介取代的危险。与此同时，新闻专业生产者在新媒介上又采取了与其机构不同的策略模式，将不能在传统媒介上发布的消息，通过新媒介广泛传播。这些不能发布的内容，更多的是更具个人色彩的非专业写作内容。这些变化都淡化了微信上新闻机构的专业性色彩，使其与业余传播者的界限越来越模糊不清。更重要的是，大众传播时代的专业性有赖于组织和行业的控制与封闭性，③ 而这样的空间分割在新媒介上实现。梅洛维茨（J. Meyrowitz）曾经指出，电视时代体现专业权威的前台 / 后台的区隔逐渐模糊。④ 在微信上，这样的区隔更加不可能，人们在多个聊天群中穿梭往来，很难说清哪个是前台、哪个是后台。面对新媒体给新闻业带来的危机，英国牛津大学新闻学者皮卡德（R. Picard）主张从“实践”而非雇佣关系上来定义记者和新闻，⑤ 但问题是，在微信上，新闻实践的专业性本身变得模糊不清。

第五是公共与私人。虽然公共与私人界限模糊是一个被反复讨论的话题，但公共性仍然被看作新闻的一项重要品质，也是大众传播和工业化生产的基础。而在微信上，支持公共性与私人性相分离的基础和条件多不存在，或者被极大地改变了。公共与私人的边界被

---

① 班尼特．新闻：政治的幻象[M]．杨晓红，王家全，译．北京：当代中国出版社，2005；SHOEMAKER J，REESE D. Mediating the message：theories of influences on mass media content[M]2nd ed. White Plains，N. Y.：Longman Publishers USA，1996.

② SCHUDSON M. The power of news [M]. Cambridge，Massachusetts：Harvard University Press，1995.

③ MACDONALD M. The sociology of the professions[M]. London：SAGE Publications Ltd，1995.

④ 梅洛维茨．消失的地域：电子媒介对社会行为的影响 [M]．肖志军，译．北京：清华大学出版社，2002.

⑤ PICARD G. Twilight or new dawn of journalism [J]. Journalism studies，2014（5）.

进一步摧毁。无论何种方式生成的微信新闻，都始终处于他者注视之下，而这种注视往往经过他者精心挑选，范围大小极具弹性。在朋友圈或聊天群，人们谨慎地控制着交往边界，但是由于圈群的交错重叠，泄露又总是在所难免，此界内的交谈经常被转发至彼界成为新闻，私密的控制与公共的开放相互冲突又相互依存。另外，无论是在朋友圈还是聊天群，很少有只涉及公共事务、没有私人话题的现象。一位被访者说："为了庆祝'建国'这个事，我们初中的一个群，群里 32 个人全部把头像换成了国旗。看到有人换了，大家开始换自己的，然后有一些评论发出来，在群里有人说'为了庆祝国庆'。后来，这个群里的成员还出去庆祝了一下，国庆节那天聚了 11 个人吧。"

从国家认同到同学认同，微信使这种认同无缝连接起来。另一位访谈对象提供的聊天记录也显示，其同学群成员从屠呦呦获奖为国争光谈起，话题很快转移到同学中有人获得其他奖项，进而同学之间互相赞美，其间过渡转换顺畅自然，毫无障碍。有些访谈对象表示，特别不喜欢别人在朋友圈晒娃、讨论私人琐事；但也有访谈对象说，由于是特别熟的朋友，所以乐于关注其孩子和私人近况，由此建立关联感。其实，在微信上，私人与公共本身就是一个相对概念，相对于闺蜜，单位群就是公共；相对于同学，同业群就是公共，这种矛盾甚至困扰一些微信使用者。有访谈对象就表示："我不想在网上晒娃，同事、领导看了怎么想？我也不想总是谈自己的学术想法，这些内容跟我的中学同学有什么关系？"另一位被访者诉说了类似的问题："我读大学发了些学术的东西，但是高中玩儿的同学学习都不太好，然后回家就被吐槽：发的东西看不懂啊。"微信为此设计了繁复的技术，便于使用者管理信息的可见范围，因此微信上就有了无数大小不一的公共和私人空间，把公共和私人的二元对立转变为无级变化的连续统，新闻价值大小也在范围不同的"公共"空间滑动、游移。如果再把微信使用场景的互文纳入考量，公共与私人的边界更难以区分，因为手机本身的"流动性"，"原本固定、单义的当下空间、场景，已然被转换为用以实现使用者个人需求的'双面（或多面）舞台'"。[①] 而这正是"流动的现代性"所具有的"液化力量"。[②]

五、结语：一种交往生成观

法国政治学者斯费兹（L. Sfez）认为，定义传播的方式有三种：再现式、表现式、混合式。再现式传播是人们以主体至上的姿态"利用"技术，"再现过程需要再现者和被再现者，利用一个既指向客观世界又指向其担保符号的中介，结果是，独有的重要权力在这两种情况下被赋予媒介"。与再现式传播相反，表现式传播"'不存在主体发出者向客体接受者发送信息'的单向模式，'支配'的思想消失，让位于'适应'的观点。通过使用介词'在……里'，人类被嵌进另一种模式之中，即有机体模式"。第三种传播观念是混合式传播，"我们所有人都通过'媒介'活动来了解我们所在的世界的事件，而'媒介'活动也几乎摆脱不了再现与表现的重叠。这种重叠把我们导入混合发出者和接受者的境地；在相互参照的、

① 黄厚铭，曹家荣．"流动的"手机：液态现代性的时空架构与群己关系 [J]. 新闻学研究，2015（124）.

② 鲍曼．流动的现代性 [M]. 欧阳景根，译．上海：上海三联书店，2002.

封闭的信息回路之外，再也不能找到一丝的真实来源”[①]。

斯费兹的以主体为线索定义传播很有启发意义，如果我们把新闻生产本身也看作一种传播现象（并非只是传播的一个环节），再现式和表现式传播观念普见于各种概念和模式当中。比如，认为媒体建构的世界，实际上是权力结构的“再现”，或者是组织生产机制的“表现”，那么，微信的新闻生产过程是一种混合式传播吗？从表面上看，似乎十分相似。在这里，主体与客体、生产者与产品混合在一起，诸多界定新闻的传统边界被消解，但事实上，微信新闻生成的结果并非如混合式传播那样，“主体事实、世界事实，继而个体间的互动事实被取消”。[②] 恰恰相反，通过上述分析我们看到，微信新闻生成最富有意味的实践形式是在交往、连接中生产，而非建构一种对立和隔离。也就是说，微信新闻生成过程并非混合式传播的“通过”，而是中介化传播的“在之间”。微信把新闻生成过程与人们的日常生活高度关联，为其使用者创造了多重时空，远不是一种可悲的“自我同义反复”结局；相反，这种生成带来多种可能性，具有德勒兹所说的“逃逸”和“解域”的力量。

作为“在之间”的微信新闻生成，不仅仅是机构化产品的新的行销形式，也不仅仅是通过自媒体实现个体自我展示的方式，尽管这些现象依然在微信中存在。更为重要的是，微信中介的各种节点，包括作为主体的个体和机构，以及作为客体的文本和世界，它们本身都发生了改变。首先是主体的改变，微信主体已然不是笛卡尔口中的那个与客体对立的主体，但也不是“只有通过客体存在”的“弗兰肯斯坦”，[③] 而是一种“节点主体”[④]，微信主体沉浸于关系和互文之中，在多重意义的网络中重新构建自身的存在，并以这种存在来判断是否能成为新闻、是否真实、是否具有价值。这种变化不能简单地再以使用与满足模式来解析，不是说微信满足了既有的某种需求，而是人们在微信使用过程中，创造了新的自我、新的生存方式，原先区分需求类型所依赖的基础也已逐渐变化、消失。使用者与被使用的媒介相互构造。

其次是新闻定义本身的改变。作为产品的新闻的“作者”隐没，甚至作为消费环节对立面的生产本身也被消融，人们在各种媒介与交往网络中重新界定新闻，这是一个分散的、多元的新闻定义。如前所述，原本界定新闻的各种边界在微信上遭遇侵蚀与模糊化，人们对于新闻的期待也大为改变，由是，原先代表着真实、权威的机构生产者在微信上不仅变成和个体一样的普通节点，而且，机构生产者与其产品的关联本身也变得若有若无，不再清晰。当笔者追问被访者微信中某些新闻的来源时，很少有人能够准确指认出来自哪个公众号，只是简单地说朋友圈或聊天群。这对于机构生产者来说，是远比广告客户流失更为严峻的挑战。

最后，微信新闻生成挑战了新闻生产范式本身。大众传播的新闻生产范式，建立在线性序列时间和静止空间基础之上，但微信软化了时空边界，重组了人们的时空结构，拔除了大众新闻生产赖以维系的基本架构。微信新闻生成的范式如何影响传统新闻业需要更多经验研究，但是对于在新媒体“危机”时刻寻求融合发展的传统新闻业来说，这是不得不

---

① 斯费兹 . 传播 [M]. 朱振明，译 . 北京：中国传媒大学出版社，2007：17，93，18，100.

② 斯费兹 . 传播 [M]. 朱振明，译 . 北京：中国传媒大学出版社，2007：129.

③ 斯费兹 . 传播 [M]. 朱振明，译 . 北京：中国传媒大学出版社，2007：19.

④ 孙玮 . 微信：中国人的“在世存有”[J]. 学术月刊，2015（12）.

面对的真正威胁：既非内容为王，也非渠道为王，而是如何以新的时空架构来定位自己的节点位置与存在方式。

本文重点在于分析作为一种新的理念，微信新闻生成不同于传统新闻生产的特征、方式，以及由此带来的时空体验重构和认知理解新闻范式的变化。并非所有的微信新闻都必然具有这些特征，带来如此变化，本文倾向于德勒兹分析电影时所持有的立场，德勒兹将电影的生成力量称为“电影化效应”：“当电影最为电影化的时候，电影的效应就得到了最佳揭示”[①]，所以，并不是所有的电影都具有电影化效应。本文所讨论的新闻生成，主要是针对微信这种新媒介自身所具有的独特形式和人们的特殊实践方式，[②]并不排除人们使用微信所进行的非生成式新闻生产行为。

本文未能就微信新闻生成所带来的时空体验重构和新闻范式变化对于社会和个体所产生的长远影响展开探讨，但这无疑是十分重要的。当年面对公共领域的“再封建化”，德国思想家哈贝马斯（J. Habermas）发出了振聋发聩的批评，[③]如今公共与私人边界的进一步模糊将如何影响我们的政治与公共生活？英国社会学家拉什（S. Lash）批评大众媒介的“立即性”和朝生暮死、无休无止的传播特点，导致“社会性”为“信息性”所取代，人们的反思时间被取消，从而丧失了批判性。[④]那么，微信新闻生成的多重绵延和时空再造，将产生何种社会和文化影响？这需要对微信的新闻生成展开更加系统化的经验研究，以探讨各种主体（包括专业生产者）的因应之道。本文希望为进一步的研究开启新的思路与方向。

---

① 科勒布鲁克. 导读德勒兹[M]. 廖鸿飞，译. 重庆：重庆大学出版社，2014：37.

② 需要说明的是，本文探讨微信这种新媒体所具有的独特形式及其对于新闻生产的影响，并不是一种简单的“技术决定论”。本文并未“预言”微信这一技术形式的设计理念，也不认为媒介技术单方面改变了人类行为，而是以人们的微信使用实践为基础，描述并分析嵌入人们日常生活中的微信新闻生成方式及影响，因此是一种“社会取向”（库尔德利）的媒介实践研究。其实，“技术决定论”预设了技术与人/社会的对立一说并不恰当，如法国哲学家斯蒂格勒（B. Stiegler）所说的，技术物体是一种“有机化的无机物”，而人从本质上来说就是一种“技术性存在”，人与技术相互构造（斯蒂格勒. 技术与时间：1. 爱比米修斯的过失[M]. 裴程，译. 南京：译林出版社，2012：56）。媒介技术具有特定的“可供性”，人们在生活中以独特的方式实践并改造媒介（延森. 媒介融合：网络传播、大众传播和人际传播的三重维度[M]. 刘君，译. 上海：复旦大学出版社，2014），这是本文的基本技术立场。

③ 哈贝马斯. 公共领域的结构转型[M]. 曹卫东，刘北城，宋伟杰，译. 上海：学林出版社，1999.

④ 拉什. 信息批判[M]. 杨德睿，译. 北京：北京大学出版社，2009：123.

智媒时代的新闻生产：自动化新闻的实践与思考*

许向东 郭萌萌

2016 年里约奥运会对于体育界来说是各国运动员同台竞技的盛会，而新闻界的自动化新闻则在此届奥运会上大显身手。在奥运会开幕之前，“今日头条”就研发出了一款写稿机器人 Xiaomingbot，其通过对接奥组委的数据库，实时撰写新闻稿件。腾讯财经继续发力，其 Dreamwriter 在奥运会期间发布了 3 000 多篇报道。而美国《华盛顿邮报》使用的是 Heliograf，该软件第一时间从运动数据公司 STATS 采集相关信息，几秒钟即可生成新闻并在 Twitter 上发布，每天可以生成实时报道数十条。[①]

一、自动化新闻在国内外的变革历程

技术创新给新闻传播带来的变革从未停止过。人工智能与大数据技术进入新闻生产领域，带来了新闻发展的新模式。Web 2.0 之后，媒体变革的起点是移动互联网，但它更大的趋向是媒体智能化或智媒化。[②] 自动化新闻正是新闻生产智能化在现阶段的体现。

（一）自动化新闻在国外的发展

目前，国外一共有 11 家公司负责为不同国家的新闻产品提供自动化内容生产的技术支撑，包括德国的 Aexea、Text-on、2txt NLG、Retresco、Textomatic，美国伊利诺伊州的 Narrative Science 和北卡罗来纳州的 Automated Insights，法国的 Syllabs 和 Labsense，英国的 Arria，俄罗斯搜索引擎 Yandex。7 家公司以一种语言提供内容，其余 4 家则提供多种语言服务。例如，德国公司 AX Semantics 提供多达 12 种语言的自动内容创建。自动化撰稿软件主要用于以数据为基础的程式化报道，而新闻编辑室大多缺乏开发自动化写作软件的资源和能力，因此，新闻媒体会和上述技术公司在自动化新闻生产领域展开合作。

---

* 本文首发于《国际新闻界》2017 年第 5 期，第 29–41 页。

① 李骏 . 欧美新闻机器人的“尝新”观察 [J]. 传媒评论，2016（9）.

② 彭兰 . 智媒化：未来媒体浪潮——新媒体发展趋势报告 [J]. 国际新闻界，2016（11）.

表 2-1　国外主要自动化写作软件开发公司及其应用情况

国家	技术公司	写作软件名称	软件发布时间	语言	新闻报道主题	新闻产品	新闻委托方
美国	Automated Insights	Wordsmith	2014	英语	金融 体育	公司财报（开发中） 大学体育（开发中） 雅虎体育梦幻足球	美联社 雅虎
	Narrative Science	Quill	2011	英语	金融 体育	股票交易 体育数据	福布斯 BTN 5 到 10 家已签约的美国媒体
德国	Aexea	AX Semantics	2009	英语 德语 法语 西班牙语 荷兰语 瑞典语 丹麦语 挪威语 意大利语 印尼语 葡萄牙语 汉语	体育 娱乐 金融 天气	欧洲足球联盟的比赛公告 美式足球 股票交易 名人足球新闻	5 家媒体（不披露约定） 体育信息服务
	Text-on	Text-on	2014	德语	金融	金融领域试点（开发中） 股票价格	《柏林早报》 Finanzen100.de 网站
	2txt NLG	2txt	2013	德语	金融 体育	足球赛 股票价格（发展中）	谈判中
	Retresco	Rtr text engine	2013	德语	体育	足球比赛的基本报道	《新奥斯纳布吕克报》 《威悉信使报》 汉堡 FussiFreund 电台 莱茵足球 Goekick.info 网站 Fubanews.org 网站
	Textomatic	Textomatic	2015	德语 英语 西班牙语 荷兰语 法语 意大利语	体育 金融 旅游 天气	足球赛 股票交易 旅行攻略 个性化天气预报	《商报》和一家地区报纸

续表

国家	技术公司	写作软件名称	软件发布时间	语言	新闻报道主题	新闻产品	新闻委托方
法国	Syllabs	Data2content	2012	法语 西班牙语 英语	政治	法国 2015 年地方选举	《世界报》
	Labsense	Scribt_	2013	法语 英语 德语	经济	法国本地新闻（开发中）	谈判中
英国	Arria	Arria NLG Engine	2012	英语	天气	英国和德国两个地区的天气预报模块	气象公司 MeteoGroup（欧洲区）

（二）自动化新闻在国内传媒领域的应用

自动化新闻在我国新闻传媒界起步较晚，但在传统媒体和新媒体上均取得了进展。目前主要有四家媒体在进行自动化新闻的实践，分别为腾讯、新华社、第一财经和今日头条。

2015 年 9 月，腾讯推出自己的新闻写作机器人“Dreamwriter”，发布国内首篇自动化新闻《8 月 CPI 同比上涨 2% 创 12 个月新高》。同年 11 月，新华社推出的“快笔小新”，主要“供职”于体育部、经济信息部和《中国证券报》，负责撰写体育赛事报道和财经新闻。2016 年 5 月，阿里巴巴与第一财经联合推出“DT 稿王”，使其在媒体、金融、电商、政府、体育、法律等需要基于逻辑写作的领域发挥作用。2016 年 8 月，今日头条研发出了一款机器人（Xiaomingbot），这是一个基于文字直播数据进行新闻生成的系统，依靠先进的机器学习算法，该系统能够实时进行语句筛选与融合，从而在体育比赛的任一时刻生成高质量赛事报道。①

腾讯的 Dreamwriter 从 2015 年 9 月面世至今，已经经历了四个版本的迭代，目前，Dreamwriter 正处于第五个版本的探索阶段，主要致力于开发大数据服务新闻生成和机器人智能算法写作。新华社“快笔小新”已经可以采集多位金融专家的微博，动态关注并采集他们发表的相关言论，对其相关内容进行关联分析，分析结果将作为素材供编辑记者采写深度稿件使用。下一阶段新华社将结合 UGC 新闻来源认证技术，逐步扩大机器人采写 UGC 新闻的范围。②

二、自动化新闻的生产方式与生产流程

自动化新闻指的是在新闻生产过程中，“在没有或者仅有有限的人类干预下，由预先设定的程序将数据转化为新闻文本的自动算法过程”③。

① 刁毅刚，陈旭管．“Xiaomingbot”背后，写稿机器人的技术探寻——专访北京大学计算机科学技术研究所万小军博士 [J]. 中国传媒科技，2016（9）.

② 熊立波，钟盈炯，林波．“快笔小新”与机器人写作 [J]. 新闻与写作，2016（2）.

③ CARLSON M. The robotic reporter：automated journalism and the redefinition of labor，compositional forms，and journalistic authority[J]. Digital journalism，2015（3）.

（一）自动化新闻的生产方式

自动化新闻生产中常提的“机器人”实际上是一种稿件自动生成软件，人们应用该软件达到机器取代人力，提高发稿速度和数量的目的。

目前，自动化新闻的生产方式主要有三种。一是利用结构化数据生成稿件。在掌握大量整合好、便于计算机读取的结构化数据的基础上，参照行业专家提供的计算公式、判别规则，机器人在预先设置的新闻模板中生成新闻稿件，这种方式主要用于财经报道、体育报道和医疗卫生报道等。二是在挖掘用户数据的基础上生成个性化稿件。机器人对用户的阅读内容、阅读习惯等进行分析、挖掘，或者根据受众自定义的标签，将同一内容的信息整合成多篇角度不同、风格迥异的稿件，为用户推送个性化产品，增强用户黏性。三是利用记者数据模型智能化生成稿件。机器人将采集到的文字、图片、语音、视频等素材以及其他背景资料，与某个记者的数据模型相结合，通过运算自动生成符合该记者风格的稿件。

虽然现在的自动化新闻生产基本上是一种“人工模板”+“自动化数据填充”的模式，但是，随着科技的发展，自动化新闻在新闻敏感、情感表达、深度分析及选题发现等方面会日渐成熟。

（二）自动化新闻的生产流程

新华社“快笔小新”的写稿流程可以分为三个环节：一是“采集清洗”，即依托大数据技术对数据进行实时采集、清洗和标准化；二是“计算分析”，即根据业务需求设计相应的算法模型对数据进行实时计算和分析；三是“模板匹配”，即根据计算和分析的结果选取合适的模板生成 CNML（中文新闻信息置标语言）稿件，并自动写入待编稿库，编辑审核后再进行签发。腾讯 Dreamwriter 的写作流程主要包括五个环节：首先腾讯购买或自己创建数据库，然后让 Dreamwriter 学习数据库内的各项数据，并生成相对应的写作手法，接着 Dreamwriter 针对与数据库相关联的新闻事件进行报道写作，最后编辑审核完成稿件，并将其发布到用户端。今日头条的 Xiaomingbot 的工作原理是结合最新的自然语言处理技术、机器学习技术和视觉图像处理技术，通过语法合成与排序学习生成新闻。“DT 稿王”则是利用文本解析和信息抽取技术实现信息的自动抽取，再采用机器学习算法，并融合第一财经编辑记者团队的经验、智慧，以模板和规则知识库的方式，根据实时抽取的信息做出判断，输出相应的模板及规则知识库内容从而产生新闻。

尽管以上四家媒体在自动化新闻生产流程上略有差别，但在生产流程的关键环节还是有相同之处。

第一步，采集撰写新闻稿件所需要的各种数据。机器人依据关键词、时间或数据指标等，通过应用数据抽取和挖掘技术，采集与报道与客体相关的资料以及有关用户的各类信息。

第二步，对数据进行结构化处理和分析。机器人对所获得的数据进行优化分类，通过结构化处理形成高质量的结构化数据，进而对结构化数据进行抽取、计算、统计和分析，发现其中的变化和趋势，机器人再将运算结果与已经设定的新闻点标准进行比对，以确定要报道的选题。

第三步，判定新闻价值，提炼新闻点。通过剖析各种数据的内在关联性，结合用户（受众）数据所呈现的新闻消费模型，人工智能会提出一些建设性的创作意见，写作软件在这些基础上判定新闻价值和提炼新闻点。在这一过程中，可能需要人的协助。

第四步，运用算法，套用已有模板生成规范的新闻稿。美国 Automated Insights 公司的 Wordsmith 平台拥有 3 亿种新闻写作模板，通过专利语言来建立各种各样的业务算法，这些算法决定每篇新闻报道的选题是什么、语气和语调、写作形式，以及如何运用词汇生成最终文章。①

第五步，对自动生成的新闻稿进行润色。自动化新闻在发布前需要润色、审核，以提高稿件的“温度”，目的就是让算法生成的枯燥文字变得更加可读。有的算法会在报道文本的生成过程中加入随机因素，选择多种复杂的叙述语气（如“冷漠的”“自信的”“悲观的”和“充满激情的”等）以让文本显得更多样；有的算法能根据主语的单复数配套使用相应的动词形式，或者变换使用同义词，从而使文本读来不那么枯燥。②

三、自动化新闻传播优势与局限性分析

新闻生产是一种极富“专业性、创造性”的智力活动，尽管自动化新闻生产有着明显的快速、准确和有针对性等优势，但其在报道题材、可读性以及解读性等方面也存在着一定的局限性。

（一）自动化新闻的传播优势分析

技术是推动传媒业向前发展与革新的动力，技术发展所要解决的主要是实践应用层面上的效率问题，从媒介技术角度而言，就是解决如何以最方便、最灵活、最快捷、最经济、最有效的手段和方法提高信息生产与传播效率问题，它的内在逻辑是技术理性或工具理性。③ 建立在人工智能和大数据挖掘技术基础上的自动化新闻的诞生，正是新闻生产与传播效率提升的体现。

首先，自动化新闻加快了新闻生产的速度，提高了总量。在报道事实性新闻时，媒体最需要的就是速度。特别是报道突发性事件，时效性决定了新闻报道的价值和影响力。高速的计算加上预先设置的模板，自动化新闻几乎可以实现同步播发。2016 年里约奥运会期间，今日头条 Xiaomingbot 完成一篇稿件的时间约为 2 秒。另外，新闻传播界普遍认为：自动化新闻在新闻总量中所占比重将会越来越大。产生这种认识的原因主要有两点：一是撰写软件在稿件生产上的高效性，将会大幅度提高新闻报道的总量；二是随着大数据时代的到来，我们的生活将日益数据化，这就为撰稿软件提供了丰富的内容资源。

其次，自动化新闻拓宽了新闻报道的范围。自动化新闻撰写软件能从海量的数据信息中挖掘出具有新闻价值的话题。《洛杉矶时报》的 Quakebot 可以报道地震探测仪探测到的所有地震，而记者通常只报道超出一定震级或造成重大伤亡的地震，自动化新闻生产突破了人的视野以及时间和精力的限制，大大扩大了报道范围。尽管受众可能会对某些报道

---

① 郭苏妍．机器人也可以写“新闻报道”？[N/OL]. 第一财经周刊，2014-08-06 [2014-09-02]. https：//www.yicai.com/news/4004326.html.

② 邓建国．机器人新闻：原理、风险和影响 [J]. 新闻记者，2016（9）.

③ 郭庆光．传播学教程 [M].2 版．北京：中国人民大学出版社，2011.

关注较少，但从总体上网络流量还是增加了。

再次，自动化新闻提高了稿件的质量。只要数据正确，算法科学且正常运行，自动化新闻的生产就能够避免出现诸如拼写错误、计算错误、省略事实等差错。美联社通过消除打字或者数字顺序颠倒等错误，让企业财报中的错误率从 7% 降到仅 1% 左右。[①] 与记者报道相比，在基础数据和算法正确客观的情况下，自动化新闻更加客观可信。有实验数据表明，读者认为自动化新闻较记者所写的新闻更可信。[②] 众所周知，现在的自动化新闻生产主要应用的是数据挖掘和人工智能技术，囿于目前的技术水平，主要限制在以结构化数据为基础的新闻稿生产。随着技术升级，结构化和非结构化数据信息都可以成为素材，自动化新闻生产软件创作出内容更丰富、逻辑更合理，更有人情味、高质量的新闻报道只是时间问题。

最后，自动化新闻生产软件可以有效地生产和推送个性化新闻。在传统媒体时代，信息的传播呈现出一对多的特点，媒体生产出的新闻信息产品主要以满足大多数受众的需求为主，而在大数据时代，新闻信息的生产与传播呈现出一对一的特点，媒体能够更好地掌握受众的信息需求，从而实现新闻信息的个性化和定制化。一方面，自动化新闻的应用程序在分析现有媒体报道的基础上，可以发现社会普遍关注的话题，并能够自动将其分门别类，进而有效提升内容生产的针对性。另一方面，媒体的传播效果只有在和受众的互动中才能体现出来，受众群的分化意味着相同的信息会被不同的受众以不同的方式解读，媒体对相同信息的不同解读也可以满足不同受众的“口味”。因此，媒体只有加强对受众的阅读倾向和兴趣点的分析，才能解决“众口难调”的问题，而这个计算量是巨大的，超出了人工能力，而这恰恰是基于大数据技术的运算程序所擅长的。

（二）自动化新闻的局限性

目前，自动化新闻生产主要集中于财经报道和体育报道领域，新闻产品也主要是那些标准化程度较高的消息、快讯等。尽管自动化算法可以提供正在发生某一事件的信息，但是它们无法解释该事件为什么发生。[③] 这也就说明，建立在数据分析基础上的自动化新闻，有时候得出的结论可能是没有意义的，受众仍然需要包含逻辑和解释说明的有效信息，[④] 即自动化新闻要为受众提供某些事件或现象的深度报道，或帮助受众提炼出独到的观点。

与记者采写的新闻相比，尽管自动化新闻比记者报道更可靠、更具专业性，但在可读性方面，记者写的新闻比自动化新闻更具优势。通过标准化程序生产出来的新闻作品更多是客观叙述，很难表达复杂感情，语言也枯燥乏味。新闻报道离不开语境，单纯客观报道新闻而缺乏必要的解释和背景资料，有时会导致受众对新闻内容产生误解。

自动化新闻需要庞大的数据库的支持，只有实力雄厚的媒体才能拥有体量巨大、类目齐全的数据库。此外，自动化新闻生产需要结构化和机器可读格式的高质量数据，如果缺

---

① 资料来源：http：//towcenter. org/research/guide-to-automated-journalism/。

② CLERWALL C. Enter the robot journalist：users’perceptions of automated content [J]. Journalism practice，2014（5）.

③ LAZER. The parable of Google flu：traps in big data analysis[J]. Science，2014（343）.

④ LATAR L. The robot journalist in the age of social physics：the end of human journalism？ in the new world of transitioned media [M]. New York：Springer，2015.

乏数据库或者数据质量无法保证，自动化新闻生产也就无从谈起了。

像任何其他模型一样，用于生成自动化新闻的算法依赖于数据和假设，这两者都可能带来偏差和错误。①2015 年 7 月的一篇关于 Netflix 公司第二季度财报的自动化新闻就出现了错误。② 事实证明，自动化新闻同样存在报道失误的风险，而并非万无一失。

相较于人工的新闻生产方式，自动化新闻的生产在报道视角、创造力和思辨性等方面存在短板，但人工智能处理数据的效率优势是记者编辑所无法比拟的。物联网的发展和传感器的应用将会为新闻媒体提供更多的大数据挖掘机会，或许这将有助于扩大自动化新闻的应用空间。或许在未来的新闻生产流程中，机器帮助我们发现选题，机器帮助我们拓展报道的广度，增加报道的深度，机器帮助我们提炼规律，预判内容的传播效果，反过来指导我们写作。③

四、自动化新闻对传媒业的影响

近些年，智能化不仅体现在媒体平台建设上，而且深入新闻生产领域。根据梅赛尼的研究，技术引发社会变革有两个途径：创造新机会和产生新问题。前者引发产业结构和社会结构变化，后者推动制度转型。④ 智能化技术在提升新闻产品质量的同时，也推进了新闻传播行业的变革。这种变革不仅将对传统的新闻生产机制、新闻传播理念产生影响，而且对媒体人的职业发展方向、受众和社会都将产生深远影响。

（一）记者的专业技能和职业分工将有改变

就常规性、重复性报道而言，记者难以在速度、准确性上与自动化写作软件匹敌。面对自动化新闻，记者们会高度重视分析能力、个性化、创造性以及写作复杂句子的能力，而不是真实性、客观性、简洁化和时效性，当常规的报道可以被软件撰写，记者们可以在深度报道上花更多时间。⑤ 因此，从积极的一面看，新闻写作软件解放了记者，让他们去报道不那么“机械”的新闻；从消极的一面看，这可能导致媒体裁员越来越多，以及新闻写作的商品化。⑥ 在未来的新闻行业里，记者和人工智能形成“人机联姻”的生产模式，算法用于分析数据，发现有趣的故事并提供初稿。随后，记者将通过深入分析、采访重要人物以及幕后故事完善报道。例如，《洛杉矶时报》的犯罪报道，第一步是应用算法找到基本事实，包括案件发生的地点、时间，涉案人的年龄、性别和种族等；第二步是记者在提供的有关受害者生平和家庭的细节中挑选最吸引人的故事，增加人情味。⑦ 此外，对于

---

① LAZER .The parable of Google flu：traps in big data analysis[J]. Science，2014（343）.

② 资料来源：http：//finance.yahoo.com/news/netflix-misses-street-2q-forecasts-202216117.html。

③ 彭兰 . 智媒化：未来媒体浪潮——新媒体发展趋势报告 [J]. 国际新闻界，2016（11）.

④ 郭庆光 . 传播学教程 [M].2 版 . 北京：中国人民大学出版社，2011.

⑤ DALEN V. The algorithms behind the headlines：how machine-written news redefines the core skills of human journalists [J]. Journalism practice，2012（6）.

⑥ CARLSON M. The robotic reporter：automated journalism and the redefinition of labor，compositional forms，and journalistic authority[J]. Digital journalism，2015（3）.

⑦ YOUNG L，HERMIDA A. From MR. and MrS. outlier to central tendencies[J]. Digital journalism，2015（3）.

那些仅仅报道常规性内容的记者，自动化新闻生产软件凭借快速、准确的优点，可能会取代他们的地位。但自动化新闻建立在算法的基础上，开发新的新闻写作算法同样需要人力资源，从这一方面看，自动化新闻软件在取代一部分新闻记者的工作的同时，也会促使一些新的职业诞生，记者将在新闻生产过程中扮演新的角色。例如，美联社聘请了一个自动化新闻编辑，工作内容是确定可以自动化的内部程序。①

（二）受众开始关心内容生产的科学性和透明度

尽管受众无法辨别人工写作的内容和软件写作的内容，但受众依然关心撰稿软件写的稿件的质量，与人工写作的稿件的质量会有多大区别。有研究显示，尽管撰稿软件生产的内容是描述性的、乏味的，但同时也被认为是客观的。人工写作在内容的清晰易读上具有优势，但在可信度、信息量和客观性方面比不上撰稿软件。② 此外，不管是否被告知稿件是由人工或软件编写，受众对稿件的专业度和信任度的评价并无明显差异。③ 机器算法的透明度也是受众关注的问题，包括自动化新闻算法的目标和意图是什么，谁开发和控制这些算法，谁对这些内容负责，最终产品在发表前是否有人工编辑审阅等。技术哲学家J.M.斯塔迪梅尔认为，脱离开人类背景，技术就不可能得到完整意义上的理解……设计、接受和维持技术的人的价值观与世界观、倾向与既得利益必然将体现在技术身上。④ 尽管数据是客观的，但在算法设计的过程中，设计者可能带入倾向与利益取向，这就关系到自动化新闻生产的科学性和透明度问题。因此，媒体首先需要更好地掌握受众对算法透明性的要求，以及如何将公开的信息用于公众利益；其次，媒体需要找到披露信息的最好方式，不影响用户体验，特别是那些对这些信息不感兴趣的用户。⑤

（三）新闻媒体将面临披露源数据的压力

自动化新闻对新闻媒体来说既是机遇也是挑战。由于自动化新闻有助于减少生产成本、增加发稿量，其就有可能被延展到更具挑战性的选题上。而当自动化新闻涉及批评性报道时，数据的准确性、内容的质量以及程序的透明度将变得更加重要。新闻媒体在自动化内容生产中需要考虑源数据、数据处理和最终输出等问题。⑥ 因此，新闻媒体需要确保有权修改和发布源数据。在数据处理阶段，如果基础数据或处理它们的算法包含错误，撰稿软件可能会产生大量错误的报道。此外，新闻媒体还必须通过添加有关数据来源的信息、内容的生成方式来证明该报道是自动生成的，以保证最低级别的透明度。为此，美联社关于企业财务的自动化新闻在文末都会标有报道的生产者和数据来源。事实上，用于生成自动

---

① 资料来源：http：//finance.yahoo.com/news/netflix–misses–street–2q–forecasts–202216117.html。

② CLERWALL C. Enter the robot journalist：users' perceptions of automated content [J]. Journalism practice，2014（5）.

③ KAA D，KRAHMER E. Journalist versus news consumer：the perceived credibility of machine written news[C]. Computation Journalism Conference. New York: Columbia University，2014.

④ 高亮华 . 人文主义视野中的技术 [M]. 北京：中国社会科学出版社，1996.

⑤ DIAKO,POULOS. Towards a standard for algorithmic transparency in the media. [EB/OL].（2015–04–27）[2016–09–17]. http：//towcenter. org/towards–a–standard–for–algorithmic–transparency–in–the–media/.

⑥ KENT T. An ethical checklist for robot journalism[EB/OL].（2015–02–24）[2016–09–15]. https：//medium. com/@tjrke nt/an–ethical–checklist–for–robot–journalism–1f41dcbd7be.

化新闻的算法依赖于数据和假设，而这两者都可能带来偏差和错误。① 在这种情况下，新闻媒体仅仅说明文章是由软件生产的是不够的，特别是涉及批评性或争议性的话题，受众对透明度和问责制的要求可能更高。当出现错误时，新闻媒体可能会面临公布源代码的压力，它们应该解释报道是如何产生的，而不仅仅强调内容是由机器生成的。②

（四）对社会舆论的形成产生负面影响

自动化新闻撰写软件的一个优势是生产出个性化内容来满足个体受众的信息需求。如前所述，自动化新闻撰写软件通过抓取、分析受众在互联网上的浏览痕迹，建立一种不断完善的跟踪、预测机制，由此就可以有效地推测出受众的阅读偏好。据此，媒体可以应用撰写软件生产出个性化的内容，并通过智能推荐或智能排序推送至受众面前。受众所获取的信息是媒体想让他们获取的，并且媒体认为这些信息正是个体受众所需要的。如此一来，受众就被人为地与其他信息隔绝开，沉浸在自己偏好的信息世界里，形成"过滤气泡"。换句话说，"算法"只提供受众喜欢阅读或认同的信息内容，这导致个人消费越来越多的同类信息，个体受众不太可能阅读到与其意见相左的信息或观点，社会上不同声音之间的沟通交流日趋减少，社会言论也越来越单一。"算法"让"过滤气泡"现象更加严重，给健康的社会舆论的形成带来风险。③ 因此，新闻媒体在憧憬自动化新闻为自身发展带来转机的同时，也要时刻提醒自己，不能置受众于信息和交流的孤岛，应多渠道获取和发布信息，帮助受众跳出"过滤气泡"的禁锢，营造健康、多元的社会舆论环境。

五、结语

内容生产、传播平台以及受众行为的智能化等趋势在不断推进着传媒业在智能化发展方面产生新的竞争优势。把机器或者程序能做的交给机器和程序，从而把人力解放出来，去从事具有创新要求和需要发挥想象力的工作，这是自工业革命以来自动化革命的基本理念。印刷术的发明将人类从繁重的抄写工作中解放出来，让信息的大量复制与传播成为可能。智能化开始进入新闻信息的采集、分析、写作等环节，正逐渐改变着现有的生产模式。一旦确定算法，从收集和分析数据，到撰写和发布新闻，新闻生产的每个环节都可以自动完成。④

媒介本身才是真正有意义的讯息。换个容易理解的说法，即人类有了某种媒介才有可能从事与之相适应的传播和其他社会活动，因此，从漫长的人类社会发展过程来看，真正有意义、有价值的"讯息"不是各个时代传播的内容，而是这个时代所使用的传播工具的性质、它所开创的可能性以及带来的社会变革。⑤ 自动化新闻不仅将改变新闻的生产方式，也将改变我们的文化生活。

---

① LAZER. The parable of Google flu：traps in big data analysis[J]. Science，2014（343）.

② KENT T. An ethical checklist for robot journalism[EB/OL].（2015-02-24）[2016-09-15]. https：//medium. com/@tjrke nt/an-ethical-checklist-for-robot-journalism-1f41dcbd7be.

③ PARISER E. The filter bubble：what the internet is hiding from you[M]. New York：Penguin Press，2011.

④ GRAEFE A. A guide to automated journalism. the tow center for digital journalism. [EB/OL].（2016-01-07）[2016-09-15]. http：//towcenter. org/research/guide-to-automated-journalism/.

⑤ 郭庆光 . 传播学教程 [M].2 版 . 北京：中国人民大学出版社，2011.

在开放与保守策略间游移："不确定性"逻辑下的新闻创新

——对三家新闻组织采纳数据新闻的研究 *

李艳红

新闻业传统上被认为钝于变迁。在创新和变革面前，由于新闻组织特有的二元结构（总编辑和发行人相互制衡的管理结构），[①] 现代新闻组织独特的尊重自主的个体主义工作文化，[②] 以及新闻生产繁忙的工作节奏 [③] 等，新闻组织管理者往往比一般的产业组织管理者的行动迟缓，很少积极地从创业文化中采纳管理要素。

但是在 21 世纪以来新媒体浪潮的冲击下，越来越多的媒体开始发生改变，即便不是敏于变迁，也开始被动地卷入并着手一系列的创新项目。这包括生产在线新闻，采用互动技术和多媒体技术进行报道，开发社交媒体平台或者功能性地使用既有的社交媒体平台等，[④] 也包括培育在线社区，在移动媒体平台上发行和售卖新闻应用，通过收费墙来限制和保护内容等。[⑤] 更新的则包括尝试 VR（虚拟现实）新闻、机器人撰写新闻和新闻游戏等。

数据新闻是新闻业在这一浪潮中所着手开发的创新项目中的一个，是一种创新的新闻

---

* 本文首发于《新闻与传播研究》2017 年第 9 期，第 40–60 页。

① ACHTENHAGEN L，RAVIOLA E.Balancing tensions during convergence：duality management in a newspaper company[J]. International journal on media management，2009（1）.

② GAZIANO，COULSON C. Effect of news room management styles on journalism：a case study [J]. Journalism quarterly，1988（4）.

③ MEYER P. The vanishing news paper：saving journalism in the information age[M]. Columbia，SC：University Missouri Press，2009.

④ GADE P J. Newspapers and organizational development：management and journalist perceptions of newsroomcultural change[J]. Journalism and communication，2004（1）；GARCÍA P. Print and online newsrooms in argentinean media：autonomy and professional identity[M]//PATERSON C A，DOMINGO D. Making online news：the ethnography of newmedia production. New York，NY：Peter Lang，2008；DOMINGO D.Interactivity in the daily routines of onlinenewsrooms：dealing with an uncomfortable myth[J]. Journal of computer mediated communication，2008（3）；BOCZKOWSK J. The processes of adopting multimedia and in tractivity nthree online newsrooms[J]. Journal of communication，2004（2）.

⑤ KAYE J，QUINN S. Funding journalism in the digital age：business models，strategies，issues and trends[M]. New York，NY：Peter Lang，2010；SCHUDSON M. News in crisis in the united states：panic – and beyond[M]//NIELSEN R K，LEVY D A. The changing business of journalism and its implications for democracy. New York，NY：Oxford University Press，2010.

形态。数据新闻是以数据为材料，数据分析为材料提炼和事实验证手段，并以视觉化的图标形式来呈现的新兴报道形态。尽管它不必然与数字科技相关，但是数字科技却为其创新和发展提供了巨大潜能，如为数据的挖掘分析以及视觉化提供了新兴工具，数字科技为数据新闻发展提供了一个新的更具创新潜力的表达平台。

因此，21 世纪以来，数据新闻成了全球范围内在数字化浪潮中诸多新闻组织的创新尝试项目。本文希望对中国新闻组织采纳和发展数据新闻这一具有创新意涵之新闻实践过程进行社会学和现象学的考察，以理解今天新闻组织正在经历的创新过程的一般性逻辑。

一、新闻业如何与技术互动：数字时代的新闻创新研究

可以说，新闻业一直在经历创新与变迁。梳理新闻业历史我们会发现，自新闻业产生以来，新闻记者所运用的新闻形态、采访方法、写作技巧等并非一成不变，而是一直在经历变迁，体现客观性的体裁和实践形式得到不断丰富和演化。[①] 但是，直到 21 世纪，随着数字媒体技术的发展，新闻创新才被置放到科技变迁的背景下进行讨论。今天有关新闻创新的学术讨论与新闻业的数字化潮流密切相关，其所关注的主要就是新闻实践应用新兴数字科技和与之结合的过程。因此，关于新闻与数字科技的互动，是近 20 年来有关新闻创新的主题，也构成了当代新闻业研究的重要主题。技术的发明似乎为人们想象新闻业未来提供了无尽资源。对此，部分学者采取一种乐观的态度，他们将互联网技术作为一个创新的外在变量，认为它为新闻业的创新开辟了无限可能。[②] 正如任何新兴技术的诞生总是会被种种关于它们的神话所环绕，[③] 有人甚至将互联网技术的兴起称为一场革命，宣称今天的新闻编辑室正在经历一场创新革命，将带来一种全新的新闻业。[④] 这种后来被称为“技术中心论”或“科技决定论”[⑤] 的看法让业界对技术带来的前景充满憧憬和热情，甚至一度构成了许多学术研究的前提。

但是，这种看法在部分学者所进行的越来越多的实证观察中被证明不符合实际。学者们发现，科技开发潜能并未得以充分发挥出来，技术愿景也并未成为现实，科技所描绘的对于新闻业的迷人情景并没有很快实现。这促使了更多学者进入新闻编辑室，去探讨技术究竟如何在新闻编辑室被应用，从而出现了新一波的新闻生产民族志研究的潮流。他们发现，尽管互联网提供了无限可能，为新闻业的发展打开了巨大空间，但是它是否以及如何应用于新闻业而成为新闻创新，往往并不取决于技术本身的潜能，而是取决于它与其他社会因素的互动，创新的过程会被诸多社会因素所驯服。[⑥] 技术、新闻业与变迁往往相互交织，

---

① FINK Z，SCHUDSON M. The rise of contextual journalism：1950s—2000s [J]. Journalism，2014（1）.

② PAVLIK J. The impact of technology on journalism[J]. Journalism studies，2000（1）.

③ MOSCO V. The digital sublime：myth，power，and cyberspace[M]. Cambridge，MA：MIT Press，2004.

④ HARDT H. The end of journalism：media and newswork in the united states[J]. Javnos-the public，1996（3）.

⑤ BOCZKOWSKI P J. Digitizing the news：innovation in online newspapers [M]. Cambridge，MA：MIT Press，2005.

⑥ DOMINGO D. Interactivity in the daily routines of online newsrooms：dealing with an uncomfortable myth[J]. Journal of computer mediated communication，2008（3）；O' SULLIVAN J. Delivering Ireland：journalism's search for a role online[J]. Gazette，2005（1）；JANKOWSKI N W，VAN SELM M. Traditional news media online：an examination of added values[J]. Communications，2000（1）；QUANDT T.（No）News on the world wide web？[J]. Journalism studies，2008（5）.

这恰恰也印证了舒德森（Michael Schudson）在20世纪70年代后期就已经提出的技术与社会相互调适的观点。①

在这一波研究潮流当中，存在微观和中观两种研究路径。微观的研究路径关注的是在线新闻编辑室中新闻工作者的日常工作实践，将创新理解为一个嵌入于日常实践当中的变迁的社会过程。例如，查德哈（Kalyani Chadha）和韦尔斯（Rob Wells）研究了美国几家主流报纸的记者对社交媒体引入新闻编辑室的看法，发现社交媒体的引入一方面为新闻工作带来了便利，但另一方面也带来了张力和冲突；②艾克黛尔（Brian Ekdale）等则通过研究技术专家群体与采编和管理群体这几个参与创新的不同主体之间的互动，探讨了技术专家在新闻组织与新技术关联的创新实践（发展博客）中扮演的角色。③有学者则试图在此基础上进行理论整合，如韦斯（Amy Schmitz Weiss）和多明戈（David Domingo）通过引入相关社会理论，提出了两个不同但是相互补充的理论框架"行动者网络"理论（Actor Network Theory）和"实践社区"理论（Communities of Practice Theory），用于理解在线媒体的创新过程。④

在微观路径之外，部分学者则将目光聚焦于组织，将新闻组织本身视为形塑和影响创新的主体，考察组织这一中介如何影响新闻创新过程。他们认为，组织的需要、组织规范、编辑部文化、主控风格以及更广的制度因素，如一个社会对于新闻角色的认知以及专业动机等都构成了影响一个组织如何采纳创新的因素。⑤例如，博奇科夫斯基（Pablo J. Boczkowski）研究了三家美国在线报纸对互动性和多媒体性这两个新媒体属性的采纳情况，发现不同组织之间，由于各自的新闻专业文化程度不同、对用户的看法不同以及数字媒体部门与主媒体之间的结构性关系不同，最后导致了三家新闻组织对新媒体科技的互动性和多媒体性的采纳有不同。⑥在一个关于新闻媒体的创业计划如何重构数字采编室的研究中，博伊尔斯（Jan Lauren Boyles）则发现，新的创业计划会在新闻组织的领导力和组织文化这两个因素相遇时产生张力，而新闻组织的官僚性质会使得内部创业单位所形成的观念总是被隔离在更大的新闻组织的血液循环之外。⑦劳里（Wilson Lowrey）考察了多家新闻组织所创办的新闻网站的创新表现，并试图解释创新何以不足。他发现，新闻组织的决策者

---

① SCHUDSON M. Discovering the news [M]. New York，NY：Basic Books，1978.

② CHADHA K，WELLS R. Journalistic responses to technological innovation in newsrooms：an exploratory study of Twitter use[J]. Digital journalism，2016（8）.

③ EKDALE B，SINGER J，TULLY M，HARMSEN S. Making change：diffusion of technological，relational，and cultural innovation in the newsroom[J]. Journalism & mass communication quarterly，2015（4）.

④ WEISS S，DOMINGO D. Innovation processes in online newsrooms as actor-networks and communities of practice[J]. New media & society，2010（7）.

⑤ BOCZKOWSKI P. The processes of adopting multimedia and interactivity in three online newsrooms[J]. Journal of communication，2004（2）；SINGER J. The political j-blogger："normalizing" a new media form to fit old norms and practices[J]. Journalism，2005（2）；YATES J. Control through communication[M]. Baltimore，MD：Johns Hopkins University Press，1989；BOCZKOWSKI P J. Mutual shaping of users and technologies in a national virtual community[J]. Journal of communication，1999（2）.

⑥ BOCZKOWSKI P J. The processes of adopting multimedia and interactivity in three online newsrooms[J]. Journal of communication，2004（2）.

⑦ BOYLES J L. The isolation of innovation：restructuring the digital newsroom through intrapreneurship[J]. Digital journalism，2015（2）.

对于不确定性的感知会决定和影响到他们对于强的制度性关系或是弱的市场和读者关系的寻求，进而影响到他们的创新水平。①

与这些学者的视角一脉相承，本文将主要采取中观视角，将新闻组织视为决定和影响创新最重要的主体，来考察当前我国以新闻组织为单位所开展的数据新闻实践。近几年来，数据新闻研究在我国引起了相当大的关注，并成为一个研究和学术写作的热门话题。这些研究为认识和理解数据新闻的现状和未来发展提供了丰富的材料，但似乎呈现出某种观点上的悖论。一方面，学者们从信息透明化运动和开源软件运动等宏观背景，以及从数据新闻本身蕴含的区别于传统新闻的方法论和叙事方式出发，认为数据新闻具有广阔的前景，代表着新闻业的未来，将为新闻业的范式带来变革。②但另一方面，一些对新闻机构所生产的数据新闻作品的实证分析则表明，在这一创新潮流中涌现出的数据新闻作品往往存在诸多不足，如在选题范围、可视化呈现、叙事能力和专业规范的把握等方面均有局限，创新颇为有限。③

本文希望通过引入组织研究的视角为这一看似矛盾的学术观察提供解释，将新闻组织纳入，理解其作为采纳创新之关键主体的行为逻辑，这可能更有助于我们理解创新革命为什么并未能在新闻编辑室如火如荼地展开。

具体而言，本文希望探讨的是：数据新闻这种结合工作方法和表达创新的新兴新闻形态究竟如何被处于数字化转型初期的中国新闻组织采纳和发展的；新闻组织如何与这一具有创新意涵和潜力的新闻形态相遇，又如何在组织内部展开其创新实验并将其常规化的；进一步，本文探讨我们如何为中国新闻组织的表现提供理论解释，对数据新闻的认识如何帮助我们认识一般性的新闻创新潮流及其可能的未来。

二、作为创新的数据新闻

作为一种新闻形态，数据新闻被认为由来已久。21 世纪以来逐渐受到国际先驱媒体重视的数据新闻、20 世纪 60 年代出现的精确新闻，以及 20 世纪 90 年代以来的计算机辅助新闻报道，三者有继承性的关系 。④今天被国际先驱媒体如英国的《卫报》、美国的《纽约时报》等实践以及被学界和业界倡导的数据新闻在诸多方面存在突破，这包括其所使用的数据的量级更大更多，可视化展示形式更多样（尤其是实现互动式可视化效果成为可能），

---

① LOWREY W. Institutionalism，news organizations and innovation [J]. Journalism studies，2011（1）.

② 方洁，颜冬 . 全球视野下的“数据新闻”：理念与实践 [J]. 国际新闻界，2013（6）；钱进，周俊 . 从出现到扩散：社会实践视角下的数据新闻 [J]. 新闻记者，2015（2）；史安斌，廖鲽尔 .“数据新闻学”的发展路径与前景 [J]. 新闻与写作，2014（2）.

③ 方洁，高璐 . 数据新闻：一个亟待确立专业规范的领域——基于国内五个数据新闻栏目的定量研究 [J]. 国际新闻界，2015（12）；李小华，张卉 . 纸质媒体数据新闻实践特征及趋势分析——以《南方都市报》为例 [J]. 当代传播，2016（2）；周善 . 数据新闻：网站专业生产内容（PGC）的可循之途——四大门户网站的数据新闻实践 [J]. 编辑之友，2014（8）.

④ 苏宏元，陈娟 . 从计算到数据新闻：计算机辅助报道的起源、发展、现状 [J]. 新闻与传播研究，2014（10）；CODDINGTON M. Clarifying journalism’s quantitative turn：a typology for evaluating data journalism，computational journalism，and computer-assisted reporting[J]. Digital journalism，2015，3（3）.

以及从文字为主、数据为辅或数据与文字相辅相成转向数据驱动等。①

本文将数据新闻视为一种创新，认为其与传统新闻报道在工作方式上存在如下差异。

首先，数据新闻是采集层面的创新。传统的新闻生产被理解为一个近用、观察、选择、过滤、处理和编辑的过程，通过该过程社会真实转化为新闻真实。② 围绕这一过程，新闻业建立起了自己的专业规范，其核心是通过对当事人的采访和交叉验证来还原真实。与这一传统的新闻采集方式不同，数据新闻往往并非通过当事人的述说来获取和描述事实，而是基于对结构化的数据的分析和爬梳，来呈现和表达事实。在此，新闻的原材料不再是当事人的叙述，而是数据，数据构成了数据新闻的来源。③

其次，数据新闻是叙事层面的创新。传统新闻的叙事方式往往是对采集来的各种“叙述”或事实文本进行有逻辑的意义关联，进而来完成叙事。数据新闻的主要工作方法则是讲述一个数据驱动的故事，是通过对社会科学方法，尤其是统计方法和逻辑的运用来实现叙事。④ 有学者认为，这也导致了叙事的变迁、对数据的使用使记者的工作核心由追求报道的时效性，向讲述某一事态变化发展背后的真正含义转变。⑤

最后，数据新闻也是新闻表达层面的创新。与传统新闻用文字进行表达不同，数据新闻的主要表达工具是图表或其他视觉化的形式，因此，视觉化的表达是其重要面向。借助于可视化的形态，新闻故事被讲述得更为生动清晰，让人印象深刻。⑥

上述数据新闻与传统新闻报道的差异在数字媒体时代更显示出新的特征。首先，数字科技为数据新闻的发展提供了更丰富的技术工具。计算机科学的发展为挖掘海量数据（采集层面），清理和分析数据（叙事层面），以及运用可视和互动技术来呈现数据和新闻（表达层面）均提供了丰富的技术工具。其次，数字化的普及，也使得海量数据得以储存，这为数据新闻朝向大数据新闻发展提供了机会。最后，更重要的是，数字科技的发展促使新闻组织积极向在线平台迁移，这就为数据新闻的探索和实践提供了一个更具创造潜力的平台，数字科技的发展不仅使得传统的应用于纸媒的数据新闻可以在数字平台上有更为生动的视觉效果，而且使其可能产生与用户的种种交互，提高用户在新闻阅读当中的参与主动性甚至使其产生阅读快感，这就为新闻表达提供了更为广阔的空间。

在今天的创新研究中，尽管创新对组织发展和市场成功的重要作用已经得到诸多确认，但是关于什么是创新，却并无标准化的定义。创新可以是一个组织或行业内部的一种行为或文化，也可以是一个过程或一种产品，或是对其的采纳或传播扩散。在本文中，我们倾

---

① 章戈浩．作为开放新闻的数据新闻——英国《卫报》的数据新闻实践 [J]. 新闻记者，2013（6）.

② DOMINGO D. Interactivity in the daily routines of online newsrooms：dealing with an uncomfortable myth[J]. Journal of computer mediated communication，2008（3）.

③ WESTLUND O，LEWIS S C. Agents of media innovations：actors，actants，and audiences[J]. The journal of media innovations，2014（2）.

④ WESTLUND O，LEWIS S C. Agents of media innovations：actors，actants，and audiences[J]. The journal of media innovations，2014（2）；李岩，李赛可．数据新闻：“讲一个好故事”？——数据新闻对传统新闻的继承与变革 [J]. 浙江大学学报，2015（6）.

⑤ LORENZ M. Why journalists should use data[M]//CHAMBERS G，BOUNEGRU L. The data journalism handbook：how journalists can use data to improve the news. California：O’Reilly Media，2012.

⑥ 李岩，李赛可．数据新闻：“讲一个好故事”？——数据新闻对传统新闻的继承与变革 [J]. 浙江大学学报，2015（6）.

向于将创新定义为一个过程，它建立在创新性的基础上，是组织及其成员支持新观点、新实验以及进行创造的过程，而这一过程将可能为组织带来新的产品服务或技术。①

因此，所谓数据新闻创新，就是新闻组织和新闻工作者围绕数据新闻这种形态，发展新的生产实践、应用新的技术工具以及发展新的产品的过程。在这一过程中，新闻的界定范围可能被拓展了。事实性的确认和展示路径发生变化，新闻生产的流程和组织均可能发生变化，在此过程中，甚至可能出现新形态的新闻业。

本文选择了三家较早采纳数据新闻的新闻组织作为研究对象，分别是：广州的、以时政新闻为主导的南风窗杂志社（以下简称南风窗），广州的城市生活日报《南方都市报》（以下简称南都）以及北京的、正在进行杂志和网站二元发展、以财经新闻为主但是涵盖时政新闻的跨媒体公司财新传媒集团（以下简称财新）。三家新闻组织均处于数字化转型的潮流之中，且均是我国较早开始采纳数据新闻的组织，这是笔者选择它们作为个案来探究的首要原因。笔者选择它们还因为它们性质各异，其中，南风窗属于传统杂志媒体，南都属于传统报纸媒体，财新则在发展数据新闻之时已经是一个以网站为主导的涵盖杂志的跨媒体集团，对这些性质各异的个案的“共性”的研究将有助于其他学者研究较为广泛的媒体类型。本文将把重点放在探讨三个不同性质的案例在采纳新闻创新的过程中所呈现出的共同的内在逻辑。从个案研究的方法论原则来看，个案之间的最大差异有助于“趋同”的研究，本文所选择的三个案例一定程度上符合这一原则，但尚未达到理想境界，即它们之间尽管存在差异，但差异并非最大化。例如，三家媒体尽管在媒体类型上存在差异，但总体上都属于市场化媒体，因此研究结论可能并不适合其他官方媒体如党委机关报等，后者对数据新闻的采纳和实践可能有着不同的内在逻辑。

本研究的材料主要来自笔者对三家新闻组织从事数据新闻报道的核心成员的多次访谈，访谈主要于 2015 年 2 月到 6 月陆续完成。另外，笔者的两名研究助理分别于 2015 年 2 月至 6 月在南风窗和财新进行了为期约 3 个月的田野考察。因此，本研究所观察的主要是三家媒体在 2015 年 6 月之前的状况。此外，笔者也分别对三家新闻组织中的一名管理层成员进行了面对面访谈或微信访谈。除此之外，这几家媒体的管理者和数据新闻团队成员在行业刊物上发表的文章、公开演讲、接受的访谈，以这几家媒体为研究对象的一些行业论文等也构成了本文的文献基础。如没有特殊说明，下文所引用的材料均来自访谈。

三、与创新相遇：以开放策略回应环境的“不确定性”

这三家新闻组织，有关数据新闻创新的动力均非来自高层，而是来自基层，由基层的新闻工作人员首先做出尝试。但是，当基层的个体创新者表现出创新冲动之时，三家新闻组织都采取了开放接受的姿态，对他们的创新活动予以吸纳。因此，三家新闻组织对数据新闻的采纳都是自下而上，而非自上而下的过程。

南风窗最初发展数据新闻的动力来自其于 2012 年招聘的一名记者 D。

D 入职南风窗之后，主要职责是为新闻报道配制相关图表。D 本人在工作过程中产生

---

① CHOI S，CHOI J S. Dynamics of innovation in nonprofit organizations：the pathways from innovativeness to innovation outcome，human service organizations[J]. Management，leadership & governance，2014（4）.

了用数据来独立讲故事的冲动。她在制作图表过程中发现，通过数据分析得到的结果与记者采访获得的结论存在差异，而编辑总是要求她配合记者，修正自己的图表表达，以达到与文本一致的目的。D 对此并不满意，她尝试在编辑部推动用图表独立讲故事，追求数据新闻的独立表达形式。D 在数据新闻上的探索逐渐得到了杂志社的关注和认可。在此期间，D 所做的几则新闻，如关于各省高校分布与教育公平的分析，得到了报社的充分肯定，被认为体现了通过数据分析独立叙事的功能。从 2013 年 8 月开始，南风窗开始专门设立图说版面。

在南都，数据新闻的实验大约在同一时期发生。

2012 年，当时任南都佛山新闻部编辑的 Z 受到国外一些媒体数据新闻探索的影响，想要尝试通过数据分析的方式来做新闻，于是她在自己负责编辑的版面做了一些尝试。Z 的尝试得到了部门（佛山记者站）的肯定，南都的佛山版即开始每周出版数据版，刊登数据新闻。南都佛山版早期的数据新闻主要是 Z 一个人来做，主要是配合新闻热点搜集相关数据予以分析。比之于南风窗，南都对数据新闻的吸纳体现出更为积极主动和持续的特点。在南都，为了配合数据新闻的内容创新，组织创新的特征很快被激发出来，组织创新首先体现在基层地方记者站，由于看好数据新闻，佛山记者站组织了几次数据新闻的大型策划，举全记者站之力来制作，其中最为突出的是 2013 年年底所做的关于“全面盘点佛山表现”的数据新闻作品。当时，这一新闻由 Z 所在的佛山新闻部全员共同参与，打破了常规的条线新闻生产的常规，实现了跨条线新闻生产的协作，体现出组织结构、资源配备和运作方式方面的创新特征。这种基层的组织创新很快被南都的管理层吸纳，进入进一步的组织创新阶段。2014 年，认识到数据新闻的新兴生命力，南都开始在报社层面设立专门的数据新闻奖项，以奖励在这一新兴领域的优秀工作者。2014 年 6 月，报社决定成立专门的数据新闻工作室，力图通过进一步的组织设计和结构性安排来推动数据新闻生产在全报社范围内广泛开展。这些组织层面的举措都体现了南都对数据新闻保持开放态度并持续吸纳它的渐进主动性。

在财新，有关数据新闻实验的冲动同样来自基层。财新网的两名记者 H 和 Zh 是最早的数据新闻探索者。H 尽管从事记者工作，但具有理科背景，对数据分析很有兴趣，受到国外数据新闻发展的影响，2011 年她就开始提出想做数据新闻的想法。这一想法很快就得到其上级财新网主编的肯定和鼓励，支持其在财新网上不定期发布数据新闻。因此，自 2011 年 5 月开始，财新网上开始不固定地刊登 H 和 Zh 制作的数据新闻。与南都一样，财新网对这一创新性探索的采纳很快体现在组织创新上。自 2012 年 5 月开始，财新网开始为 H 和 Zh 的数据新闻配备设计师 G，G 的参与使得这一时期财新数据新闻的可视化表现比前一阶段有很大提高，无论是视觉的美观程度还是信息的传达效率以及用户体验都得到了很大提升。与南都一样，财新也很快成立了专门部门来推动数据新闻的生产。该部门于 2013 年 10 月成立，比南都更早。财新进一步成立了可视化实验室，这一专门的实验室配备了专业的技术人员，显示出财新更雄厚的科技实力以及与新媒体结合的愿望。

综上所述，尽管三家组织的创新冲动均来自基层，且三者在开放接纳的渐进性上存在差异，但三者均采取了开放姿态来接纳数据新闻。那么，应该如何理解这一姿态呢？

我们认为，对其所在组织甚至是整个行业所面对的不确定环境的感知是三家组织采取开放姿态的原因。这种感知主要体现为一种危机意识。

被访的三家组织的管理者均认为他们之所以愿意尝试数据新闻，主要是因为目前对于传统媒体而言是一个充满危机和极具挑战的时刻，什么都要尝试，否则就可能出局。在他们看来，采用数据新闻，可能未必能解决新媒体转型的问题，但是对做新闻的机构而言却会获得一些市场上的竞争优势。正是在这一大背景下，财新和南都均在后期（2014 年左右开始）把数据新闻的发展确立为促进集团新媒体发展和转型的重要战略。这一时期业界讨论的一个主导话语就是“危机”，在各种业界领袖的会议论坛、行业刊物上，我们都可以很容易检索到这一关于“危机”的讨论。这也佐证了本轮创新是新闻一线从业者和领导者在危机感知下的应对。

我们也可以通过历时的比较来进一步确认这一结论。三家新闻组织采纳数据新闻的时期恰是中国以传统纸媒为代表的新闻组织在商业利润上开始逐步下滑的时期，二者在时间上存在明确的对应关系。这可以帮助我们推论，数据新闻等创新形式被采纳，与新闻组织的商业危机密切相关。图 2-1 描述的是中国报纸自 2007 年以来广告收入和发行收入的变化趋势。

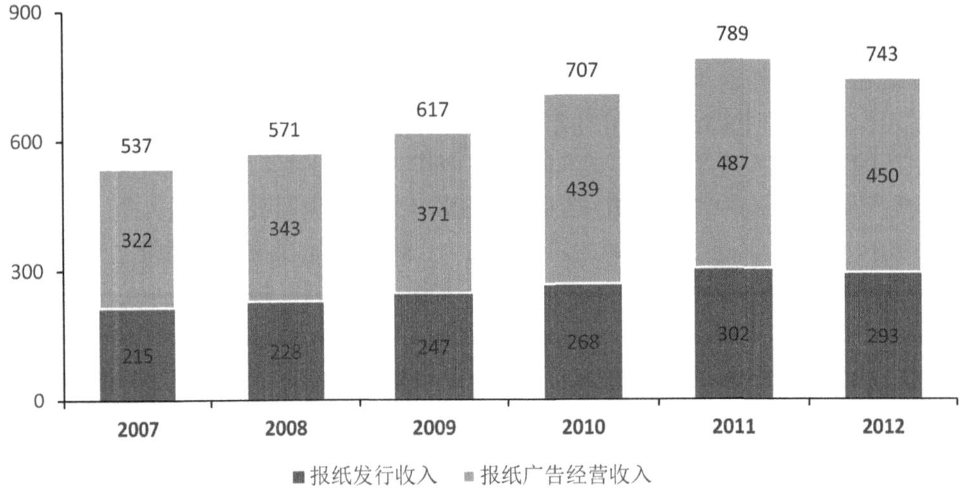

图 2-1　2007—2012 年中国报纸行业收入（广告 + 发行）

数据来源：2013 中国传媒蓝皮书

从图中可以看到，在 2011 年之前，中国报业的广告收入一直处于增长势头，直到 2012 年，收入开始下降，出现负增长。这是 30 年来一直处于增长势头的中国报业第一次开始出现广告和发行双降，不少业内人士分析认为，这标志着中国报业主营市场正在急剧萎缩。本文所研究的三家媒体对数据新闻的尝试（2012 年）恰恰出现在这一收入开始滑落的时刻。而在此之前，就笔者的观察，尽管中国新闻组织的新媒体探索早于 20 世纪 90 年代后期，有不少报纸早于 20 世纪 90 年代末期就建立了网站，但是，在新媒体探索的最初十几年间（从 20 世纪 90 年代后期到 2010 年），中国的新闻组织其实并无太多作为，网站在相当程度上只是对纸媒内容简单“改编”或“复制”，新闻组织在新闻创新上是被动和迟滞的。

作为一种新闻创新形式被新闻组织采纳，数据新闻并非这一时期的孤立现象，实际上，它是新闻组织在此轮由发行量减少、影响力削弱以及商业业绩下滑所共同构成的冲击中力求通过创新来有所改变的行动的组成部分。与采纳数据新闻的过程相伴随的，是三家新闻组织在这一时期也采取了诸多其他创新举措。例如，南都在培育《数据新闻》专版的同时，也培育了《朋友圈》《科学》等其他专版，在纸媒上进行创新，同时在社内孵化微信公众号，建立内部创业机制等，数据新闻团队经营的“南都有数”这一公众号就是其中之一；在此之前，南都还投入资金和力量培育自己的视频队伍，制作视频节目，力图通过创新来实现向新媒体的转型。相对而言，财新则一直重视创新，包括自 2010 年开始建立财新网，将主要战场转向线上新闻生产，随即建立视频部门，尝试“两微一端”的新闻制作与发布模式，以及近日开始尝试 VR 的应用等。即便是南风窗，在创新举措中较为迟滞，但其除在纸媒内容上做出调整之外，也开始尝试新媒体，包括在社交媒体平台上建立自己的账号，运用微信公众号和微博等更新新闻。因此，三家新闻组织对数据新闻的采纳可以看作这一时期，它们感知到新媒体冲击带来的“不确定性”后所采取的应对举措中的一种。

四、管理“不确定性”（之一）：以缓冲策略采纳创新

创新不仅源于创新之前所面临的“不确定”的商业环境，创新本身也带来了不确定性。一方面，新闻组织对它的采纳可能给组织的结构和常规带来诸多不确定的影响；另一方面，它究竟是否能给组织带来商业上的收益也并不确定。因此，对于处于激变而谋求改革的组织而言，管理这种与创新相伴随的“不确定性”就成为采纳创新的重要环节。

对三家新闻组织而言，它们均选择了缓冲吸纳的策略来减少创新本身可能给原有结构和组织带来的不确定性影响。组织社会学家斯格特和戴维斯在研究产业技术创新时发现，技术创新在三个维度上的特征（如复杂性/多样性、不确定性/不可预测性和互依性等）会决定和影响到组织的应对策略。当面临高度不确定性的技术时，组织往往倾向于采取多种方式在技术核心与环境的不确定性之间建立缓冲，以减少创新对组织技术核心的干扰。[①] 从本研究中的三家新闻组织来看，尽管生产数据新闻并不是一种复杂和不可预测的技术，但三家组织在面对数据新闻这一创新产品时有相似的表现，即三家组织采取的都是缓冲吸纳的策略。

具体表现是，与学界不少人认为“数据新闻将代表未来，代表新闻范式变革”，进而他们对数据新闻表现出高度热情不同，三家组织均持开放但谨慎的态度，它们倾向于将数据新闻定位为一种补充而非对原有新闻形态的替代。也因此，它们并没有因为采纳数据新闻而对既有的新闻生产结构进行全面调整，也无意以此为契机来重构整个新闻生产，而是倾向于视数据新闻为一种有益的边缘补充，在现有结构之外为其开拓实验空间。例如，三家媒体都是在现有的组织架构之外设计一个补充性的“结构”，这一新生“结构”并不破坏或影响新闻组织的原有结构安排。例如，南风窗是派了一名设计师来配合想要制作数据新闻的记者，这个简单的搭配即构成了数据新闻生产团队；南都相对而言更加正规化，成立了一个专门的数据新闻工作室来进行数据新闻的创新生产，主要由两名记者和两名设计

① 斯科特，戴维斯．组织理论：理性、自然与开放系统的视角 [M]. 高俊山，译．北京：中国人民大学出版社，2011.

师组成，为了凸显该工作室的重要性，南都将其放在要闻部；财新成立的可视化实验室尽管人数更多，并且有技术人员加入，但它也并不打破原有的新闻生产组织架构，在结构上这个部门位于技术部而非编辑部，不对现有的采编安排构成影响。与上述结构安排相呼应，三家新闻组织对这些结构的定位也是在原有架构之外建立一个临时性的“自留地”，不影响原有的新闻生产。例如，南风窗的数据新闻团队主要为《图说》版供稿；南都的数据新闻工作室主要为报纸的《数据》版以及“南都有数”这个微信公众号供稿；财新网可视化实验室则为财新网的《数字说》频道供稿。

不过，尽管都是缓冲吸纳，都是以相对“边缘”的身份进入传统的新闻组织，但是这些组织还是逐渐体现出了力图让数据新闻“向核心重构”的努力。部分组织开始尝试让它与传统占主导地位的版面甚至是头版进行结合出现在传统版面上，甚至让它成为改造其他版面之传统新闻样式的一种机制。这尤其体现在南都和财新这两家媒体的行动上。由于高层管理者的重视，两家媒体将数据新闻视为新媒体战略的组成部分，在这两家媒体，管理者确实尝试过让数据新闻成为一种变革的引擎和机制，来一定程度上增进新闻的多元化表现。例如，为了让数据新闻这种新兴的形态能够更广泛地应用于传统的条线新闻中，南都和财新均给予了数据新闻工作室以“协调”其他版面和条线来生产数据新闻的任务，即数据新闻工作室可以提出选题，通过与其他部门记者的配合来制作数据新闻，同时，其他部门的记者和编辑也可以向这个工作室提出制作数据新闻的要求，请他们予以协作，这就为协作式的新闻生产提供了可能。正是在这个机制基础上，两家新闻组织让数据新闻工作室的工作方法与传统的工作方法进行了结合。例如，财新的获奖数据新闻作品《周永康的人与财》《青岛石油管道泄漏》等均是此类协作式生产的成果。但是，总体而言，此类试图影响“核心”的努力一直是补充性的和渐进式的，三家新闻组织在维护旧有结构和流程的前提下为创新开辟特区，是一种缓冲策略。

五、管理“不确定性”（之二）：创新实验的“常规化”

决定组织是否采纳创新的另一个重要因素是：创新可能带来何种收益，是否能够帮助组织解决其所面临的困境。但是，在大部分时候，创新究竟能够带来何种收益，往往并不确定。

本案例中，三家新闻组织的管理者对于数据新闻是否能给他们所在的组织带来实际的阅读率或流量也无确定的判断。在南都，尽管高层于 2014 年规划改革的“优化会议”上表示高度重视数据新闻，对制作数据新闻有很大决心，也看好它，但制作数据新闻究竟有多大好处，仅仅通过这种形式创新能否留住读者，都还不确定。南都的数据新闻主持人 Z 就表示，效果还很难说，不过既然高层支持，他们就满怀热情地做了。财新尽管在战略上颇为重视数据新闻，但也并不认为发展可视化的数据新闻就能够帮助解决新媒体转型的问题。其可视化实验室的发起人黄志敏多次在公开演讲中表示，尽管数据新闻能让新闻产品变得多样化，能增加竞争力，但是“数据新闻不会解决目前媒体的困境，现在媒体的困境是内容变不了钱的问题”[①]。

为了管理创新可能带来的收益的不确定性，三家新闻组织均显示出对成本及创新周期的高度控制。首先，从成本来看，三家新闻组织均没有专门为数据新闻的创新实验拨配专门的经费和资源。由于数据新闻的特点是工作方法的创新，并未涉及太多硬件投入，三家新闻组织均未在数据新闻创新上投入物质成本。这一点区别于其他需要较高设备投入的新闻创新形态，如视频和 VR 等。数据新闻创新的成本主要来自人力成本，三家组织都对人力成本予以了严格控制。如前文所述，南风窗的数据新闻实践主要停留在纸媒，仅配备了一个记者和一个美术设计人员；南都在纸媒和数字平台（包括微信公众号以及官方新闻客户端）均有实践，它配备的常规人力也只是比南风窗多两个；财新的数据新闻实践明确定位在数字平台，包括财新网和客户端，其配备的人力表面上看更为充裕，如可视化实验室拥有 10 名工作人员，然而，其配备的技术人员绝大部分属兼职，他们均需要继续服务于其原来所在的产品部和技术部，这种结构也被他们自己称为“虚拟部门”。由于今天中国新闻业的人才市场上，编程的技术开发人才成本超过记者，对技术人员数量的控制其实就是在控制人力成本。

其次，为了管理创新之收益的不确定性，三家新闻组织均对创新周期进行了高度压缩。数据新闻的创新孵化周期被压缩到几乎为零，创新之初，即迅速被纳入常规化的轨道。罗杰斯（Everett Rogers）在研究创新的扩散时曾提出，当组织决定创新后，在执行创新时往往包括三个阶段，分别是重构阶段、阐明阶段和常规化阶段。[②] 在我们的观察中，三家组织的创新执行并未出现明显的阶段性区分，这三个阶段几乎是同时发生的，或者说是三阶段合一。由于创新实验本身就负载着为新闻组织输出产品的任务，因此，创新的过程实际就是按照组织的需要对创新产品进行裁剪和定制，这也是阐明创新之意义的过程，同时也是创新的常规化过程。三家新闻机构在建立缓冲式结构来试图为创新划定试验区之初，就为创新小组分配了固定任务，即需要为特定版面或频道固定地输出产品。如前所述，南风窗的数据新闻工作小组需要固定为《图说》版面提供新闻内容，南都的数据新闻工作室需要为《数据》这个版面以及微信公众号“南都有数”提供内容，财新传媒的数据新闻虚拟工作室则需要为财新网的《数字说》频道提供内容。由于媒体的内容更新很快，所以南都和财新的数据新闻工作室几乎每天至少要提供一篇稿件。因此，对三家新闻组织而言，所谓创新实验，并非真正意义的实验，因为并没有一个不需要生产产品的实验期。这可能区别于今天新媒体公司腾讯等常见的创新孵化实验，如均会给予创新团队以一段时间来培育新兴产品。

压缩创新周期的一个结果就是，创新团队成员没有精力去从事创新。创新往往需要学习新的知识，或者将新的知识与新的问题进行结合来做探索，但创新团队成员均表示，他们只能在满足日常工作任务之余自己研习和探索，一边做，一边学，这也导致创新团队需要迅速找到一套可复制的常规操作方式，以满足新闻机构日常的内容供给需要。

20 世纪 70 年代，社会学家塔奇曼（Gaye Tuchman）在研究几个电视新闻组织的新闻

---

① 黄志敏 . 数据新闻的现状与未来 [EB/OL].（2015-11-12）[2016-07-01]. http：//news. sina. com. cn/zhiku/zjgd/2015-11-12/doc-ifxksqiu1530432.shtml.

② ROGERS E M. Diffusion of innovations[M]. New York：Simon and Schuster，2003.

生产过程时使用常规化（routinization）、类型化（categorization）和典型化（typification）这一组彼此关联的概念。她认为，一方面，新闻原始材料的多样性会阻碍常规化，但另一方面，组织又会实施常规化来控制工作流程，以增加效率。在我们的研究中可以看到明显的类似表现，即三家组织的实践者都在短期内建立起了常规来增加效率，使得工作流程更加具有确定性。[①]

常规化的起点往往是类型化。类型化是新闻人类分新闻事件的方式，其作用是减少新闻组织处理的新闻素材的多样性，并且促进常规化。[②] 在本研究中，我们清楚地看到了三家新闻组织在创新实验不久即迅速对数据新闻形态和工作方式进行类型化的努力。例如，南风窗的创新实验在几个月内逐渐被稳定为两个典型的实践模式：一为“图说”，一为“报告”。在数据团队成员 X 看来，前者主要定位为用可视的图表化的方式来简单明了地阐述一种信息，是对单一主题的图表化报道；后者则主要定位为刊登一些更加深入的分析，一般由多个图表构成，图表之间有逻辑关系，往往是通过数据的分析来严肃和深入地阐释一个主题，类似于图表化的深度报道。两种典型样式被通过专版的方式加以确立，并对应着相应的实践方式。在南都，如何进行类型化，从而总结出特定规律予以遵循，一直是 Z 和她的团队思考的问题，只不过，他们的类型化没有在媒体的版面上清晰呈现。Z 和她的工作伙伴习惯于用“图解”和“数据的深度挖掘”来区分他们所实践的两类数据新闻，其中，“图解”与南风窗的“图说”类似，“数据的深度挖掘”与南风窗的“报告”类似，强调通过对数据的技术性分析和处理，如关联分析和对比分析，来挖掘其中蕴含的新闻意义。

常规的发明自然能够有效地帮助实践者应对日常工作节奏，但另一个显著后果就是造成对创新的约束。因为常规往往就意味着用可复制的方式做新闻。例如，在常规的数据新闻制作中，静态图作为一种最为常见的可视化形式被从业者采纳。对此，在南风窗从事数据新闻制作的 X 表示，创新并非是他们经常要考虑的，就日常而言，他们就是要尽可能完成版面任务（负责版面的内容需求）。财新的数据新闻发起者 H 认为，“我们希望能够制作出深度的数据新闻，但是为了保证数据新闻栏目能够生存下去，不得不做出让步”。

值得注意的是，这种创新与常规化的矛盾也被新闻组织注意到，于是，它们也努力创造一些方式来平衡这种日常生产需要和创新需要之间的平衡。其中表现最为显著的就是财新。财新的实践者和管理者更具创新意识，为了让创新能够在满足日常之余有所保存，他们发明了轻量型和重量型的数据新闻。所谓轻量数据新闻，是一种追求时效、制作周期短的“短平快”的数据新闻，它往往配合热点新闻事件出现，处理的数据量不大，且在可视化的要求上较低。所谓重量型数据新闻，则指的是制作周期长、制作成本高（主要是人力开发成本）的项目，后者往往针对的是时效性不那么强的选题，处理的数据数量较大，甚至是海量，可视化要求更高，通常要求较强的交互性。因此，实践者通过可控和可复制的方式来有效率地组织“轻量型”数据新闻生产，以满足日常新闻内容的需要，而“重量型”新闻生产则被赋予了更高的创新使命。例如，往往需要技术团队为数据新闻作品专门编程

---

① 参见 TUCHMAN G. Making news：a study in the construction of reality[M]. NewYork：Free Press，1978．但是，需要说明的是，本文由于聚焦于组织层面的决策，尚未对实践者的数据新闻生产过程做微观描述，这使得本文并没有真正探讨典型化，这是本文方法论上的选择所带来的局限。

② TUCHMAN G. Making news by doing work：routinizing the unexpected[J]. American journal of sociology，1973（1）.

开发，以尽可能实现既追求信息传达的效率又追求视觉上的“炫酷”的目的，财新的几个获奖数据新闻作品均是这一“重量型”轨道上的产品。因此可以说，正是这种对于轻量型和重量型数据新闻的区分，财新团队才得以一方面建立生产常规，另一方面确保创新。这一区分也可以看作一种新闻生产常规的发明。

六、既开放又保守：混合的理论解释？

上文的分析表明，中国新闻组织在面对数据新闻这一创新形式之时，似乎表现出矛盾的状态，即一方面对创新予以开放接纳，但另一方面在具体的实践过程中体现出渐进和保守的特征。那么，如何为这一似乎存在悖论的表现提供理论解释？有关创新采纳的理论是否对解释中国新闻组织在这一波创新潮流中的表现仍然适用？

如前文的分析，对“不确定性”的感知和管理是理解这些组织采纳以及实践数据新闻的主要逻辑。首先，促使新闻组织接纳创新的主要原因，是这些组织对当下组织和行业所面对的“不确定性”商业前景的感知，数据新闻创新是这一时期新闻组织开放接纳诸多创新尝试中的一种。因此，新闻组织对数据新闻所持的开放态度并非是由于它们对数据新闻所代表的未来持充分自信的肯定判断。与我国学术界对数据新闻的热拥相比，业界工作者的反应其实是相对冷静的，他们并不认为“数据新闻代表未来或代表新闻业的范式转向”，也并非因此而采纳它，他们的采纳主要是基于他们对自身所处危机的一种总体判断。因此，上述分析总体而言印证了创新扩散当中的理性主义理论，按照这一理论描述，具有理性的组织总是会学习如何对环境所创造的压力和挑战进行调适。[①] 新闻组织在今天数字变迁环境下的反应即可视为它们对危机和压力的一种理性应对。

理性主义理论还进一步推论，创新采纳总是优先发生于那些面对最大的压力来处理挑战的公司。[②]

本研究并未对这一命题予以验证。从我们的访谈来看，二者之间可能并无一一对应关系，促进组织采纳创新的是一种对行业危机的普遍性感知，而可能不是基于对自己所在组织之商业危机的准确评估。

但是，理性主义理论并不能完全解释新闻组织开放接纳创新的态度。中国新闻组织总体上采取开放的姿态接纳数据新闻这一创新形式，也印证了“制度同型”理论。组织研究中的新制度主义观点聚焦于研究管理的决策过程，并倾向于认为，处于制度场域当中的组织理性往往是有限的，寻求制度稳定性的组织总是尝试通过服从关于组织和成员应该如何行为的文化描述来追求公共合法性。[③]

因此，“处于制度场域之中的组织倾向于趋同，反映主控的实践和形态，寻求避免忽

---

① MILLER D，DROGE C. Psychological and traditional determinants of structure[J]. Administrative science quarterly，1986（4）；KRAATZ M S，ZAJAC E J. Exploring the limits of the new institutionalism：the causes and consequences of illegitimate organizational change [J]. American sociological review，1996（5）；WEJNERT B. Integrating models of diffusion of innovations：a conceptual framework[J]. Annual review of sociology，2002.

② KRAATZ M S，ZAJAC E J. Exploring the limits of the new institutionalism：the causes and consequences of illegitimate organizational change [J]. American sociological review，1996（5）.

③ COTT W R. Institutions and organizations[M]. Los Angeles，CA：Sage Publications，2008.

视，展示公共合法性”①。之所以如此，是因为创新扩散往往会受到一个企业或组织所感知的风险的限制，当一个企业感知采纳某种创新可能会带来大的风险时，它可能倾向于不采纳创新。由于这些风险的存在，合法化创新的因素在一个公司愿意采纳创新的过程中可能扮演了重要角色。②

制度同型理论在新闻组织的数字化创新过程研究中得到了应用。例如，一些学者发现，新闻组织总是寻求与新闻职业社区中的其他组织维持一种稳定的关系，彼此之间获得信息。新闻决策往往倾向于依赖可获得的决策模型，模仿其他新闻组织的形式和实践等。③在本研究中，我们得到类似的观察，三家新闻组织对数据新闻的开放采纳除了源于一种危机感知，同时也是对其他行业标杆组织的模仿的表现。无论是数据新闻实践者还是管理者都是如此。例如，南风窗的 D、南都的 Z 和财新的 H 和 Zh 均是敏锐的学习者，他们之所以冒出做数据新闻的念头，是因为受到国际一些前沿媒体的影响，如英国的《卫报》和美国的《纽约时报》等均是他们学习的对象。此外，参加一些由国际相关组织举办的数据新闻工作坊也是他们学习标杆媒体数据新闻报道的途径。三家组织的管理者也都对全球范围内新闻业的标杆组织的动向保持着敏锐性，经常性地收集和了解这些组织的最新动态，尤其是财新的管理者，其与国际职业社区保持着更密切的联系，将《纽约时报》和《卫报》等在国际新闻职业社区中享有较高声誉的组织的创新行为视为风向标。

制度同型理论认为，制度同型可能会来自各种模仿。有两种模仿实践，一种是基于特性的模仿，这种模仿往往发生在公司模仿那些更大的和可见度更高的公司时，一种是基于结果的模仿，这种模仿往往发生于一种实践被采纳并且已经观察到其他公司取得了成功之后。④从本研究来看，对数据新闻的采纳主要是基于前者，即基于特性的模仿，而非基于结果的模仿。也就是说，这种模仿往往并非对被证明成功的创新的模仿，而是对在行业具有引领地位的标本的模仿。这些组织的管理者均没有就他们所仿效的组织的数据新闻能否提升消费者满意度，增加流量（发行量）等进行精确调查。他们也不认为数据新闻真的能够拯救新闻业，或者能够为这些标杆媒体带来即时的收益，它只是向新媒体转型的诸多举措和尝试中的一种而已。如财新的一位管理者所言，“数据新闻带来的收益，到目前还看不太清楚，与一般的新闻报道相比，制作一个好的数据新闻作品的成本其实大得多，而成效却并不一定有多大”。

但是，如前文所述，尽管推动新闻组织采纳创新的因素与效果无关，或者说与它们对于成本收益比的准确评估无关，但这并不说明该因素在未来数据新闻发展过程中不会成为一个主导因素。上文的分析表明，尽管对于成本和收益的评估并不精确，而是一种含糊的评估，但始终在形塑着新闻组织对创新的采纳。而从我们的调研结果来看，随着创新投入

---

① LOWREY W. Institutionalism，news organizations and innovation[J]. Journalism studies，2011（1）.

② STRANG D，MACY M W. In search of excellence：fads，success stories，and adaptive emulation[J]. American journal of sociology，2001（1）；SINGH J. Collaborative networks as determinants of knowledge diffusion patterns [J]. Management science，2005（5）.

③ LOWREY W. Commitment to newspaper-tv partnering：a test of the impact of institutional isomorphism[J]. Journalism & mass communication quarterly，2005（3）.

④ WEJNERT B. Integrating models of diffusion of innovations：a conceptual framework[J]. Annual review of sociology，2002；DEROIAN F. Formation of social networks and diffusion of innovations[J]. Research policy，2002（5）.

实践的深入，管理者们产生了评估市场效应的意识，并进行了努力。例如，财新的管理者就基于评估清醒地认识到，数据新闻实际上是一种投入产出比并不出色的形态，在争取流量和广告效果上，它远远比不上调查性报道，而其人力资本的投入则往往更大，是一种“性价比”并不高的报道类型，之所以目前还一直愿意做，是因为它尽管在争取读者上效力有限，但是对于组织树立行业威望，建立媒体品牌和“新媒体”形象有较大帮助。这说明，随着创新形态被采纳，数据新闻进一步发展的过程中，起作用的将是新闻组织对创新“效果”或结果的评估。

本文的研究表明，我国新闻组织目前在数据新闻创新上的表现，既部分支持了理性主义理论，也部分支持了新制度主义理论和结果驱动理论，其表现因此也可从上述理论的混合中得到解释。

七、结语与讨论

本研究将数据新闻视为一种新闻创新，将组织视为新闻创新采纳的关键主体，对三家新闻组织采纳和发展这一具有创新意涵的新闻实践过程进行了社会学和现象学考察。基本的发现是：与笔者所观察的前一历史时期（如 21 世纪初期到 2010 年）中国新闻组织对创新反应迟滞不同，[①] 这一时期，新闻组织均表现出开放和接纳创新的态度，对来自基层的创新冲动，均予以了支持；但是，新闻组织通过采取缓冲吸纳策略，压缩创新成本和周期，迅速将创新实验纳入常规化的轨道，这表现出其对数据新闻创新实验保守的维护性态度。总体而言，处于这一历史时期的中国新闻组织表现出既开放又保守的双重特征。本文尝试为这一矛盾的表现提供解释，认为对“不确定性”的感知和管理是理解这些组织采纳以及实践数据新闻这一创新的主要逻辑。该尝试一方面可以帮助我们理解新闻组织在这一时期面对创新的开放性，又可以帮助我们解释为什么创新呈现出保守的一面。通过对创新采纳和扩散中的理性主义和制度主义理论进行探讨，笔者认为，中国新闻组织对数据新闻创新的采纳支持是一种混合的理论解释。

这一研究结论揭示了当下中国新闻组织在面对数据新闻这一创新形态时的普遍状态：一方面，激变是创新的温床，环境的“不确定性”是促进今天中国媒体勇于新闻创新的因素；但另一方面，创新本身的不确定性可能阻碍组织进行“革命性”创新，使得创新有所局限。那么，这些表现是中国新闻组织所独有的，还是普遍存在于全球新闻组织当中？从本研究的分析来看，因为新闻组织面临相对普遍的生存环境，且新闻组织都具备类似的工作节奏和压力，以及新闻组织对数据新闻的前景判断都并不明确，所以，这种表现具有一定普遍性。但是，因为在上述方面中国和西方主流新闻组织可能存在差异，如中国新闻组织面临的经济压力更显著，更多受到商业主义话语支配，以及对数据新闻的预期更不明确，中国新闻组织的创新实验将比国际先驱媒体保守，进而创新上有更多局限。当然，这需要有进一步的比较研究来确认，究竟在什么样的条件下，创新将呈现出更进取的特征。

本研究的发现也不局限于数据新闻，它对于理解一般意义的新闻创新如 VR（虚拟现实）

---

① 这一观点主要基于笔者的观察，也得到了多位业界同人和观察者的认可，暂无相关的发表物。

新闻、机器人新闻和新闻游戏等也具有启示作用。本研究发现，在今天的社会条件下，新闻组织在这些新兴技术上的创新可能均会呈现出类似的既开放又保守的特征。因此，我国新闻媒体是否真的能如部分学者和观察者所言，实践科技所开创的新闻创新的巨大潜能？这要打个问号，因为创新绝不仅仅取决于这些技术或创新形式所内含的创新性，而更多取决于新闻组织对于自身危机及创新成效等的判断及在此基础上的决策。这一发现将可能帮助我们纠正“技术中心论”对于数据新闻、VR 新闻或人工智能新闻等创新科技所代表的趋势的热拥，科技创新未必带来新闻编辑室的革命，也未必颠覆新闻业的基本范式。在下一阶段，学者们可能需要追问的是，为什么创新科技所开发的潜能未能得到实现？新闻创新为何受阻？本研究因此进一步深入阐述了关于新闻创新中的技术与社会相互形塑的观点，技术本身绝不是决定和影响创新的主要因素，对创新需要将其置于新闻组织及其所嵌入的商业环境、同行之间的结构性关系，以及新闻组织对于创新之成效的预期判断之中去理解。

当然，并不是说，新闻组织面对创新的既开放又保守的矛盾状态将无从打破，按照本文的研究，新闻企业家的眼光、对创新的前瞻性的判断、专业理念而非商业主义的考量或“破坏式”创新技术等均可能成为打破目前这一矛盾状态的因素，促使新闻组织挖掘创新潜能。

延伸的思考是，作为承担日常生产任务同时又面临商业困境的新闻组织“必然”在新闻创新上采取保守和维持的策略，也必然使得创新有所局限，而创新又是维系新闻这一具有公共性的信息产品的影响力的可能方式，那么，如何为新闻创新寻找新的动力？这可能是学界、业界和政府需要共同思考的问题。唐尼（Leonard Downie）和舒德森（Michael Schudson）曾发表报告讨论美国新闻业在遭遇新媒体冲击之后如何重构的问题，在他们看来，大学、非盈利组织和基金会均可以扮演重要角色。① 这一观点可能也部分适用于中国。从本研究来看，新闻创新如此艰难，但作为公共信息产品的新闻的创新又如此重要，这促使我们需要在企业之外思考其他协同创新主体的发育。在市场失灵领域，企业之外的其他协同创新主体的发育对于一个国家和地区新闻创新发展至关重要，因此，在新闻业面对危机之时，在未来促进新闻创新的广泛领域，公共性的教育机构、科研机构、非盈利组织和基金会等都可在其中扮演积极角色，通过提供人才培训和研发支持，来促进创新。

那么，目前这种边缘改进的创新能否给新闻组织带来生机？创新是否将持续，还是如一些研究者认为的，基于模仿（而非基于对创新之收益的理性评估）的新闻组织的创新努力将“转瞬即逝”或永远处于边缘？② 对此，我们还很难预测。本文的研究结论主要适用于新闻创新采纳的早期。新闻创新是一个曲折的不断试错的过程，在新闻创新被采纳之后的下一阶段，创新是否持续问题，呼唤我们对下一阶段新闻组织的创新实验予以持续观察。从现有的理论来看，如“结果（效益）驱动”理论所述，创新是否持续，将可能取决于创新结果的反馈，一旦创新能够带来好的反馈，如好的读者反馈、点击率的提升，甚或是口碑的提升等，创新就能够进一步持续，而对创新效果的精确评估将可能成为下一阶段支配和解释创新的主要因素。

---

① DOWNIE L，SCHUDSON M. The reconstruction of American journalism [J]. Colomia jounnalism review，2009.

② GARCÍA E P. Print and online newsrooms in argentinean media：autonomy and professional identity[M]//PATERSON C A，DOMINGO D.Making online news：the ethnography of new media production. New York，NY：Peter Lang，2008.

本文的不足在于，由于采取的是中观的组织视角，导致未能对微观层面的实践予以考察。事实上，后者是新闻创新的不可分割的部分。“不确定性”不仅来自新闻组织作为商业主体的考量，还来自其他，如如何有效或充分地使用新技术的“新”，以数据为材料、分析数据为手段如何形成新闻叙事，以及如何在报道过程中将数据新闻与公共利益、宣传或专业客观的各种参数相勾连，这些方面均存在种种不确定性。考量微观层面数据新闻的实践者如何管理这些不确定性，将是未来研究的重要内容。

从“后台”到“前台”：新媒体技术环境下新闻业的“可视化”*

周葆华

“@想做薛定谔的猫：去见一位被精神病的上访者，被几位不明身份的男子拦住，不让离开。现在已经僵持20分钟。”2011年5月4日晚，《21世纪经济报道》的年轻记者王思璟（微博ID“想做薛定谔的猫”）在武汉采访的惊险遭遇通过其好友龙婧、斯伟江等人的微博发布出来。瞬间一石激起千层浪，微博上成千上万的网民进行了转发、评论、围观、跟踪，舆情沸腾，多方关注，直至当晚武汉警方获悉介入，王思璟获得安全，整个过程都在微博中呈现、展开。

这一事件是微博场景中的一个“热点时刻”，它并非个案，而是代表着中国新闻实践中一类日益普遍的现象。从中，我们观察到的是传统隐于“后台”的新闻从业者及新闻生产过程通过微博这样的新媒体走向了“前台”，直接面向公众传播，并与受众在“前台”展开“可见”的交流。新闻出炉背后的复杂博弈、从业者个人的悲欢际遇、新闻行业的风云变幻、受众群体的诋毁和赞誉……都局部走向公开与透明。因此，本文将聚焦这一新的现象，运用“前台”与“后台”的理论概念，阐释新媒体技术环境下新闻业的“可视化”现象和过程，具体回答如下问题：新闻业“前后台”的边界移动是如何展开的？其动因为何？这一过程对新闻的客观性、真实性、新闻业权威，以及新闻业与受众之间的关系等又有何影响？通过这样一个视角的分析，我们从深层结构上把新媒体重构新闻业的过程理解为一个打破常规、转换场景与重塑边界的过程。这一过程不仅在中国发生，在当下全球不同社会中也在发生着，本文会提出一个分析“可视化”的总体框架，但在具体的分析中会更多结合中国本土场景。

一、“前台”与“后台”：从戈夫曼到梅洛维茨的研究传统

“前台”与“后台”的概念来自社会学家戈夫曼，他的“拟剧理论”将日常生活中的人类行为解释为特定场景中的“角色表演”。[①]借鉴舞台表演语言，戈夫曼提出“前台”

---

* 本文首发于《传播与社会学刊》（香港）2013年总第25期，第35–71页。

① 戈夫曼．日常生活中的自我呈现[M].冯钢，译．北京：北京大学出版社，2008.

（frontstage）与“后台”（backstage）的概念区分——“前台”是面向“观众”公开的表演区域，人们在此按照既定的社会规范进行表演，实现自身的印象管理；“后台”则是“道具”和“剧目”的藏身之所，是设计与排练空间，是印象的制造之地。人们在后台调试设备，磨合演练，检查疏漏，直至登场。它是化妆间，同时也是卸妆间，回到后台的表演者可以放下道具，不说台词，甚至通过忘掉自己扮演的角色来打破常规、自我发挥。

戈夫曼指出，人们主要通过“前台”表演来塑造自己在他人心目中的形象，因此，“前台”是行为的选择性呈现，是“理想化表演”。如同人际互动受到交往礼节和工具要求（如道德原则、工作职责）的制约，任何行业也必须按照社会对其的规范性期许开展活动。因此表演者会在表演时掩饰与其理想化形象不符的内容：比如与“表演”内容不一致的失范行为（如名为出差，实则旅游），“演出”前的准备失误及修正过程（如医生在手术准备中的失误），体现结果形成背后的艰辛甚至沮丧（如一篇出色论文背后的曲折研究过程）等。也就是说，对一种职业而言，“前台”呈现的通常是理想的成品，而那些复杂艰辛的生产过程、失误与“半成品”则藏于幕后秘不示人。

除了呈现理想化形象，“前后台”区分的重要意义还在于建构权威。一方面，控制后台能隐藏行业秘密、建构专业权威。例如，餐厅一般不允许顾客从前台（大堂）进入后台（厨房），以免环境乌烟瘴气等因素影响顾客食欲和对餐厅的信心；而修理匠总是希望顾客将待修物品留下，以便他可以进行幕后操作，把控对零件使用、劳动付出和收费的话语权。这就是戈夫曼所说的“神秘化表演”——封锁后台可以制造专业性与神秘感，实现对观众的有效控制。另一方面，后台控制也利于维护个体权威。戈夫曼指出：互动中保持一定距离，会使对方产生崇敬感；而对一个人越熟悉，越容易产生轻视。

尽管前后台关系具有规范意义，不会也不容轻易打破，戈夫曼也指出两者关系绝非一成不变。前后台的区分总是相对于特定的“情境定义”与特定表演而言，它们并非固化的物理空间。随着时间推移，前后台可以相互转化，有时通过营造一种后台氛围，就能把“前台”变“后台”——比如顾客稀少时服务员占据饭店大堂一角、空姐在未满员夜航机舱尾部等。同时，在希望开放还是封闭前后台通道的问题上，处于不同社会位置的人态度可能不同。比如餐厅服务员希望敞开厨房门，方便进出；管理者则不同，他们不愿意也不习惯暴露厨房。

将“前后台”概念与媒介关联起来的代表性学者是梅洛维茨。① 他遵循戈夫曼的传统、同时引入麦克卢汉等媒介技术学派的思路，提出一种新型媒介效果作用机制：媒介技术通过改变场景或情境进而改变人的行为。他将场景进一步定义为不囿于固定物理空间的“信息系统”，提出电子媒介（主要是电视）改变场景的三个维度：对不同群体信息系统分离状态的打破（电视使不同阶层共享同质内容）、社会场所与物理场所分离（可以借助电子媒介实现远距离社会联系）以及“前台”与“后台”、“公域”与“私域”界限模糊化。

梅洛维茨重点分析了电视改变前后台关系的三个机制。第一，传播符号。与印刷媒介相比，电视提供了大量传播者个人的外表与表情信息，即便经过再精心的剪辑与修饰，部分原本藏匿于“后台”的行为仍然会暴露到“前台”，如电视镜头总是会捕捉到官员在会议现场的“不良表演”——打呵欠、挠痒、挖鼻孔等。第二，时效因素。由于印刷媒介的时效较慢，给“把关”留出了充分的时间，与“前台”表演不相容的失误会在“后台”被

---

① 梅洛维茨．消失的地域：电子媒介对社会行为的影响 [M]. 肖志军，译．北京：清华大学出版社，2002.

隐藏、被忘却；而电子媒介从“后台”到“前台”的时间被大大压缩（特别是现场直播），严重挤压了原本的从容准备时间，增加了“后台”曝光的机会。第三，不同阶层或群体共同受到内容的影响。由于电视无法像报纸那样形成区隔，某些群体的“后台”成了“前台”。

在此基础上，梅洛维茨强调媒介新技术（当时是电视）会产生“混合情境”以及该情境下新的“侧台”或“中区”行为——它们来自传统的“后台”，但已构成新的“前台”，代表前后台分界线的移动。“侧台”行为打破排练与表演之间的传统平衡，既缺少以往“前台”行为的极端正式与规范，也并非传统“后台”行为的随意发挥。随着“侧台”的出现，原本前后台的某些部分成为更隐秘的“深后台”和更公开的“前前台”。

与戈夫曼类似，梅洛维茨也着重强调前后台分隔与专业权威的关系。他指出“权威”是获得他人信任并使他人愿意遵从的能力，其的维持依赖于对专业“后台”的有意识控制。梅洛维茨进一步分析了这种“后台”控制在电子媒介环境下的改变。他指出，通过电子媒介普通民众会打破以往由印刷媒介造成的知识区隔，更容易获得更多的“后台”知识，从而对专业权威构成威胁；不仅如此，电子媒介还增加了专业人士在“前台”被挑战的机会——例如专家可能在电台或电视热线节目中遭遇更具知识与口才的普通受众的挑战，从而这一威胁权威的过程被暴露在“前台”。从梅洛维茨的论述中，我们可以较为清晰地看到媒介技术如何打破以往“前台”与“后台”的清晰区分，造成“混合情境”与“侧台”的产生，并导致权威的可能消解。从戈夫曼到梅洛维茨的研究，为我们理解新闻业在新媒体技术环境下的重构提供了一个以往研究很少涉及的视角。

二、新闻业的“前台”与“后台”：传统边界及其重构

在传统新闻业的运作模式中，新闻业的前后台区隔明显。作为专门负责新闻信息采集、加工、处理与发布的“专家系统”，新闻业的“前台”就是其新闻产品，新闻机构、从业者主要靠发布的新闻报道与受众见面；[①] 而新闻生产过程（包括采集和加工）、新闻成品完成前的版本（包括草稿、次品、未成品甚至被“枪毙”的成品），以及新闻从业者群体与个人都隐藏于“后台”（也就是新闻室内），很少有机会直接为公众所见。

根据戈夫曼的定义，“前台”表演必须受到社会制度、组织与规范的控制，不允许随意发挥。这套控制对新闻业来说，就是在不同的社会环境中，经由新闻业与政治、经济等外部力量的互动博弈，以及行业内部讨论所形成的一套新闻范式。它是关于在一个时代或社会对什么是新闻以及如何制作新闻的共享理解，这种理解通常被固化在规范新闻实践的专业理念、组织常规或政策及现存的社会秩序之中。[②③④⑤] 在西方社会，核心的

① KARLSSON M. The immediacy of online news，the visibility of journalistic process and restructuring of journalistic authority[J]. Journalism，2011（3）.

② BENNETT W L，GRESSETT L，HALTOM W. Repairing the news：a case study of the news paradigm[J]. Journal of communication，1985（2）.

③ REESE S D. The news paradigm and the ideology of objectivity：a socialist at the Wall Street Journal[J]. Critical studies in mass communication，1990（4）.

④ TUCHMAN G. Professionalism as an agent of legitimation[J]. Journal of communication，1978（2）.

⑤ 潘忠党，陈韬文 . 从媒体范例评价看中国大陆新闻改革中的范式转变 [J]. 新闻学研究，2004（78）.

新闻范式就是一整套有关新闻实践的话语、意识形态和控制模式，其核心内容包括：传媒的主要功能是服务公共利益（而非政党或商业），新闻从业者的核心使命是报道事实和呈现真相（而非宣传、参与或鼓动），新闻行业的控制模式来自专业社区自身（而非外部的政经权力）。[①②]在变迁中的中国新闻场域，占主导地位的仍然是强调新闻传媒喉舌功能的“党的新闻事业”范式。[③]尽管这两套并存的新闻范式在传媒功能、从业者角色、新闻社区控制等方面都存在基本的差异，但在市场经济与社会转型背景下，也存在一定的杂糅。例如，至少在有关业务的话语层面，都要求真实准确、客观公正以及编辑精良。[④]

恰如戈夫曼指出的，前后台的区分具有规范意义，新闻机构和从业者展现于“前台”的新闻文本必须符合上述基本的职业规范，而不能任由“后台”的不相容情节或动机（如欺诈做假）暴露到“前台”。借助前后台的分离，新闻行业也形成了对专业知识的控制。尽管新闻职业是否形成专业，或其专业性强弱问题始终存在争议，[⑤⑥]但在传统媒体时代，新闻业通过后台生产前台发布，牢牢确立了其社会信息生产的“专家系统”角色，公众依赖专业媒体了解外部世界，新闻媒体因此具有界定现实、框定社会的巨大意识形态控制力量。套用戈夫曼和梅洛维茨的表述，新闻媒体在公众眼中具有专业权威和神秘印象。

不过，这套清晰的前后台分界模式在电子媒介兴起后已经开始发生局部改变。如前所述，梅洛维茨对电视如何模糊前后台关系的阐释主要集中于对公众人物和受众的影响上，而本文认为电视同时也在打破新闻业自身的场景。第一，就从业者而言，记者和编辑几乎都隐藏于幕后无人知晓，受众只能见到他们的作品，除非极其罕见的爆炸性新闻（如“水门事件”），新闻从业者几乎不可能超越行业边界成为公众人物；而电视增加了从业者“前台”曝光的机会，如出镜记者和主持人，他们可以利用自己的前台曝光机会频繁与公众见面，造就传播学者霍顿与沃尔所分析的“类社会互动”（parasocial interaction）现象，[⑦]从而培养自己的“粉丝”。

第二，就新闻生产过程而言，电视，特别是直播推动了后台“前台化”的进程。印刷媒介时代，新闻记者如何寻找信源、如何采访、如何对原材料进行加工处理及编辑如何“把关”、外部政经力量如何监督新闻稿件最后的出台，所有这些复杂的过程基本都隐藏于后台，普通读者很少有机会一窥这“黑匣子”的究竟。虽然也存在一些例外，如媒体有时会通过事后出版等形式向受众分享其新闻生产过程（如《南方周末》就曾先后出版多本记者讲述采访故事的文集，其命名恰是《后台》），但其影响力通常只限于行业之内。电视直播则开始打破这一分界。直播最重要的机制在于将新闻发生与报道之间的时间差降低到几乎为零，因此传统的“后台”生产与“前台”发布之间的时间差也随之被极度压缩。在传统的电视新闻生产中，新闻和广告长度、稿件、字幕等，都在“后台”被精心排练；而现

---

① GANS. Deciding what's news[M]. New York：Vintage Books，1980.

② SCHUDSON. Discovering the news[M]. New York：Basic，1978.

③ 潘忠党，陈韬文 . 从媒体范例评价看中国大陆新闻改革中的范式转变 [J]. 新闻学研究，2004（78）.

④ 例如，李长春（2009）强调中国社会主义新闻工作要“坚持真实、准确、全面、客观的原则”。

⑤ JOHNSTONE J W C，SLAWSKI E J，BOWMAN W W. The news people[M]. Urbana，IL：University of Illinois Press，1976.

⑥ TUNSTALL J. Media occupations and professions：a reader[M]. Oxford：Oxford University Press，2001.

⑦ HORTON，WOHL. Mass communication and parasocial interaction：observation on intimacy at a distance[J]. Psychiatry，1956（3）.

场直播（特别是针对突发事件的直播），没有事先的从容准备和时间控制环节，“后台”工作被直接推向“前台”——包括现场采访、即席评论、电话联机等。戈夫曼指出，场景打破会带来冲突，于是诸如联机中断，主持人与现场记者通话中的误解、抢话或打断，主持人失语，甚至不雅言行等，这些与“理想化”“神秘化”表演不相符的“失控”都一一呈现于观众面前，[①] 由此也带来了媒体权威的可能消解。例如，《新闻联播》直播中数次误切播音员挖鼻孔、打呵欠等与其“前台”印象极为反常的镜头，引发网民对此“情境崩塌”的颇多嘲讽。

第三，就新闻文本而言，电视直播实际上也开始改写新闻的定义。新闻不再是经由幕后采集与编辑，精心制作出来的成品，而是未经从业者事后剪辑的对现场的直接播出的内容，而这样的作品只属于原本意义上的新闻“原料”。当“原料”被混淆为“成品”，新闻从业者见证新闻“第一现场”的专业特权被打破，普通观众也能像他们一样直接目睹“媒体事件”的进展。[②] 专业新闻从业者的角色变得相对次要，甚至有时观众会厌烦他们不合时宜的解说。这一“范式转变”引发了学者们关于什么是新闻、什么是新闻工作规范的争议。传播学者卡茨就针对电视直播的标志性事件 [1991 年美国有线电视新闻网（CNN）对海湾战争的直播] 提出，这样做是放弃了新闻工作中最重要的编辑功能，在帮助人们理解事件方面乏善可陈。[③] 其他学者也分析电视直播可能会造成提供的信息不准确或错误，对突发新闻过度反应，以及过于简单地呈现复杂事实等问题的产生。[④⑤]

电视直播的例子说明新闻业“后台”的“可视化”并非一蹴而就，而是一个历史渐进过程。但总体来看，传统媒体时代新闻业的“后台”展示是初步、局部、偶发的，更重要的是这种“可视”主要是有控制的组织化行为（如相关书籍的出版、自我业绩的宣扬），从业者个人很少有机会摆脱组织的约束将“后台”曝光于“前台”（无论主动或被动）。绝大多数情况下，新闻生产的复杂过程、从业者的个人特征、新闻机构的运作内幕仍然与大多数观众无缘，新闻仍然是经过事先编辑和排练的“最终版本”。然而，以互联网和手机为代表的新媒体打破了这一切。与电视不同，以数字化、交互性、参与性、实时性等为特征的新媒体技术对新闻业的“前台”与“后台”关系有较为系统的重构，其规模、形态、影响等均非传统媒体时代所能比拟。这一重构的平台包括新闻网站，更包括社会化、个人化的自媒体（特别是博客和微博）。重构的过程可归纳为五个层面。

第一，新闻生产过程。如前所述，传统的新闻实践将生产置于后台，发布置于前台。然而，正如本文一开始引用的王思璟案例所显示的：新闻生产过程在新媒体技术环境下部分地暴露到了前台。它包括一系列具体实践：新闻线索的发现与征集、信源与采访对象的联络与跟踪、采访阶段性进展的呈现与发布、遭遇风险的曝光与揭露、“把关”控制过程的展示与公开等。也就是说传统意义上不为受众所知、形成知识区隔的“黑匣子”被开启，受众得以通过博客、微博等“可视化”平台近距离地了解和审视新闻生产的复杂过程，甚

① BANKS A. Frontstage/backstage: loss of control in real-time coverage of the war in the Gulf [J]. Communication, 1992(2).

② DAYAN, KATZ. Media events[M]. Cambridge, MA: Harvard University Press, 1992.

③ KATZ E. The end of journalism? notes on watching the war[J]. Journal of communication, 1992 (3).

④ SALZMAN J. It's live—and it's terrifying[M]//COLE B. Television today: a close-up view. New York: Oxford University Press, 1981: 171-175.

⑤ BANKS A. Frontstage/backstage: loss of control in real-time coverage of the war in the Gulf [J]. Communication, 1992(2).

至参与互动，成为“可视化”本身的有机组成部分，共同书写流动中的新闻。例如，中国著名调查记者王克勤就曾运用个人微博就河北大学“我爸是李刚”事件公开征集目击者，并在随后一个月中，不断在微博上公布采访进程，透露事件进展。①

第二，新闻文本。随着新闻生产过程走向“前台”，原本处于前台的新闻文本形态也需要重新定义。如前所述，传统意义上的新闻是经由专业从业者“后台”生产后发布的成品，其基本样态是“固态”——发表后很少有机会修改或“重写”；其表演必须严守行业规范——真实、准确、客观、制作精良等，那些粗糙的原材料、草稿、半成品、修改稿等都被留在后台。电视直播部分地打破这一常规——开始混淆“原料”与“成品”的界限。网络新媒体则更加全面地打破这一“前台”的文本定义，其表现在两方面：首先，与电视直播的偶发性不同，互联网和社交媒体将新闻生产带进 7×24（每周 7 天、每天 24 小时）的不间断发布状态，以在线新闻网站为代表，通过滚动发布、实时更新、数据链接等方式，新闻产品呈现“永远未完成”的“液态”，是随时可修订，永远不停止的流动版本；②③同时，这种“流动的书写”包括了原本处于“台下”的受众参与，许多新闻网站或社区都提供入口让受众提供新闻脚本，进行新闻修订与更新，传统新闻定义强调的专业生产、固化成品的模式遭遇双重挑战。而新闻生产过程中的原料、底稿、手记等均得以进入公众“可视”的前台。

第三，新闻从业者。如前所述，印刷媒介时代的记者除非遇到极其罕见的“爆炸新闻”，一般没有机会走进公众视野，他们的作品在“前台”，他们的人在“后台”。电子媒介时代少量出镜记者和主持人走向“前台”，大多数人仍在“后台”。新型社会化媒体则几乎给所有新闻从业者提供了走向“前台”的契机。新闻从业者不仅靠作品与受众交流，而且靠“作品背后的故事”“新闻背后的新闻”及其兴趣爱好、喜怒哀乐、生活动态、观点感悟等方面内容的个体表达与公众交流。一旦被网民追随或定制，这种交流就呈现全天候、不间断状态，可以呈现活生生的个体。而且，新闻从业者从“后台”走向“前台”的过程常与其新闻生产和新闻文本走向“前台”的过程交织在一起，相互激荡，其在公共视野中的可见度得以提升。例如，2011 年“动车事故”报道过程中，一名摄影记者的采访表现被同行在微博上记录下来：“……今天送别杭征后，《京华时报》摄影记者曹宗文看到王惠抱着丈夫遗像坐车离开，顿时情绪失控，号啕大哭，被人架出温州的殡仪馆，他坐在马路牙子上痛哭了半个小时，泣不成声……”④博文还专门配上了曹哭倒在路边的图片。这条微博先后被转发 6 万多次，评论有 1 万多条，大批网民从中看到了一个血肉丰满的新闻从业者。一项针对中国记者的调查显示，仅就微博而言，超过 90% 的记者表示在使用，其中近三成表示“每天使用”，他们中出现了一批粉丝数万，甚至上百万的活跃于“前台”

① 参见王克勤新浪微博（http://www.weibo.com/u/1700757973）2010 年 10 月推出的内容。

② TREMAYNE M，WIESS A S，ALVES R C. From product to service：the diffusion of dynamic content in online newspapers[J]. Journalism & mass communication quarterly，2007（4）.

③ KARLSSON M. The immediacy of online news，the visibility of journalistic process and restructuring of journalistic authority[J]. Journalism，2011（3）.

④ 见《华商报》记者王歪的新浪微博：http://www.weibo.com/wangwai001。

的“明星记者”。[①]

第四，新闻话语。新闻话语是围绕新闻及新闻职业所展开的有关新闻理念和实践的表达、阐释、批评与讨论。它包括如何理解新闻、如何看待媒体功能和新闻从业者的职业角色、如何从事新闻实践及如何评价新闻文本、从业者表现和媒体声望等。新闻话语主要来自专业新闻从业者，但也包括行业外受众的意见，以及两者间的互动。无论哪种，在传统媒体时代都主要处于“后台”——一方面，新闻从业者有关自身行业和职业的话语主要出现在内部平台（如专业杂志、会议），很少向社会开放；另一方面，来自受众的“媒介批评”也局限于私人话语空间，很少公开可见，也很少直接被新闻机构和从业者听到。新媒体无疑为这些隐藏于幕后的“行业话语”和“私人话语”走向“前台”提供了契机。不少从业者利用博客或微博表达自己的新闻理念、点评新闻媒体表现、反思新闻业务和伦理。例如王克勤在个人博客中发布博文《记者眼中的“尊严”》，系统阐述其专业理念，[②]闾丘露薇在微博发出何谓记者的诘问。[③]与此同时，受众也可以利用这些“前台”直接与新闻从业者展开“可视化”的交流——或赞成或反对、或质疑或补充，通过讨论与互动丰富新闻话语的构成。

第五，新闻机构。传统媒体时代，新闻机构的“前台”表演就是提供高质量的新闻产品，其他内部特征、组织运作、管理文化等均藏于幕后，非新闻业人士很难了解这些机构的实际运作情况。与新闻生产过程的后台控制一样，隐藏机构后台也利于建立专业权威与神秘印象。随着新媒体的普及与发展，一方面，新闻从业者在其个人化的社交媒体平台中可能透露所在机构的信息（如办公场所、内部会议、规章制度等）；另一方面新闻机构本身也来到“前台”——最重要的标志就是国内外新闻机构纷纷建立自己的社交媒体账号，面向公众进行形象营销。据统计，截至 2010 年 8 月，美国开通 Twitter 账号的报纸共有 387 家；[④]在新浪微博实名认证的传统媒体账号则达到 4 600 多个（截至 2011 年 8 月 31 日，笔者统计）。这些机构微博的主要功能通常包括发布新闻产品、设置讨论话题、征集新闻线索、收集民意反馈、推介媒体活动、进行形象沟通等，从而在一定程度上将部分“后台”信息推送到“前台”。

以上，我们从新闻生产过程、新闻文本、新闻从业者、新闻话语以及新闻机构五个层面，系统论述了新媒体技术如何重构新闻业场景，移动了原本清晰的“前台”与“后台”边界。图 2-2 是对此框架的概括和总结。需要指出的是，这五个层面并非均衡展开（其具体开放程度需依托特定社会场景做具体分析），亦非相互割裂（如新闻生产过程的披露常与“液态”文本的发布相互交织）。

---

① 新浪科技 . 中国记者社交媒体使用报告 [R/OL].（2010-12-11）[2011-1-15]. http://tech. sina. com. cn/i/2010-12-11/10314971318.shtml.

② 参见王克勤博客：http://blog. sina. com. cn/s/blog_655f81d50102e0mq.html。

③ 闾丘露薇 2013 年 1 月 20 日在微博（http://weibo.com/luqiuluwei）上写道：“说说电视记者这行吧。”激起了关于何为记者、何为新闻业的广泛讨论。

④ 邓建国 . 速度与深度：Twitter 对美国报业内容生产流程的重构 [J]. 新闻记者，2011（3）.

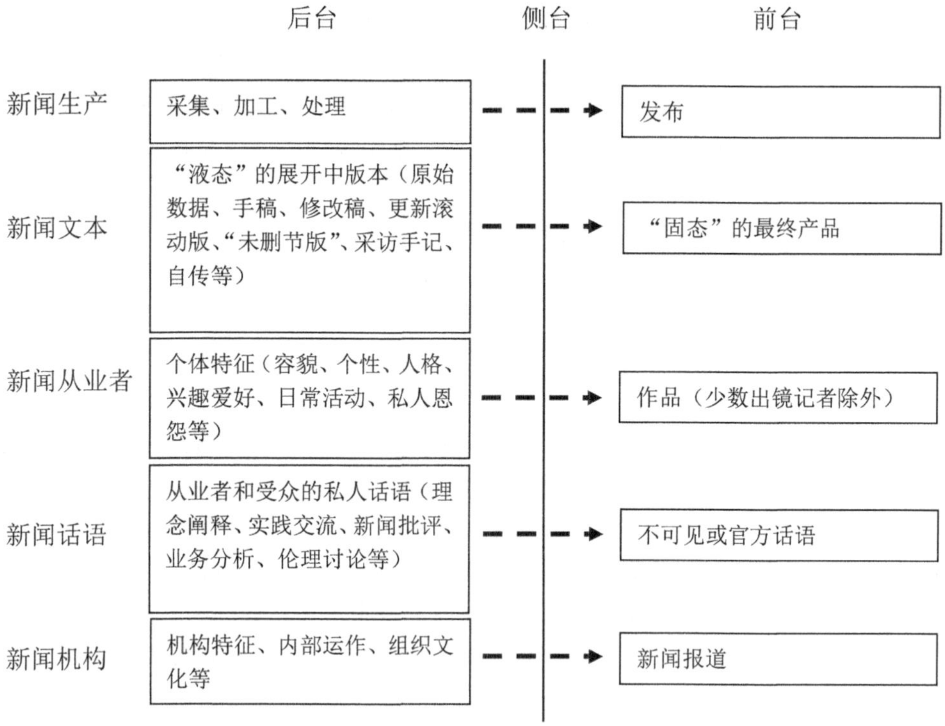

图 2-2　新媒体重构新闻业场景的五个层面

三、新闻业“可视化”的动因

新媒体重构新闻业的“前后台”，其原因首先当然是技术。以互联网和手机为代表的新技术具有实时、公开、互动、参与、可修改、个人化、海量信息、裂变传播等特征，为新闻业“后台”的“前台”大规模展示提供了基础。以微博如何促进新闻生产为例，从业者概括的优势就包括：“建立了异质性较强的弱关系社会网络，扩大了信息来源”“实名认证确保了信息来源明确，便于记者核实”①“记者寻找信息源时也更为便利快捷”②“是动员采访资源的有力武器”③等。对社会化媒体等“可视化”平台功效的正面认知，促进了新闻从业者对这些新媒体的高度采纳与使用。

然而，技术本身仅仅提供了“可视”的可能，“可视”的程度与具体内容则受到社会及制度的形塑。在西方学者的分析中，新闻业“可视化”的表现主要集中于在线新闻的滚

① 陆扶民．记者微博的公与私 [J]. 南方传媒研究，2011（30）.

② 吕明合．媒体人如何使用微博 [J]. 南方传媒研究，2011（30）.

③ 刘万永．记者微博：身份与职业的拓展 [J]. 南方传媒研究，2011（30）.

动更新、[①②]从业者个体的意见表达与生活分享；[③]但在中国场景中我们却看到了更丰富多元的职业"后台"开放——如新闻早期版本的流动发布、"未删节版"的呈现、职业理念的表达等。这就反映了中西方新闻生态存在于不同场景中，也凸显了戈夫曼所强调的前后台关系中的情境差异与权力差异。第一，正如学者们讨论的，[④⑤⑥]新媒体很大程度上扮演了"另类媒介"角色，成为真相披露与舆情表达的重要空间，这就造成了微博等社会化媒体在社交功能之外、相对西方同类载体更为突出的"新闻媒体化"特征，公众对这些平台的新闻需求和期望本身比较强烈，新闻记者也因此容易获得网民的关注。第二，中国新闻从业者尤其是从事舆论监督的调查记者，在采访过程中极易遭到权力打压，因此他们将采访过程及其危险"可视化"，有利于寻求行业支持与舆论救济。第三，由于"后台"监督的普遍存在，不少新闻无法走向"前台"成为"固态"文本，或者该文本被高度删裁，因此从业者的及时"液态"发布有助于迅速公开事实，最大可能地传播真相。第四，由于官方话语占据主导，而新闻从业者也有较强的动机利用个人网络平台表达自己的职业理念，因此可见，新闻业在不同场景下的"可视化"表现，是社会政治情境与技术交互作用的结果。第五，商业利益与市场竞争也是重要的影响因素。新媒体时效压力下，"液态"新闻相对投入少，收益多，符合市场竞争原则。从商业逻辑考虑，媒体机构适当公开"后台"以扶持打造"明星记者"，以及博客、微博等商业网站的推广营销等，都共同促进了新闻业的"可视化"进程。

从这样的分析再进一步，我们可以将新闻业"后台"开放的原因建构为包含两个维度的矩阵——维度一是开放的主体（新闻机构 / 从业者个人），维度二是开放中的控制性（控制 / 失控，或控制性的强弱）。按照这种分类（见表 2–2），新闻业的"后台"展示可以是组织精心谋划的结果（如通过官方微博展示媒体形象），也可以是失控的信息外露（如员工将内部规章和"把关"过程外流），可以是新闻从业者自我驱动的有意识的策略性行为（如自我形象的塑造、新闻控制边界的突破、新闻理念的表达），也可以是更少深思熟虑的不经意结果（如随手评论或记录，或是被动地让他人揭示后台）。从这一视角我们可以进一步指出新媒体环境下新闻业"后台"可视与传统媒体时代的不同：除了更普遍、更频繁、层次更多元之外，呈现出更强的个人化与非控制特征。

---

① KARLSSON M. Rituals of transparency：evaluating online news outlets' uses of transparency rituals in the United States，United Kingdom and Sweden[J]. Journalism studies，2010（4）.

② KARLSSON M. Rituals of transparency：evaluating online news outlets' uses of transparency rituals in the United States，United Kingdom and Sweden[J]. Journalism studies，2010（4）.

③ LASORSA D L，LEWIS S C，HOLTON A E. Normalizing Twitter[J]. Journalism studies，2012（1）.

④ HE Z. Political communication in dual discourse universes：the Chinese experience[M]//WILLNAT L. Political communication in Asia. New York：Routledge，2009：43–71.

⑤ 李立峰 . 范式订定事件与事件常规化：以 YouTube 为例分析香港报章与新媒体的关系 [J]. 传播与社会学刊，2009（9）.

⑥ 周葆华 .Web 2.0 知情与表达：以上海为例的研究 [J]. 新闻与传播研究，2008（4）.

表 2-2　新闻业"可视化"动因的双重模式

		控制	
		强	弱
主体	组织	如官方微博活动发布、机构形象宣传等	如组织内部规章、"把关"过程被员工发布出去
	个人	如采访遇险呼救、个人作品展示、新闻理念表达等	如不经意的评论或记录、采访过程或个性特征被他人公开等

四、新闻业"可视化"的影响

从"后台"到"前台"，意味着新闻业原本神秘的"大幕"拉开，新闻生产过程与从业者转入"前台"（或梅洛维茨所称的"侧台"）。场景的打破意味着范式的改变，同时也在重塑着新闻场域内外的权力关系——包括新闻业与外部控制、新闻业内部的等级结构，以及新闻业与受众等。下面我们将从两个角度集中讨论新闻业"可视化"的影响——一是如何影响新闻专业理念与新闻业权威的；二是如何重构受众与新闻业的关系的。

五、新闻专业理念与新闻业权威：挑战与契机

新闻专业范式与新闻业传统的"前后台"关系相互构成。新闻专业范式首先强调新闻从业者的使命是以报道事实与揭露真相来服务公众利益，为此新闻记者应该按照客观性法则（包括多种信源、自身超然、事实核查等基本策略）及其程序来报道新闻，它强调实证逻辑、到达现场、核实查证、事实准确，在此过程中新闻从业者应保持客观、中立、理性与冷静，而避免以行动者身份制造新闻。[①②] 传统的前后台关系是实践这一原则的重要机制。新闻从业者经过幕后的实地采访、信息查证、生产加工、编辑把关，将事实和真相呈现于"前台"。新闻业和从业者也正是依赖这套前后台关系下生产的高质量新闻产品赢得公众信任，获得并保持其作为社会中专门从事新闻生产与发布的"专家系统"的专业权威。

但是，新媒体技术的出现明显冲击了作为新闻业既定常规的"前后台"关系，并可能对新闻专业的基本规范产生冲击。首先是准确的法则。由于拥有相对充足的后台"排练"时间和规范的"把关"程序，并且一旦推向"前台"就不可修改，从而新闻产品的出台较为慎重，新闻的准确性要求相应较高，这也是传统媒体赢得更高信任度的原因所在；而由于追求速度、个人把关、容易修改、不少社会化媒体还有字数限制（如微博只允许 140 字）等，记者被迫大幅度压缩剪裁"液态"流动文本，这就相应地增加了出错的风险。比如"7·23

---

① BENNETT W L，GRESSETT L，HALTOM W. Repairing the news：a case study of the news paradigm [J]. Journal of communication，1985（2）.

② SCHUDSON M. The sociology of news production revisited[M]//CURRAN J，GUREVITCH M. Mass media and society. London：Arnold，1996：141–159.

动车事故”中一位记者的微博上出现了这样一个帖子：

“……我声明，在我待在现场的半天里，我没有看到掩埋，也没有看到其他，我所说的‘挖’是指从撞成残骸的火车车厢里，将人救出来。尽管搜救存在一定的瑕疵，比如有些车辆会挡住救护车，围观人群过多，但是，大家一直在努力。包括那些拉出行李的官兵，脸上都带着伤感，并且还拍照，作为辨认。”（2011 年 7 月 24 日，08:35，新浪微博）

该帖发布后的短短一天里就有 3 000 多次转发，200 多条评论。从中我们看到：第一，尽管这是记者发布在微博上的一个“帖子”，但因其记者身份，绝大多数网民都将之当成新闻报道；第二，记者现场所观察到的局部事实或个人观感，在传统新闻业的运作模式下，完全可能沉没于“后台”无人知晓，但由于有了“可视化”的平台，记者不经意间的所见所闻、所思所想，都可能呈现到“前台”转化为受众认知；第三，所有片段式的“液态新闻”，以及所有受众与之的互动，都呈现“可视化”特征，变成有关该事件新闻报道中的一部分，它一定被部分受众所接触、注意，甚至记住。因此，如果说“固态新闻”使受众看到同一版本，“液态新闻”则可能带给受众不同版本。一方面流动的状态使失实新闻的纠错变得容易，但另一方面在不同时间、看到不同版本的不同受众未必都有机会见到“修改”版本，从而受众可能对同一事件产生不同认知，而部分受众只持有纠错前的“失实”版本，即便发布者可以轻易修改，甚至删除“失实”版本，但影响往往已经造成（网友还会“截屏”传播）。因此，“液态新闻”挑战新闻专业理念的准确规范，呈现出快速与准确之间的明显张力。

其次是情感超然法则。新闻专业理念强调记者在报道新闻时角色中立、超然、冷静，即记者只服膺于事实本身，而不应掺杂和表现自己的情感、情绪。其实，采用“前后台”的概念，并非不允许记者有自己的情感或情绪，而是新闻专业理念强调将这种情感或情绪留置“后台”，而在“前台”只呈现专业规范所要求的客观中立、情感超然的文本。传统新闻业的“前后台”关系给这种分隔提供了可能。然而，新的个人网络“自媒体”更容易将原本藏于幕后的情感和情绪暴露于“前台”，新闻从业者可以在新闻生产过程中随时表露自己的震惊、悲悯、痛苦、愤怒，甚至恐惧，与此同时也将自己置于新闻舞台的中心，产生如业内从业者概括的“社运型记者”现象。①

由于准确、冷静、客观等新闻专业基本规范是形成新闻业权威的重要源泉，因此对这些规范的挑战也相应挑战着新闻业的权威。如果说原本受众主要凭借作为最终产品的新闻文本构成对新闻业的印象，现在则拓宽到通过了解新闻生产过程、从业者、机构等的公开化日常表现认识新闻业。因此，原本可以藏于“后台”的那些“排练”中的失误、瑕疵、弊病，以及粗糙潦草的“初稿”等都可能引发新闻业权威的消减。比如《中国新闻周刊》曾在其官方微博发布“金庸去世”的“假新闻”（2010 年 12 月 6 日），这无疑造成这家老牌新闻周刊的权威性的下降，其高管不得不引咎辞职。

从戈夫曼和梅洛维茨的观点看，这里反映的就是专业对其知识控制权的丧失。如前所述，戈夫曼和梅洛维茨均强调，专业权威部分来自“后台”封闭和知识控制；而“可视化”让普通公众进入“后台”一窥究竟，甚至参与生产，这样不仅可能暴露更多的专业失范（如不准确、不客观），而且打破了“前台”观众对专业及其从业者的神秘感，产生“祛魅”

---

① 扉客．“社运型”记者的特征和行事边界 [J]. 南方传媒研究，2011（30）．

效应。正如病人自己上网查询疾病信息、公民上网寻找法律信息可能削弱医生和律师的专业权威一样，普通公民对新闻生产过程的了解与参与可能挑战新闻业的权威。尤其是新闻业本身并不具备医生、律师那样的秘密性与复杂性，被认为仅是不与外部世界接触的“半专业”（semi-profession）。[①②③] 因此新闻生产“后台”的“大幕拉开”，可能带来新闻职业神圣感的降低以及大众心目中新闻职业的非特殊化。实证调查已经初步显示：那些通过网络手段得以进入新闻生产过程、体验“类新闻工作”的使用者（如“民间记者”），会倾向于减少对新闻职业门槛和复杂性的认知。[④]

不仅如此，前后台的迁移对新闻业权威的挑战还来自新闻从业者在“前台”可能的角色混乱。戈夫曼早就指出：前后台的分隔具有规范效应，“如果不能维持这种控制，那么表演者便无法知道他在某一时刻应该扮演何种角色，而另一时刻他又应当扮演什么角色，导致他在几种角色的戏剧表演中都难以成功”[⑤]。本来私人生活属于“后台”，“前台”只是职业表演，现在的“侧台”则不可避免地掺杂着职业身份与个人色彩。在新闻从业者“可视化”的过程中，也会发生戈夫曼所描述的餐厅服务员“占据一角”就把“前台”变“后台”的情况——例如从业者之间在微博上基于私人恩怨的公开“骂战”。这同样加重了对新闻业权威的挑战。

概言之，新闻业的“可视化”将自己的“后台”暴露于前台，仓促的“排练”与“液态”的文本增加了新闻失实的可能，个人化的表达与情感外露引发人们对客观、中立的质疑，这些都在挑战新闻专业理念对新闻业“前台”表演的基本规范。而普通“观众”对新闻职业“后台”的窥视、对新闻生产过程的亲身参与、从业者在“前台”的角色错位，进一步加剧了人们对新闻业权威的质疑。不过，在反思这些问题的同时，也要看到从“前台”到“后台”的开放对于新闻专业理念和新闻业权威的积极意义。

第一，开放“后台”具有突破权力控制和新闻审查的特殊意义。新闻专业理念所强调的准确、客观、情感超然等基本规范的背后是新闻业独立于政治与经济操控的“自主性”。从这个视角来看，就政治监督严密的新闻业场景而言，新闻专业理念仅有碎片化局域呈现的重要原因在于其自主性本身缺乏制度保障。在此背景下，新闻业的“可视化”——向社会和公众公开部分“后台”，可以重构新闻业和权力（包括政治和商业）间的关系——使“黑暗”暴露在“阳光”下，“不可见”的罪恶变得“可见”，并引起社会关注与舆论支持，新闻业与公众结盟抗衡权力的蛮横。当记者在采访中遭遇黑恶势力的绑架与扣押、当他们的生命安全因揭黑遭遇威胁、当他们的新闻初稿可能因为“后台”审查被扼杀，他们所遭遇的罪恶与控制实际上已经成为事件含有的罪恶与控制的一部分。记者利用“可视化”平台将这部分“后台”公开，不仅有利于化解自身风险，而且有利于揭露罪恶，产生有利于

① SCHUDSON M. Discovering the news[M]. New York：Basic，1978.

② LOWREY W，ANDERSON W. The journalist behind the curtain：participatory functions on the internet and their impact on perceptions of the work of journalism[J]. Journal of computer-mediated communication，2005（3）.

③ JOHNSTONE J W C，SLAWSKI E J，BOWMAN W W. The news people[M]. Urbana，IL：University of Illinois Press，1976.

④ LOWREY W，ANDERSON W. The journalist behind the curtain：participatory functions on the internet and their impact on perceptions of the work of journalism[J]. journal of computer-mediated communication，2005（3）.

⑤ 戈夫曼 . 日常生活中的自我呈现 [M]. 冯钢，译 . 北京：北京大学出版社，2008.

新闻专业理念生长的独特的职业抗争意义。在这一背景下，记者的不冷静甚至也能产生正面意义。比如前述的采访“7·23动车事故”中流泪的记者曹宗文，就赢得网民这样的评价：“有道义的记者，无奈面对不知名的黑暗，流下良心的泪。”（网友“心被海水暖了”，2011年11月10日）。

第二，“可视化”也有利于新闻专业理念生长过程中自主的话语空间的形成与维系。新闻专业理念依赖从业者社区的话语建构，从业者对其实践的集体解说与讨论，有助于人们理解什么是新闻、如何生产新闻等一系列基本问题，有助于确立有关新闻工作规范、职业理念、新闻伦理等共享意识形态，具有自我赋权、确立边界与整合社区的意义。① 传统意义上的“诠释社群”主要依托私下交谈与专业平台，很少对公众公开，在政治监督严格的新闻场景中，公开场合的话语也多为官方声音的复制。因此，新闻话语走向“前台”，从业者之间公开分享生产过程、揭露权力操控、反思行业生态、确认行业典范，实际上构建了具有一定“自主”色彩的诠释社区，该社区对公众开放，这也有助于从业者在对话、交流中反思自身的专业表现，促进职业共同体的建立，这是新闻专业理念生长的重要正面力量。

第三，就新闻业权威而言，“可视化”作为促进透明性的重要机制，在可能让渡部分专业神秘性的同时，也有助于增进公众的信任。新闻专业理念强调事实和真相，但新闻来源依赖内部把关，不强调将这一过程公开化，注意保护消息来源防止权力干预；而新媒介（如博客）同样以真相为口号，但其操作机制却诉诸透明——不依赖组织的内部把关，而以群体的外部合作为获取真相的保证，因此新媒体从一开始就注重对新闻生产过程的透明化处理，包括给出原始材料链接、交代信息获取过程、随时公开修正等。②③ 由此新媒体也给新闻业透明性压力，使得新闻业不得不以“透明性”作为维护新闻业权威的新的“策略性仪式”④ 和新职业伦理。⑤ 也就是说，新闻业通过有意识地开放“后台”来增进公众信任，维护行业权威。这就类似戈夫曼谈到的厨房开放例子——一般而言，餐馆不允许顾客进入“后台”，但在特定时候也会通过展示“后台”——如设立厨房开放日、邀请顾客体验等，来增进顾客对餐馆的认同。当然，这些开放都经过了精心排练与布置，是可控的开放。许多行业都会通过类似的开放策略建立与公众之间的信任，塑造自身的专业形象。因此，通过交代新闻来源、提供数据出处、及时修正错误、吸纳受众参与等“透明性仪式”，“可视化”可成为新闻业增强专业权威的策略性行为。在中国新闻业场景下，披露新闻生产过程中遭受的控制，展现“把关”过程，也利于在一定程度上减少受众对新闻业及从业者本身的批评。

因此，新闻业公开自己的“后台”，模糊生产过程与成品的界限，可能造成对新闻专业理念的挑战，导致新闻业的神秘感与权威性下降；但作为透明性的策略，也可能增强新闻业的权威，并在特定场景下形成对外部权力操控的抵抗性力量，以此增强受众对新闻业的理解与信心。

---

① ZELIZER B. Journalists as interpretive communities[J]. Critical studies in masscommunication，1993（3）.

② SINGER J B. The political J-blogger: “normalizing” a new media to fit old norms and practices[J]. Journalism，2005（2）.

③ SINGER J B. Contested autonomy: professional and popular claims on journalistic norms[J]. Journalism studies，2007（1）.

④ KARLSSON M. Rituals of transparency：evaluating online news outlets' uses of transparency rituals in the United States，United Kingdom and Sweden[J]. Journalism studies，2010（4）.

⑤ WILLIAM D S. The trouble with transparency [J]. Journalism studies，2008（3）.

六、重构新闻业与受众的关系：媒介素养与成名想象的新空间

新闻业前后台界限的模糊，也在重构着其与受众的关系。传统媒体后台生产前台发布的模式，将新闻业与受众固化为“传—受”关系，体现的是有学者所称的“独白新闻”。[①]这种模式下，受众无法进入新闻生产的“后台”，对新闻生产过程和行业生态所知有限，因而也很难对新闻产品进行知情的批评、对媒体背后的政经操控更是缺乏足够的认知与警惕。当新闻业的“后台”打开，受众得以透过新闻产品查看其生产过程及背后的权力运作。运用媒介素养的概念，新闻业“可视化”的过程也是一个受众赋权的过程。

媒介素养是现代公民素养的重要组成部分，是“使用、批判性分析媒介信息，以及运用媒介工具创造信息的过程”[②]，它不但强调对媒介内容的选择使用与批判解读，而且强调受众应该对媒介组织的生产运作具备基本的理解，并在此基础上参与媒介生产与社区行动。[③]不过，在传统的新闻业“前后台”场景下，公众仅能通过媒介内容和极其有限的“前台”披露了解新闻体媒的运作，其媒介知识水平因此差强人意。中国的一项实证调查显示：有关媒介生产及其影响因素的 8 个问题，受众的媒介知识平均值为 4.9 分，相当于百分制的 61.3 分，仅达及格水平。[④]其中，关于新闻生产的“把关”机制——“新闻报道能否刊/播出，记者拥有绝对主导权”——回答正确率仅为 51.3%，而针对媒介运行的经济制度——“中国媒介的经济来源主要依靠国家拨款”——回答正确率只有 36.2%。这表明，至少在中国场景下，公众对新闻生产的幕后机制缺乏足够了解。同时，公众对媒介生产过程的亲身参与度也非常有限。如在经济较为发达的佛山市，仅有一成多市民在接受采访、投稿、向媒体提出批评建议等方面有过实际的参与行为。[⑤]

正是在这个意义上，我们认为，新闻业从“后台”到“前台”的“可视化”过程可被视为增强公众媒介素养（包括知识和参与）的赋权过程。从“后台”到“前台”，意味着新闻媒体与受众之间的新联结，它打破“独白新闻”模式，增进“对话新闻”的成分。具体来说，这种开放可能促进公众媒介素养提升的理由有以下几点。

第一，新闻生产过程的“后台”开放，使受众增加了对新闻生产复杂过程及控制机制的理解。新闻从采集到发布，中间经历了复杂的加工、处理、把关过程，除新闻记者外的其他组织的内外力量共同构成对新闻的“编织之网”，新闻业的“可视化”因此有助于受众撇除“新闻报道能否刊/播出，记者拥有绝对主导权”这样的观念。

第二，新闻业的“可视化”丰富了公众开展媒介批评的角度，更重要的是，使这种批评话语得以“可视化”。由于无法获知新闻出台的内幕，以往的新闻批评主要依托“固态”作品，而当新闻生产过程、新闻从业者及其话语展露在“前台”之后，这些非作品“表演”也随之成为公众进行新闻批评的对象。例如，2011 年 10 月 6 日《新京报》记者刘洋针对山东临沂“超生现象”在微博上说：“……他们像畜生一样一窝一窝地生，一代一代像畜生一样受穷；他们都不拿自己当人了，不该打吗？？！！！？！！”这条微博随即遭到网

---

① SOFFER O. The competing ideals of objectivity and dialogue in American journalism[J]. Journalism，2009（4）.

② HOBBS R. Media literacy，media activism，telemedium[J]. The journal of media literacy，1996（3）.

③ BUCKINGHAM D. Media education[M]. Cambridge：Polity Press，2003.

④ 周葆华，陆晔 . 中国公众媒介知识水平及其影响因素 [J]. 新闻记者，2009（5）.

⑤ 周葆华 . Web 2.0 知情与表达：以上海为例的研究 [J]. 新闻与传播研究，2008（4）.

友批评，并要求《新京报》公开解释和道歉。换言之，在“可视化”场景下，公众媒介批评所依据的线索变得多元化、立体化，新闻从业者及其机构随时面临公众的批评质疑，被期待向公众解释其新闻理念与实践。并且，与以往批评主要处于私人话语空间不同，新的前后台关系下新闻批评本身也呈现“可视化”——公众对新闻文本、从业者或其机构的批评的公开表达，构成了有关新闻的公共话语的一部分。这既体现了媒介素养概念中的批判解读，也构成了相互共享、提升媒介知识的空间。

第三，新闻业的“可视化”也推动了人们在新闻生产中的参与式社区行动。本文的论述主要围绕新闻业本身的“可视化”展开，但实际上这一过程往往与受众在“可视化”空间里的行动密不可分。他们展开自身可视为参与一部分新闻批评，同时他们也直接参与新闻生产——包括为专业记者提供线索，协助采访和核实，甚至自己进行新闻生产与发布，如“7·23 动车事故”中的众多“市民记者”。“市民记者”一方面释放出更多的新闻“后台”原料，构成对新闻专业权威的挑战；[①] 另一方面经由这种参与他们带来真相揭示的更多可能。如果按照有学者定义的，新闻从业者的本质在于服膺新闻业的基本规范——特别是准确公平公正地报道事实与呈现真相，并以此服务公共利益，而不论其工作平台为何，[②] 那么这种在“可视化”平台中展开的公民新闻实践，及其与传统新闻从业者之间的话语交流，相信可以提升公民对于新闻业共享规范的理解，并与专业从业者共同促进新闻业以事实和真相服务于民主、服务于公共利益的这一基本承诺在“可视化”场景下的维系与发扬。

以上我们论述了新闻业“可视化”重构与受众关系的一个方面——以开放和参与实现公民媒介素养的赋权。在此之外，重构新闻业与受众关系的另一个方面是形塑新闻从业者成名想象的新空间，形成“类社会交往”的新模式。

文学家钱钟书面对要求拜见的读者时曾幽默地说：“假如你吃了个鸡蛋觉得不错，何必认识那下蛋的母鸡呢？”[③] 借用这个比喻，新闻作品是前台的“蛋”，新闻记者是后台的“鸡”，此前只见“鸡蛋”不见“鸡”，因此除少数扩张到通俗文化领域的电视记者与主持人外，新闻从业者的名望生成主要在两个场域——官方褒扬（以各类新闻奖为代表）与同行认可（主要来自口碑）；并且那些能够成为社会名流的新闻从业者，也是以其专业名望为基础。而新媒体技术环境下的“可视化”机制则打破了这一界限：它不但使记者更容易在社会上成名，而且这种声望可以不必以专业名望为基础——可以跨越其作品，更重要的是，这种成名可见，甚至可量化——例如微博上具体的“粉丝”数目。概言之，新闻业的“可视化”开辟了从业者“成名想象”的新空间。

表 2-3 部分“可视化”机制下的成名的新闻从业者

姓名	身份	粉丝数	关注数	微博数
闾丘露薇	凤凰卫视记者、主持人	1 091 900	161	6 400
王克勤	《经济观察报》总编助理、首席记者；大爱清尘公益项目发起人	217 559	1 027	3 937

① GUP T. Who's a journalist - I[J]. Media studies journal，1999（2）.
② GUP T. Who's a journalist - I[J]. Media studies journal，1999（2）.
③ 杨绛. 记钱钟书与《围城》[M]. 长沙：湖南人民出版社，1986.

续表

姓名	身份	粉丝数	关注数	微博数
邓飞	免费午餐发起人、《凤凰周刊》记者部主任	535 655	2 000	8 549
杨海鹏	原《财经》上海站负责人	153 503	1 991	10 302
石扉客（沈亚川）	《南都周刊》编委	45 284	1 349	11 516
纪许光	时任《南方都市报》深度新闻部记者、“洛阳性奴”事件报道者	46 269	1 628	690
周凯莉	《新世纪周刊》记者	142 112	640	4 904
王思璟	《21 世纪经济报道》记者	102 175	139	362

（资料统计截至 2011 年 11 月 1 日，新浪微博；没有特别排序。）

表 2–3 列举了部分“可视化”的新闻从业者。鉴于他们在微博上的粉丝数达到数万，甚至百万，达到甚至超过他们所服务的媒体本身的单期发行量，我们可以认为他们是成名的新闻从业者。虽然他们中的少数原本就具有社会知名度（如闾丘露薇），但绝大多数原本只具有业内专业声望（如王克勤等），甚至没有太大声望（如周凯莉、王思璟等）。他们的“成名”可以归结于如下因素：第一，对微博等“可视化”平台的使用相对活跃，或经常发布“液态新闻”，或经常发言充当“意见领袖”；第二，主要来自市场化或专业理念取向的媒体，大多从事调查报道，其中一部分在业内素有声望，有代表性的文本（如王克勤）；第三，关键性“动态范式订定事件”[①]的发生（如邓飞的“宜黄事件”、王克勤的“河北大学李刚门”、杨海鹏的“微博救妻”、王思璟的“钱云会案”、纪许光的“洛阳性奴案”），是促使他们从“行业声望”（或者无声望）向“社会声望”转型的重要因素；第四，职业共同体网络，从业者之间的相互引用、转发与评论，形成了一个“有形网络”，增强了他们在公众视野中的可见度。

微博等“可视化”平台促进专业记者社会成名的现象，既反映了我们在上文提到的中国“主流媒体”的监督促使网络媒体承担更多新闻功能，使能够深入新闻现场、及时揭露真相的从业者易受公众青睐与追随；也反映了博客、微博等新媒体平台的声望塑造模式——可能与其在专业领域的表现（即新闻作品质量）无关，而主要依靠其在新媒体空间内的发言质量，[②]甚至依赖其个体特征与风格。因此从业者可越过其作品，呈现人先成名的特征。这种“成名想象”打破了传统的官方与行业认可模式，形成了新的评价机制与力量，它在一定程度上打破媒体组织和新闻行业内的固有权力结构，即从业者的成名不再需要借助专业层级，基层记者可能在“可视化”空间内获得比其所在媒体的领导或高管更大的社会声望。但它也埋藏一定危险：由于这种成名未必是以新闻作品为基础，故而容易混淆“液态”与“固态”文本的界限，容易在微博上产生“如云的粉丝，成千上万的转发评论”[③]的成名的幻象，甚至出现只见“名记者”、不见名作品的怪现象。

无论如何，与促进批判性、参与性的媒介素养不同，“可视化”机制下成名的从业者

① 周葆华 . 作为“动态范式订定事件”的微博事件——以 2010 年三大突发公共事件为例 [J]. 当代传播，2011（2）.

② SINGER J B. Contested autonomy: professional and popular claims on journalistic norms [J]. Journalism studies, 2007（1）.

③ 魏武挥 . 微博上的记者 [EB/OL].（2011–07–29）[2012–09–11]. http：//tech. qq.com/a/20110729/000133.html.

从另一个角度改写了新闻业与受众的关系，使霍顿与沃尔所分析的“类社会互动”（parasocial interaction）[①] 呈现新的形态。新的“可视化”机制，使得明星电视主持人之外的普通新闻从业者也能与受众产生“类社会互动”。新闻从业者在网络“前台”频繁“表演”，使得受众特别是平常很难与明星或名人有实际接触机会的普通受众能与新闻从业者展开“类社会互动”。比如有网友留言说，“每天都要打开看一看的是韩寒的博客”，这些“媒介朋友”在他们的生活中占有重要地位。不仅如此，与电视不同，新媒体环境下的“类社会互动”已经走向“真实化”——受众可以与他们的“媒介朋友”通过留言、评论、转发等方式展开交流，有时也能得到对方的响应，甚至建立一定的“亲密”关系。

这样的“类社会互动”也影响着新闻从业者的角色发挥。“明星效应”有助于形成正面的社会效应，当部分专业记者成为“明星记者”“社会名人”，在中国场景下，部分名记者会利用自己的“可视化”平台与“类社会互动”机制，积极介入社会公益行动，进行组织与动员。例如，邓飞组织的“微博打拐”与“免费午餐”两个救助流浪儿童和贫困儿童的公益行动，王克勤组织的“大爱清尘”救助尘肺病农民工行动，他们均利用各自的微博平台展开，取得了广泛的社会关注与反响；而杨海鹏利用微博展开的“可视化”救妻行动，虽然呈现的只是其一家的抗争行为，却也具有明显的公民启蒙意义。也就是说，新闻从业者与受众之间的“类社会互动”，已经超出传统的媒体消费与情感交流层面，他们在公民行动层面产生共鸣、互动与合作，由此，新闻业、从业者与受众之间的关系被重构。

七、总结与讨论

新媒体正在如何重构新闻业？以往的研究主要集中于业务、文本、技术、经营等层面。[②③] 本文运用戈夫曼和梅洛维茨的“前台”与“后台”概念，指出新媒体实际上是在重构新闻业的工作场景。我们将这种场景的转换过程概括为从“后台”到“前台”的“可视化”过程，并将之归纳为五个层面——（1）新闻生产过程从原本只有“发布”处于“前台”，到“采集、加工、处理”等生产程序进入“前台”；（2）新闻文本从仅有“固态”的最终成品位于“前台”，到诸多形态的“液态”流动版本移动到“前台”；（3）新闻从业者从仅凭作品与受众见面，到其个体特征、人格个性、喜怒哀乐全面展现在大众面前；（4）新闻话语从“不可见”或主要表达官方话语，到私人话语的公开化；以及（5）新闻机构的幕后运作、组织文化等也部分地在“前台”可见。通过这一系列的边界模糊化与移动，原本与公众有专业与知识区隔的新闻业展现在公众面前，新闻业的透明性与可见度增加了。

本文将新媒体技术环境下新闻业的“可视化”视为历史发展的结果，从印刷媒介到电视媒介，再到网络媒介，“可视化”呈现逐步演变的趋势，但实时性、个人化的网络媒体给新闻业的“可视化”提供了前所未有的可能。但是，我们并非秉持媒介技术决定论的思路，

---

① HORTON，WOHL. Mass communication and parasocial interaction：observation on intimacy at a distance [J]. Psychiatry，1956（3）.

② ZELIZER B. The changing faces of journalism[M]. New York：Routledge，2009.

③ MCCHESNEY，PICKARD. Will the last reporter please turn out the lights[M]. New York：The New Press，2011.

相反，新闻业的“可视化”是政治、经济、社会、文化与技术共同形塑的结果。因此，它虽然是一个具有普遍性的现象和过程，但在不同的社会场景中有不同表现，即便在同一个社会，在不同的媒体组织中，也必然有不同的呈现。同时，正如戈夫曼所说，处于不同位置的组织成员对“后台”开放有不同态度，美国研究发现，地方性小媒体从业者相对于全国性精英媒体从业者更愿意开放“后台”。[①] 本文也初步观察到，在中国，相对于党报党台，市场化报刊有更多的主动开放行为；相对于媒体高管，普通一线记者有更多的开放行为；相对于条线记者，从事批评监督的深度调查记者有更高的可见度。所有这些，当然需要更多的实证检验。

如同戈夫曼和梅洛维茨所强调的，从“后台”到“前台”的“可视化”过程，必然是一个打破既往“新闻常规”的过程。就本文来看，这种打破主要体现为对一系列权力关系的重构，包括这样几点。（1）新闻业与外部监督，尤其是与政治监督之间的关系——“可视化”，为新闻业在政治监督之外，争取了一个具有相对“自主性”的话语空间，新闻业及其从业者可以将受众力量作为与政治监督抗衡或协商的资源，以化解自身风险、争取真相传播，以及拓宽报道边界。（2）新闻业与受众之间的关系——“可视化”，可被视为一个公民媒介素养的赋权过程，公民通过接触新闻生产的“后台”得以加深对新闻业的批判性理解，从而展开新闻批评，并参与新闻生产。从这个意义上说，新媒体不仅重构了前后台，而且重构了上下台——台下观众被邀请到了台上。（3）新闻业内部的权力关系——一方面，记者通过“可视化”平台将“把关”权从编辑和组织拿回到自己手中，重构其与组织之间的权力关系；另一方面，资浅记者也通过在“前台”的理想化表演，在重大事件中的“液态”新闻发布与意见表达中，获得他们的社会声望，重构其与组织高层和资深记者之间的权力关系。此外，不同的媒介组织也无疑可以通过它们在“可视化”空间内的表现，重构组织之间的权力关系，争取受众信任，实现声誉重组。

概言之，从“后台”到“前台”的“可视化”过程打破了既定的场景秩序，也在深刻改写着新闻和新闻工作的定义。新闻不再是由专业机构在封闭后台制造出的“固态”成品，而是一个包含多种生产主体的“液态”流动性产品。本文没有特别讨论“市民记者”对专业新闻机构的挑战，但在阐述新闻业的“可视化”过程中已经提到受众参与。更关键的是，相对于“市民记者”的网络发布，专业记者在个人“可视化”平台生产的“液态新闻”，已经至少在公众认知、评价中成为“新闻”的一部分。新闻的文本因此走向流动性与碎片化，不再那么精致，不再那么整齐。在此背景下，我们着重讨论了“可视化”对新闻专业理念的挑战，特别是挑战了传统新闻业赖以生存的基于现场采访和核实查证的准确性，以及强调的记者只呈现事实不表现自我的理性与冷静。同时，新闻业的后门开启，知识控制场景被打破，这些也在消解着新闻机构作为信息生产的“专家系统”的权威性与神秘感。“可视化”的过程因此同时是一个新闻业与社会其他信息生产主体之间的权力重构过程——新闻业是否还能继续成为定义社会现实、影响公众行动的核心力量？当然，新闻业的“可视化”未必一定带来新闻业权威的消减，很重要的一个原因在于“后台”展示可以成为媒体机构和从业者增加透明性、提升信任度的有效策略。“后台”开放究竟是增进了还是消减了专业权威？这一问题需要更多的经验分析。

① LASORSA D L，LEWIS S C，HOLTON A E. Normalizing Twitter [J]. Journalism studies，2012（1）.

我们关心新闻业权威面临的挑战并非认为固守社会信息生产必须由新闻业垄断这一观点，相反我们也赞同“市民记者”等另类信息生产主体的介入，这样有助于增强新闻的民主性与对话性。不过，由于新闻业已经形成一整套新闻范式，这套范式的精髓在于对民主和公众利益的基本承诺，以及为之服务的新闻从业者报道事实与揭示真相的基本使命、客观性的工作常规、社区自治的控制模式；那么，一旦新闻业权威易手，何种力量得以承担这些基本功能？有学者警告说，[①]一旦新闻业丧失对新闻生产和新闻定义的主导权，其他社会力量——特别是政治和商业组织可能接手，从而使受众直接从它们那里获取信息（不再经过媒体这一中介），新闻与宣传、新闻与营销之间的界限从此混淆，民主和公众利益必将因此受损。因此，我们赞同这一观点——新闻从业者的本质必须服膺新闻业的基本规范——特别是准确、公平、公正地报道事实与呈现真相，并以此服务公共利益，[②]在此基础上平台可以开放，力量可以多元。换言之，新闻或新闻工作并非只能由固定的群体完成，但必须基于这一基本承诺和基本规范去完成。

新闻业如何在新的场景下坚持这套规范是前后台边界被打破后迫切需要解决的问题。部分新闻从业者的将“前台”变“后台”的角色困惑，也反映出新闻业必须建立新的常规适应这一转换，形成新的“侧台”规范，重新稳定“前台”与“后台”的关系。目前，新闻机构已经开始建立一些常规，例如《纽约时报》在 2008 年就要求旗下记者不在 Facebook 上透露自己的政治立场，从而避免读者以此质疑记者的职业操守；美联社告诫记者一定要注意自己在社交媒体上所发的个人观点，避免自己的言论将所服务媒体置于争议的旋涡之中，并禁止属下记者在社交媒体上发布关于美联社内部运作的信息；[③]中国媒体也制定了类似的内部规章，其标志之一就是新闻从业者在其微博或博客上都贴上了“言论自负，与供职单位无关”的卷标。但这些规范的制定基本都立足于保护机构利益、规避组织风险，机构利益未必与公共利益冲突，但两者间的关系的确需要在规范制定中得到更充分讨论。

从“后台”到“前台”的“可视化”发展也与其平台有关。就中国场景而言，新媒体平台所遇到的政治监督与商业控制一直存在。因此，“可视化”的程度及影响亦不能脱离这一背景。实际上，本文提出“可视化”这一概念并非意味着新闻业的发展在新媒体环境下就是一个线性的、完全开放的过程，政经监督、组织规章约束、技术限制、个体选择等，都将使新媒体环境下的新闻业“可视化”呈现局域化、动态性特征。一方面，即便部分后台“前台化”，也始终存在更为隐秘、无法公开的“深后台”；另一方面，随着控制幅度的变化，“可见”也可能转为“不可见”，也就是说，“可视化”在打破权力结构的同时也可能强化权力控制，不应夸大新闻业“可视化”的突破意义。

最后，本文集中阐释了新媒体技术环境下新闻业前后台场景转换理论。我们相信本文的主要观点与框架——如新媒体环境下新闻业对其传统前后台界限控制的弱化、“可视化”的五个层面、多种力量共同形塑的动因、对新闻专业理念和新闻业权威的挑战、重构传受

---

① LOWREY W，ANDERSON W. The journalist behind the curtain：participatory functions on the internet and their impact on perceptions of the work of journalism[J]. Journal of computer-mediated communication，2005（3）.

② GUP T. Who's a journalist – I[J]. Media studies journal，1999（2）.

③ 张迪，韩纲 . 国际视野下的社交媒体与新闻伦理 [J]. 南方传媒研究，2011（30）.

关系，以及新的名望塑造模式等——在不同社会场景下具有普遍性，这一点也可为西方研究[①]或其他华人社会的案例所印证。但正如上文已经提到的，本文的具体分析更多的是立足于中国新闻改革的场景，从中我们更多地看到“可视化”对促进新闻专业理念生长的解放意义。将中国与其他社会场景联系起来考虑，我们认为一些结构性因素会影响新闻业“可视化”的表现和结果，包括新闻业所受政治监督的强弱、主流新闻业报道新闻和意见表达的开放程度，以及网络新媒体的发达程度等。它们不仅会影响“可视化”的总体水平，而且会影响“可视化”在不同层面的具体分布和内容，以及造成影响的主要方向。

由此，本文也列出一系列有待精细的经验研究回答的问题，例如：不同社会场景或同一社会场景下的不同部分，新闻业“可视化”的形态和内容分别如何？“可视化”的五个层面各有何侧重？当新闻业的后门开启，新闻业的权威性是增进还是消减了？公众在新媒体环境下如何定义“新闻”？是否能将新闻记者的“流动版本”视为“新闻”？新闻业的“可视化”是否能增加公众的媒介知识与媒介参与？公众心目中的“明星记者”是什么样的，其“类社会互动”如何展开？新闻业及其从业者如何看待自身的场景转换？如何定义新的常规来应对这一挑战？随着政经脉络与媒介环境的变化，“可视化”的动态过程及其影响因素如何？所有这些问题，都给新闻学研究提供了新空间。

① LASORSA D L，LEWIS S C，HOLTON A E. Normalizing Twitter [J]. Journalism studies，2012（1）.

作为市场工具的传媒公信力：新媒体技术冲击与经济下滑双重压力下中国纸媒的社会正当性困境*

王海燕　科林·斯巴克斯　黄煜

媒体公信力指的是媒体或新闻所具有的值得公众信任的属性，以及这一属性被社会大众认可的程度。它是新闻媒体与社会大众之间“签署”的一张无形的契约，是新闻媒体作为一个社会机构获得存在合理性和正当性的重要原因。而媒体之所以能够获得公信力，在于其对一系列社会角色和功能的宣称，如作为事实的告知者、权力的监督者、公共利益的代言者等；并且，媒体必须按照一定的伦理规范扮演这些公众认可和期待的角色，并发挥应有的功能，才能持续获得公信力，从而将媒体的社会正当性维持在一定水平。

在过去长期的实践和与政治、社会和经济情境的不断磨合中，新闻业围绕着公信力这个概念似乎建立起了一个相对稳定的生态系统。在这个系统中，记者作为公共利益的代言者，以专业的姿态，对事实进行客观、平衡、公正报道，获得公众信任，从而其所在的媒体成为一个社会健康运转不可或缺的机构。然而，媒体生态系统的稳定从来都是相对而言的。尤其是进入 21 世纪以来，互联网技术的冲击和随之而来的靠广告支撑的传统媒体经济模式的难以为继，这些情况进一步改变了媒体的生态环境，在方方面面重塑着新闻业。不仅“新闻”和“专业”的内涵面临着被重新定义，支撑新闻业发展的媒体经济也面临着更新模式，同时，新闻与社会和公众的关系面临着重新调适，新闻机构获得社会正当性的重要来源——公信力也面临着新境况。

本研究的目的即探究在当下传统媒体生态面临急剧变化的时刻，媒体机构在应对过程中赋予媒体公信力以何种新的理解和意涵，为何如此，如何如此，以及有何影响。

本研究建立在对媒体公信力概念的深入探讨和对国内六家报业集团的田野调研和深度访谈基础上。我们发现，在当下环境中，“公信力”是很多媒体机构在经营管理过程中考虑的中心概念，但“公信力”对媒体行为和新闻伦理的规范作用减弱，媒体管理者们一方面切实感受到媒体生态的变化，担心失去公众的信任，另一方面又主动消耗“公信力”，进行商业化开发和营销，以应对媒体的经营危机，从而媒体成为媒体社会正当性的撼动者

---

* 本文首发于《传播与社会学刊》（香港）第 43 期（2018），第 123–154 页。

而不是维护者。

本文的论述分为五个部分。第一部分是对公信力的概念以及相关研究的文献综述。第二部分阐述研究背景，试图说明当下我国新闻业面临着怎样的生态环境变化。第三部分为研究方法的介绍。第四部分具体分析媒体机构公信力营销的主要形式，以及在这一过程中产生的悖论。第五部分讨论本研究的理论贡献和现实意义，以及后续研究可以关注的课题。

一、文献综述

（一）公信力的界定

不管是在中文文献还是在英文文献中，“公信力”都是一个被广泛使用但又缺少统一定义的词汇。①

在英文文献中，“公信力”的表达包括 credibility、believability、 public trust 等。其中，最为常用的是 credibility，指的是公众对媒体的一种评价，即作为信息接收者的公众对作为信息传播者的传媒和传媒工作者的相信程度，主要是认知层面的概念，指“认知的可信度”（perceived credibility）。在这个层面上，它与可相信度（believability）、可信赖度（trustworthiness）等概念相通。② 同时，当其以形容词形式出现，组成 credible media、credible news 时，“公信力”又指媒体从业者自身的一种诉求，不仅包含着媒体从业者对于媒体社会责任的信念，而且代表着他们对新闻报道品质的实践要求。③ 此外，在提及媒体公信力时，英文文献中也常用到 public trust 一词。不过，周树华、阎岩对相关文献进行详细梳理后指出，把 public trust（of the media）称为媒体“信任”比称为媒体“公信力”更为合适，因为“信任”（trust）一词有更深的哲学意涵，可以容纳更加多元化的理论探讨，比如，“信任”有着多元的产生机制，可以基于属性、过程，或者基于制度；而媒体信任的类型也可以包括新闻内容信任（trust of news content）、新闻记者信任（trust of news reporters）和新闻机构信任（trust of news corportations）等。④

中文文献中的“公信力”概念的复杂性也不输英文文献。在中文中，“公信力”一词由三个字组成：“公”“信”“力”，直译为英文，分别对应的是：public、trust、power。而由于“力”一词具有多元语义的特点，它亦可做“能力”（capability）、“影响”（influence）或“程度”（extent）等不同理解，因此也分别赋予了“公信力”以不同的意涵。

---

① 参见：SALWEN M，STACKS D. An integrated approach to communication theory and research [M]. New York：Routledge，1996：435–456；喻国明 . 大众媒介公信力理论初探——兼论我国大众媒介公信力的现状与问题 [J]. 新闻与写作，2015（1）；周树华，阎岩 . 媒介可信度研究：起源、发展、机会与挑战 [J]. 新闻与传播学刊，2015（33）.

② 参见 MEYER P. Defining and measuring credibility of newspapers: developing an index[J]. Journalism quarterly，1988（65）；O'KEEFE D J. Persuasion：theory and research[M]. Newbury Park，CA：Sage，1996；PEW RESEARCH CENTER . News attracts most internet users：one–in–ten voters online for campaign '96[EB/OL].（1996–12–16）[2010–02–10]. http：//www. peoplepress. org/1996/12/16/news–attracts–most–internet–users/.

③ 参见 FLANAGIN A J，METZGER M J. Perceptions of internet information credibility[J]. Journalism & mass communication quarterly，2000（77）.

④ 周树华，阎岩 . 媒介可信度研究：起源、发展、机会与挑战 [J]. 新闻与传播学刊，2015（33）.

在目前的文献中，内地和香港学界多称“公信力”①，台湾学界多称“可信度”②。此外，类似“信用”“诚信”等词也常被使用，不同的词分别有各自的侧重点。台湾学者所研究的“可信度”和香港学者所研究的“公信力”多取“认知公信力”（perceived credibility）的意涵，其中的“力”主要取“程度”（extent）意涵，使用的研究方法多为受众调查。而大陆（内地）学者所研究的“公信力”，通常交织着公众认知和媒体属性两方面意涵，也即“力”取“程度”（extent）或“能力”（capability）意涵，论述的方式除了基于受众调查数据的经验分析，也有很多是对这一概念进行的思辨性的阐述。比如，喻国明认为，对于公信力的理解有“属性说”和“关系说”两种，属性说即“把大众媒介公信力视为媒介本身的一种属性，其核心是媒介的‘信用’问题”；关系说则“是将媒介公信力视为一种传播过程的产物”，表达的“更多的是媒介与受众之间的一种关系”。③江作苏、梁锋认为，公信力这个概念具有“主客体二重性”，不仅是衡量公众信任的变量，也是传媒的客观属性，是“受众和新闻媒介机构在新闻传播活动中表现出的一对关于公开、公平、客观、正义、效率、人道、责任的相互作用力——信任力和责任力”。④而沈菲、张志安认为，credibility 在中文语境中应拆分为“公信力”和“公信力评价”两个词来理解，前者指媒体表现，后者指社会对媒体的专业性评价。⑤

综合中英文文献，我们在本文中将“公信力”定义为一个复合概念，包括两个维度的意涵，一个是内向维度（internal dimension），是指媒体为获得大众信任而进行的自我规范和自我要求，具体表现为媒体机构和新闻工作者的职业伦理规范、新闻专业理念的申张、媒体社会责任的表达等；另一个是外向维度（external dimension），是指媒体向外连接社会和公众的诉求，具体表现为媒体被社会评价的方式和被大众信任的程度。

（二）关于公信力的研究

公信力与一个社会的信息健康密切相关，因此从 20 世纪中期以来，关于媒体公信力的研究就在全世界范围内展开，不仅在北美、欧洲，而且在中国内地（大陆）、香港和台湾，公信力都是学者们热议的话题。总体而言，相关研究主要可归纳为两脉，一脉是从新闻实践角度对有公信力的媒体和报道应该具备的特征进行探讨，一脉是从公众评价角度对媒体公信力进行测量和比较。这两脉研究分别对应的正是上文所定义的公信力概念的内向和外向两个维度。

从媒体报道特征角度，美国学者 Jacobson 的早期研究指出，具有公信力的报道至少应包括真实性（authenticity）和客观性（objectivity）两个方面。⑥美国报纸编辑协会 1985 年提出的八大要素更是被学界和业界广泛采纳，认为一个令公众信任的媒体应该公平，不偏不倚，完整报道，正确，尊重他人隐私，注重他人利益，报道事实，有经过良好训练的记

---

① 喻国明 . 大众媒介公信力理论初探——兼论我国大众媒介公信力的现状与问题 [J]. 新闻与写作，2015（1）.

② 罗文辉，林文琪，牛隆光，等 . 媒介依赖与媒介使用对选举新闻可信度的影响：五种媒介的比较 [J]. 新闻学研究，2003（74）.

③ 喻国明 . 大众媒介公信力理论初探——兼论我国大众媒介公信力的现状与问题 [J]. 新闻与写作，2015（1）.

④ 江作苏，梁锋 . 媒介公信力研究概述 [J]. 新闻战线，2009（12）.

⑤ 沈菲，张志安 . 媒介公信力再探：公信力评价个人层面效果分析 [J]. 新闻大学，2012（6）.

⑥ JACOBSON H K. Mass media believability：a study of receiver judgments[J]. Journalism quarterly，1969（46）.

者。[①]加奇诺（Gaziano）和麦格拉斯（McGrath）进一步补充，有公信力的媒体不仅要正确、公平、尊重隐私，同时还应该体现社会关切。[②]从社会评价的角度，学者的话题聚焦于对不同媒体形态以及不同历史时期的传媒公信力的公众认知进行监测和调研。这些研究，虽然结论各有不同，但是大体描述了这样一幅图景。（1）从媒介形态上来看，在电视媒体与印刷媒体之间比较的话，公众对前者的公信力评价普遍高于后者；[③]而网络新媒体与包括电视和纸媒在内的传统媒体比较的话，公众对前者的公信力评价普遍低于后者，[④]不过随着新媒体渗透的深入，网络媒体与传统媒体之间的公信力评价的差距在缩小。[⑤]（2）从时间长度上来看，新闻媒体的可信度在最近几十年呈总体下降趋势。张（Zhang）和郝（Hao）基于1973—1993年美国媒体公信力调查的数据指出，在这20年间美国报纸和电视的公信力都呈现从高到低的明显下降趋势；[⑥]皮尤中心的调研也显示，美国民众对新闻媒体总体表现的负面评价在上升，2011年在其测量的12个指标上有9个破了历史新低。[⑦]台湾的调查显示，台湾民众对"新闻记者"的不信任感在2002年有53.8%，而到2013年上升到了58.6%。[⑧]

在现有研究中，基于统一标准的传媒公信力跨国比较研究较为缺乏，因此要对不同国家和地区进行严谨的横向比较有些困难。但是，从零星的调研数据我们可以看到，我国内地（大陆）民众对于媒体的信任度要远高于上述国家和地区，民众对于媒体"完全信任"和"基本信任"的比例普遍达到八成以上，而对中央电视台、人民日报社这样的全国性政府喉舌类媒体，民众的信任度甚至高达九成以上。[⑨]究其原因，这与我国的媒体体制、媒体被定义为党和政府的"耳目喉舌"的属性，以及我国的文化特点和信任产生过程、机制不无关系。[⑩]

（三）公信力与新闻业

公信力是新闻业建立自身伦理规范的参照，也是新闻业连接社会和公众的纽带。对于媒体机构和新闻工作者来说，公信力的重要性毋庸置疑，可谓其安身立命之本，是其建立专业权威、获得社会正当性的重要因素。从这个角度来说，公信力是规范新闻理论的核心

① ASNE. Newspaper credibility：building reader trust[M]. Washington，DC：ASNE.，1985.

② GAZIANO C，MCGRATH K. Measuring the concept of credibility[J]. Journalism quarterly，1986（63）.

③ ABEL J D，WIRTH M O. Newspaper vs. TV credibility for local news[J]. Journalism quarterly，1977（54）；CARTER R，GREENBERG B. Newspapers or television：which do you believe？[J]. Journalism quarterly，1965（42）；GAZIANO C，MCGRATH K. Measuring the concept of credibility[J]. Journalism quarterly，1986（63）；MAJOR A M，WOOD L E. Changes in media credibility when a predicted disaster doesn't happen[J]. Journalism quarterly，1997（74）.

④ PEW RESEARCH CENTER. News attracts most internet users：one-in-ten voters online for campaign'96[EB/OL]. (1996-12-16)[2010-02-10]. http：//www. peoplepress. org/1996/12/16/news-attracts-most-internet-users/.

⑤ JOHNSON T J，KAYE B K. Cruising is believing？comparing the internet and traditional sources on media credibility measures[J]. Journalism & mass communication quarterly，1998（75）.

⑥ 资料来源：*Television Credibility Revisited: a Longitudinal Study*（AEJMC conference papers，Washington，D.C.，1995）。

⑦ PEW RESEARCH CENTER. Press widely criticized，but trusted more than other information sources[EB/OL].（2011-09-22）[2011-10-20]. http：//www. peoplepress. org/2011/09/22/press-widely-criticized-but-trusted-more-thanother-institutions/.

⑧ 苏衡，吴堂靖，张慈安，等．台湾新闻媒体公信力研究[M]. 台北：台湾媒体观察教育基金会，2015.

⑨ 喻国明．中国大众媒介的传播效果与公信力研究[M]. 北京：经济科学出版社，2009.

⑩ 周树华，阎岩．媒介可信度研究：起源、发展、机会与挑战[J]. 新闻与传播学刊，2015（33）.

概念。

公信力直接指向的是新闻专业理念（professionalism）和边界工作（boundary work）的命题。虽然关于新闻是否构成一个专业，学界一直争论不断，但大部分学者都认为新闻至少是一种“类专业”（semi- profession），具备一定的专业性，并存在相对稳定的边界，而这很大程度上来自公众的认可和授权。①因为不同于律师、医生等典型专业，新闻这一行业并没有严格的执照制度控制，接受专业新闻教育并不是成为记者的必要条件，获得记者证也并非进入这个行业的必须门槛，其权威的获得、专业地位的建立和社会正当性的来源主要靠社会共识的达成。如 Ward 所说，记者和媒体机构与其面向的公众群体之间存在一种“无形的契约”。②

这一新闻规范理论试图建构这样的图景：新闻向公众提供关于社会现实的真实、可信、平衡、公正的报道和解读，公众报之以注意力、信任度以及最为现实的购买和阅听行动，新闻业得以存在于一个相对稳定的生态系统中。然而，这一平衡即使在新闻业最健康的时期，或 Hallin 所称的新闻专业理念的“现代主义盛世”时期也屡屡罹难，在当下社会更是面临困境。③

同时更加不可忽视的是，不少研究已经切实指出，虽然在规范新闻理论的视域中，新闻媒体更多的是被当作一个公共服务部门，但在具体实践中，新闻媒体同时也是一个做生意的部门。同时作为公共服务部门和做生意部门存在的媒体本身就存在着固有的内在矛盾，这使得其始终处在服务于“他利性”的公共利益与服务于“自利性”的企业利益的冲突中。④

如果说在媒体的生态系统处于相对平衡状态时，这种矛盾和冲突尚是隐性的、可控的，那么当系统的平衡受到威胁之时，尤其是在报业危机论甚嚣尘上的当下，这一矛盾和利益冲突进一步加剧，生意经营逻辑凌驾于公共服务逻辑之上的情况经常发生。⑤皮尤中心发布的 2004 年调研报告曾指出，66% 的美国记者认为市场压力和对利润的追求是伤害新闻质量的主因，该报告还引用了一位媒体机构副总裁的话：“新闻运作现在越来越像生意运作……虽然新闻以前也一直与生意脱不开干系，但现在生意越来越成为新闻日常运作中的主要考量因素。”⑥而在这一过程中，媒体因践行社会责任和服务公共利益所获得的名望、树立的品牌、积累的声誉等被认为是最重要和最有效的资本和经营性资源。⑦也就是说，传媒公信力，这一本来支撑媒体公共服务理想的支柱，在传媒生态环境发生变化，尤其是经营危机出现的时候会更为显性地成为媒体谋求自身经济利益的手段。

---

① CARLSON M. The many boundaries of journalism[M]//CARLSON M ，LEWIS S C.Boundaries of journalism：professionalism，practices and participation. NY：Routledge，2015.

② WARD S J A. Philosophical foundations for global journalism ethics[J]. Journal of mass media ethics，2005（1）.

③ HALLIN D. Commercialism and professionalism in the American news media[M]//CURRAN J，GUREVITCH M. Mass media and society. London：Arnold，2000：218-238.

④ DAVIS C，CRAFT S. New media synergy：emergence of institutional conflicts of internet[J]. Journal of mass media ethics，2000（4）.

⑤ SILES I，BOCZKOWSKI P J. Making sense of the newspaper crisis：a critical assessment of existing research and an agenda for future work[J]. New media and society，2012（8）.

⑥ GEARY D L. The decline of media credibility and its impact on public relations[J]. Public relations quarterly，2005（3）.

⑦ DEEPHOUSE D L. Media reputation as a strategic resource：an integration of mass communication and resource-based theories[J]. Journal of management，2000（6）；KLEWES J，WRESCHNOIK R. Reputation capital：building and maintaining trust in the 21st century[M]. London：Springer，2009.

二、研究目的、背景和问题

如上所述，作为维系媒体核心价值和伦理的支柱，公信力在传媒生态系统平衡遭遇破坏的时刻，因媒体本身固有的服务于社会还是服务于市场的矛盾，极易成为媒体的显性的营销工具。但是公信力究竟如何被当作营销工具来使用？现有中英文文献中的具体研究都非常缺乏。本文的目的正在于从经验性研究角度补充这一缺失。本研究具体聚焦的是我国国内媒体，其当下正处在这样一个生态平衡被打破的时刻，这为我们研究媒体公信力的市场化运作提供了绝佳的观察窗口。

虽然我国媒体因其特殊的政治特点与其他国家或地区媒体有着诸多迥异之处，但是在面临新媒体技术冲击时，其遭遇的困境与全球媒体相似。新媒体的到来不仅仅意味着技术手段的变化，新闻生产方式、呈现方式和接受方式的变化，还意味着新闻业所在的生态环境也相应地发生了变化。而以报纸为代表的传统媒体，在面对新媒体技术冲击时，其赖以生存的传统的经济模式发生了动摇，甚至垮塌。相关数据显示，我国媒体广告收入的拐点出现在 2011 年，发行量拐点出现在 2012 年。国家新闻出版广电总局（现为国家广播电视总局）的报告显示，从 2012 年以来，国内报纸的零售市场连年出现下跌，2012 年全国跌幅 3.09%，2013 年达 10.83%，2014 年达到 15%；而进入 2015 年以来，全年报业总体广告收入同比下降幅度高达 35%。[①]GAPP 在发布报告时，毫不讳言我国报业面临“全方位深度下滑”，而社会科学文献出版社出版的《中国传媒产业发展报告（2015）》中称纸媒正在“断崖式下滑”[②]。

这一状况对新闻的影响是深远的。过往研究显示，遭遇经济困难的媒体要比未经历经济困难的媒体更易面临服务于公共利益还是服务于商业利益的矛盾，并在操作上更倾向于后者。[③] 现在新闻生产方面，报业经济的下滑给媒体带来了更为严重的广告商压力，媒体妥协的结果往往是广告内容与新闻内容之间界限变得模糊。[④] 学者曾指出的营销型信息、广告型新闻、商品植入、公关型新闻的极速增多均与此有关。

同时，处在新闻生产两端的记者和公众群体也发生了变化。在记者一端，相关研究显示，当媒体机构面临既有的商业模式难以为继时，其在新闻制作和人力资源投入方面均收紧，这让很多人感到难以适应，[⑤] 记者的职业倦怠感越来越强。[⑥] 同时，就公众一端而言，在互联网崛起的环境下，点击量、粉丝量成了支配性指标，新闻的商业化趋势更加突出，

---

① 资料来源：中国书籍出版社于 2010 到 2016 年间出版的《中国新闻出版统计资料汇编》。

② 崔保国 . 中国传媒产业发展报告（2015）[M]. 北京：社会科学文献出版社，2015.

③ AN S，BERGEN L. Advertiser pressure on daily newspapers：a survey of advertising sales executives [J]. Journal of advertising，2007(2)；SOLEY L C，CRAIG R L. Advertiser pressures on newspapers：a survey [J]. Journal of advertising，1992(4).

④ PEELER L，GUTHRIE J. Advertising and editorial content：laws，ethics，and market forces[J]. Journal of mass media ethics，2007（4）.

⑤ 参见 MEYER P. Defining and measuring credibility of newspapers：developing an index [J]. Journalism quarterly，1988（65）；GADE P J. Journalism guardians in a time of great change：newspaper editors' perceived influence in integrated news organizations [J]. Journalism & mass communication quarterly，2008（2）.

⑥ REINARDY S. Newspaper journalism in crisis：burnout on the rise，eroding young journalists' career commitment [J]. Journalism，2011（1）.

新闻经历着如 Hallin 所说的从公民模式到消费者模式的转变，[①] 同时，原来的“公众”变成了现在的“用户”，新闻与公众之间的关系也更深地偏离了公共服务的理想状态，而被市场交易的逻辑所垄断。

基于此，围绕“公信力”这个概念，本文提出两个具体的研究问题。

1. “公信力”的市场化在我国媒体是如何体现的？其实现途径主要有哪些？

2. 不同媒体的实现途径存在什么样的差异？尤其是市场化媒体与党报之间，以及不同经济状况媒体之间分别有何不同？

三、研究方法

本文主要采用的研究方法是田野调研和深度访谈。基于我国报业集团的现有层次（全国性媒体、地方性媒体）、地域分布（经济发达地区，如东部沿海省份；经济欠发达地区，如中西部省份）和报纸类型（党报和市场报），从 2016 年年初至 2017 年年初，笔者采用分层抽样的方法选择 6 家报业集团（报社）进行调研，在每家报业集团（报社）调研两份报纸，党报和市场报各一份，采访对象包括报社管理层、经营部门和一线采编人员，访问对象总计 92 人。

在访问进行之前，笔者均向访问对象解释了此次调研的目的，并被允许采访、录音或引用。出于研究伦理的考虑，本文对被访者及其机构统一匿名处理，分别以内陆 A 报、B 报、C 报、D 报等，以及沿海 R 报、S 报、P 报、Q 报等指代所访问的媒体机构；而访问对象分别被编号为 A1、A2、A3……B1、B2、B3 ……R1、R2、R3……以此类推。所访问媒体的类别、人数和编码方式见表 2-4。

此外，资料研究是本文的辅助研究方法。笔者在每次访谈之前和之后都通过数据库和公开网络资源搜集访问对象及其所在媒体的相关资料，包括行业杂志上刊登的文章，微信公众号文章，采访对象的公开演讲、公开撰文，媒体访问文章等。对这些内容的搜集不仅提高了深度访谈的效率和笔者的敏感度，而且也为受固定时间和固定空间限制的深度访谈提供了富有延伸性的信息补充。

四、媒体机构公信力营销

伴随着新媒体的崛起及相应的技术、社会和文化环境的变化，加之近年来我国经济增长速度总体放缓，媒体机构陷入了自 20 世纪 90 年代媒体改革以来最严重的经济困境。笔者访问的六家报业集团，每一家都遭遇了整体营收的大幅下滑，主要体现在报纸的广告收入上。相对于高峰时期，这些报业集团广告收入下滑幅度最小的有一成，而最大的下滑幅度达五成以上，比“腰斩”更为严重。广告收入下滑幅度的大小与两个因素有关：一是地域，位处沿海经济发达地区（同时也是互联网渗透率更高的地区）的报业集团，普遍比位于内陆经济欠发达地区（同时也是互联网渗透率略低的地区）的报业集团下滑的幅度大；

---

① HALLIN D. Commercialism and professionalism in the American news media[M]//CURRAN J，GUREVITCH M. Mass media and society. London：Arnold，2000：218-238.

二是对市场报的依赖程度，越依赖市场报广告收入的报业集团，总体广告收入下滑的幅度越大，而在党报收入占比高的报业集团，总体广告收入下滑的幅度会相对较小。在笔者访问的这六家报业集团中，几乎每一家都呈现两种不同的经济状况：集团的党报收入岿然不动甚至略有增长，而集团的市场报收入屡创低点。

表 2-4　访问的媒体类别、编码和人数

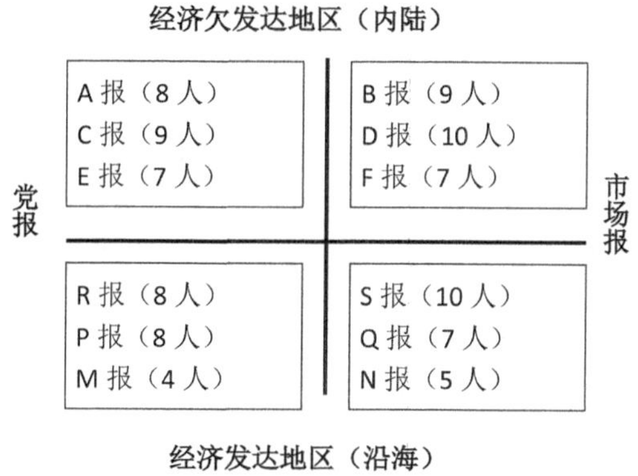

（注：A 报与 B 报、C 报与 D 报、E 报与 F 报、R 报与 S 报、P 报与 Q 报、M 报与 N 报分别为同属一家报业集团的党报和市场报）

同时，我们的调研显示，处在新媒体技术冲击和经济下滑压力下的当下，我国媒体一方面普遍感到受众群体的变化，担心失去公众信任，意识到保持和建设公信力对自身生存非常重要；另一方面，公信力又被很多媒体管理者视为目前其手中最重要的可支配资源，倾向于对公信力的市场潜力进行挖掘，将其作为一种营销工具来使用，以图挽救媒体的经营性危机。

具体来说，我们将媒体机构的公信力营销归纳为三种主要形式，即组织架构的市场化、收入来源的公关化、采编角色的经营化。

（一）组织架构的市场化

为了应对新媒体技术挑战和传统媒体经济下滑态势，我国报业集团的内部组织架构在主动、悄然地发生着变化。这些变化首先体现在新媒体部门的设立上，几乎每一家报业集团都在原有的采访、编辑、广告、行政等传统部门之外增设了“新媒体中心”“新媒体部”“融合媒体部”之类的部门，而且这些部门有不断扩张之势。但与此同时，很多报社也在对其原有的采编和经营部门进行重组和改造。如果说设置新媒体部门主要是为了应对技术环境变化的话，那么对传统的采编和经营部门的调整则是直面经济困境的措施，而且这些措施旨在使媒体机构更全面、更便利地将媒体公信力营销出去，从而实现其市场价值。这一趋势在经济状况更为窘迫的市场化媒体中表现得更为突出；同时，相对于内陆媒体来说，广告、发行等经济指标下滑得更多更快的沿海地区市场化报纸表现得更为明显。

内陆市场化报纸 B 报，有一个新增设的部门叫“项目部”。“项目部”成立的背景是该报经营困难，传统硬广日渐减少。因此，通过“项目部”的成立，该报希望盘活资源，将报社部分板块的采编和经营合并起来，从而让新闻和广告同步进行。该部门的负责人 B6 如此解释：

我们这是刚刚组建的部门，你来这里可能已经看到了，办公环境还比较乱，我们其实刚刚才换到这个办公室。现在我们总共有 14 个人，分为房产项目组、餐饮旅游项目组、金融项目组、汽车项目组。我们既做内容，也做广告，主要目的是营收。现在其实感觉就像承包田地一样，我们承包这些版面，自营自收，给报社交“租金”，报社给我们下达了一年一千多万广告收入的任务，就是说，包了这些地就要有这些收成，我们现在愁的是怎么做出这一千多万。

这位负责人用“承包”来形容他所主持的这个新部门与报社的关系，体现了部门调整带来的工作方式的变化。项目部的员工，大部分都是从原来的记者、编辑岗位调过来的，B6 本人在来这个部门之前，从事了很长时间的新闻编辑，而其他人有的来自副刊类部门，有的来自地方记者站，有的来自新闻部门。不管原来背景如何，来到这个部门，他们都被要求“能采能编，还一定要会做经营”，因为这个部门生存的方式如 B6 所说，是“让经营和版面充分结合，做新闻不是我们的最终目的”。至于如何结合，该部门一位编辑 B7 以当天的房地产版为例向笔者解释：

今天我们做的是 ×× 地产的广告，半版广告再配半版报道，报道主题是一个区的市政规划和分析，里面你看不到 ×× 地产，我们不提名字，但是如果你是这个地方的人你就知道 ×× 地产这个项目就在这个区，而且是近期那里开卖的最大的一个楼盘，是标志性的地产项目。所以，我们做这个报道之前就会去找该地产企业商谈，说我们要做这样的一个新闻，它自然会给我们投放相应的广告，所以我们就用这半版报道带起了半版广告，这是一个巧妙的结合。

类似的市场化策略在其他媒体也不鲜见。与 B 报做法相同，D 报也新近成立了类似部门，该部门共有员工约 30 人，规模比 B 报“项目部”大，员工也都是从原先的采编部门抽调而来，之前并无经营经验。该部门的负责人 D5 原来是该报一名资深记者，如今被报社委派了这个新任务，带领一群人“探索怎么让新闻与营销有效地结合起来”。他选择的方式是“做活动”，比如春季组织全市居民进行“最美庭院”的评比活动，三八妇女节期间组织“最美妈妈”评比，高考期间组织“大学博览会”，还有常年不断的“车展”“房展”等。在这位负责人看来，这些活动的组织，一方面迎合了市民的生活需求（比如“大学博览会”让考生和家长获得了丰富的大学招生信息）；另一方面给予了商家展示产品的机会（比如通过“最美庭院”的评比植入园艺、家居产品广告）；也一定程度上配合了政府的工作重点（比如“最美妈妈”评选体现了政府目前正在倡导的“社会主义核心价值观”教育）。因此，他认为迄今为止他这个部门所做的“活动”都算是“成功”的，而成功之处就在于他们将报纸的公信力营销了出去，获得了社会效益和经济效益的双赢。

之所以我们做这些活动能成功，是因为我们是本市影响力最大的报纸。我们手头掌握的资源是市民对我们的信任，而这个正好就是现在一些商家所需要的。我们通过组织这些活动，等于搭了一个台子，让商家与市民对接。我们用我们报纸的名义去做这些活动，跟一些市面上的广告公司去做，效果是不一样的。我们报纸最大的优势是公信力，市民会认为从我们这里出来的东西不会有假，是有信誉保障的，而且即使万一出了什么问题，市民也认为我们报纸是能为他们维权的，而一个普通的广告公司做不到这些。

从 D5 的这番讲述中，我们可以管窥到市场、媒体与大众之间围绕公信力所进行的某种博弈。市场借助媒体的公信力扩大自身影响力，媒体借助公信力获取利润，大众因媒体的公信力而对市场报以信任，三者仰赖于公信力而联结到一起。但是，D5 的讲述也显示出，一方面，媒体人深知公信力乃媒体与市场、大众联结的桥梁，也是媒体在市场、大众面前的价值所在；另一方面，媒体人视这种桥接为实现利润而非实现公共服务的方式。也正因为此，媒体人对媒体的定位是以广告公司而非规范意义上的社会雷达或舆论监督工具为类比对象和参照物的。

在经济形势更为严峻的 S 报，这一市场化调整策略则更加深入。作为一家市场化媒体，S 报从 2014 年以来广告和发行均遭遇重创，为了求生存，该报不得不进行内部组织结构的调整，试行采编与经营合一的运作方式。与 B 报、D 报一样，首先进行合一化运作的是房地产、汽车、旅游等一向与广告衔接密切的领域，每个领域成立一个纵向的部门，将编辑、记者、广告、经营、行政等人员统一划归其中，新闻、广告、创收统一管理，操作方式与 B 报、D 报类似。在这样试行了一段时间之后，该报发现效果还可以，于是进一步尝试扩大采编与经营合一化运作的范围，将其延伸至传统新闻领域，比如教育新闻、医疗和公共卫生新闻等。该报一位访问对象 S2 说，虽然报社内部对于合一化运作有不同意见，但是考虑到目前的经济困境，这也是“不得不为”的权宜之计。

不难看出，所谓“合一化”调整的背后是报社对“生存”的忧虑。媒体人认识到，似乎只有这样才能最便捷、最直接地对接市场，尽管意识到了采编与经营分离的传统新闻伦理的重要性，但在巨大的生存危机面前，最终他们还是接受了将调整的触角延伸到传统的“硬新闻”领域。这种运作策略的背后，也是基于对媒体公信力作为可变现资源的认识。如该访问对象所言，跑“硬新闻”的记者其实比起纯粹的经营人员更有优势，因为在他们手中，上有接近政府机关和公权力的机会，下有普通民众的信任，如果他们经营一下手头的资源，还是能为报社带来一些切实的收益的。同时，在 S2 看来，“在目前这样的大势面前，这也是对报社负责的表现”。显然，在他的说法中，记者要负的责任不是规范新闻理论中所指的“利他性”的社会责任，而是对其服务的媒体机构的“利我性”的经济利益追求的责任。此责任与彼责任的混淆正是该报对组织架构进行市场化调整的结果之一，导致采编与经营之间的防火墙模糊甚至被拆除，公信力从目的和依托成为工具和手段，为新的报业盈利方式的实现创造了空间。

（二）收入来源的公关化

与组织架构调整密切相关的是新收入来源的开掘，方式不再是以往那样媒体坐等广告商上门，而是以公信力为依托，媒体更加主动地针对手握资源的政府或商业机构展开公关。

收入来源公关化的第一个对象是政府。尽管规范理论视野下的新闻伦理素来强调媒体恪守行业独立的必要性，但我国媒体一向与政府关系紧密，再加上广告形势今非昔比，政府成为媒体的公关对象也便不足为奇了。

对黄金时期的国内报业集团来说，当之无愧的广告金主是房地产企业、汽车企业。但如今，且不说房地产企业、汽车企业本身的广告投放需求在减少，即使有广告投放，它们优先考虑的平台也变成了网络。在这种情况下，很多媒体不得不转向政府寻觅商机，如沿海地区的 P 报业集团一位经营部门负责人 P3 所说：“我们现在对政府广告这一块期望很高，现在商业广告都靠不住，政府的钱才是稳定的。”

在政务广告上，处在不同地区和不同经济形势中的媒体的态度并无太大区别，而且，不管是党报还是市场报都同样重视这一块。尽管如此，凭借自身的特殊地位，党报往往比市场报更“成功”。它们之所以寄希望于政府的广告投放机会，一个原因是它们认为自己所拥有的公信力为政府机构所看重，也是地方政府需要的资源，从而公信力成为可以交换的商品，成为媒体的利益之源。比如，内陆的C报报业集团明确表示将政务广告作为新的经济增长点来培植，并将这一策略同时贯彻于其旗下的党报和市场报。该集团的一位负责人C4这样说：

我们报纸有很好的品牌资源，这就是我们的影响力。利用这个资源，我们搞了好几次全媒体采访，（本省下属的）主要地、市都走了一圈，报道了一圈。我们每到一个地方就跟当地的党政负责人说，“我们可以给你做好报道，把你这个地方的形象通过我们的党报、市场报、网络、客户端、微信等各个渠道进行全方位展示，在报道之余，你再投放一些形象广告，我们可以这样合作”。他们一般也都很欢迎这样的合作。

与地方党政机构的这种合作在该报业集团已经成为一种有效的经济模式。到现在为止，该报已经与20多个县、市、区开展了合作，利润效果显著。而这样的合作之所以可行，也是因为地方政府部门有强烈的政务广告的刊登需求。政务广告增长同样快速的内陆A报报业集团，一位经营人员A4的看法很有代表性：

我们政务广告增长的主要原因，是基层各地政府需要向上级党委传递一些信息，或者是表态，或者是汇报，那么党报实际上就是做这个事情的很好的平台。

当然，在同一集团内部，不同性质的报纸对政务广告的吸引力是不同的，党报的优势要明显强于市场报，正如一位编辑M6所说，“党报是每天直接送到各级党政一把手办公桌上的报纸，市场报通常没有这种机会”。而各级地方政府最在意的就是上级一把手对自己业绩的关注。因此，党报在这方面优势明显，而市场报则不占优势。但这并不意味着市场报会放弃政务广告。沿海市场报Q报的一位经营人员Q5说，市场化媒体开拓政务广告市场在于其在过去报业黄金时期积累的公众信任，借助这一被公众信任的媒体平台，政府的信息可以更加有效地到达群众之中，而这给予了市场化媒体与政府协商广告投放的筹码。他说：

说实话，市场化媒体以前做报道是得罪了很多政府部门的。但是媒体手上的确有一些东西是它们想要的，这就是我们在普通市民心中的影响力。媒体是写报道的，总会有点威慑，做得好的我表扬你，做得不好的我监督你。政府部门也很聪明，它希望你尽可能多地表扬它，尽可能少地监督它。所以它不能不跟你搞好关系。

当然，政务广告只是媒体开拓新经济来源的一个方面。在此之外，媒体关注的第二个对象是所谓的“非报产业”。目前对很多报业集团来说，报纸的广告收入已不是其经济支柱，提供经济支持的是媒体机构所称的“非报产业收入”或“副业”。但与“主业”相同的是，取得“副业”收入也需要仰赖报纸公信力。

内陆A报集团一个引人注目的“非报产业”是电子商务。该报负责人称这项业务开展得很成功，每年能为报社带来可观的收入。谈起为何能够开办这样一个看上去跟报业没有关联的公司，该报业集团一名访问对象A6说，这跟报社的“特殊资源”分不开，而这个特殊资源就是报社的口碑。

现在我们报社应该说在这个城市的影响力还可以，就是说我们的口碑还不错，借助这个口碑，我们一方面能够跟商家谈，你进入我这个平台可以，但我要对你的服务提出要求，你要规范运营，包括你的服务流程、收费标准、售后等，你必须是良心企业，跟报社的形象相匹配。而顾客，他到报社经营的平台买东西他也放心，他知道如果出现投诉的话，报社是要来解决的，除了退货赔偿，我们还是媒体，绝对不会让用户有损失。

虽然电商公司不是报社，但是以报社名义开办的电商公司却可以分享报社所拥有的社会信誉，用 A5 的话说，这是“报社的影响力的延伸”。同样的逻辑，更多的报业机构在开拓物流、旅游、家居等与城市生活服务有关的“副业”，方式略有不同，但同样也是对报纸多年来所积累的公信力的一种变现。沿海市场化报纸 Q 报的一位高层 Q7 认为，现在的报纸尤其是都市报，做新闻很难赢利，必须转向，方向之一是做城市服务。在他看来，报纸做服务有报社的公信力做背书，有其他纯商业机构所没有的优势：“老百姓的家门，你一般人敲他不开的，但是你说 ×× 报来了，他会开门的，别人他不信，但是我们他可以相信。这是我们最好的资源。”

不难看出，在经济下滑的形势下，报业机构的普遍性选择是逐渐从“做新闻”的机构转向“做公关”的机构，逐渐从做好“主业”转向做多面向的“副业”；管理的思维不再是社会效益优先，而是经济效益优先；主要处理的关系不再是与“公众”的关系，而是与“客户”的关系。而在这一转变中，报业机构不管是在意识层面还是在实践层面，牢牢抓住的都是媒体机构所拥有的“特殊资源”，即公信力，它们以此作为背书来实现一系列的转向。

（三）采编角色的经营化

为了顺利实现公信力营销，许多媒体机构在重新架构内部组织结构、转换管理思路之外，也在逐步推动采编人员角色的经营化调整。

尽管不同媒介体系中新闻规范的内涵不一而足，但共识较强的一点是，采编与经营之间应有一道防火墙，越厚实越好，越能保证新闻运作的自治性。但在报业经济下滑的当下，这道防火墙面临的不是厚实不厚实的问题，而是有与无的问题，因为采编工作者正在逐渐吸纳经营性角色，甚至向其彻底转向，两个角色之间的界限变得越来越模糊。

我们在调研中发现，这种采编角色与经营角色之间界限的模糊程度在市场报甚于党报，在经济形势差的媒体甚于经济形势稍好的媒体。而推进这种界限模糊化的动力，既来自媒体高层管理者自上而下的策略性要求，也来自采编人员自身主动的配合调整。

沿海市场报 S 报，伴随着采编和经营合一化的组织结构调整，该报管理层明确提出希望采编团队的“潜能”能被激发起来，而这个潜能的一个重要方面是“创收潜能”。该报一位高层受访人 S3 认为，记者工作应该被更宽泛地定义为“内容提供者”或“文本提供者”，而不是狭义的“新闻提供者”，而“内容”或“文本”可以是新闻，也可以是广告或营销方案。他认为，在当下环境中当记者应该有这样的弹性，为了与报社同舟共济渡过经济难关，他们做新闻报道、做文案策划或者做公关游说，都应该能够适应。

现在当记者不这样不行，这是没有办法的办法，因为现在不景气，报社没有版面发稿，如果不通过这个办法，工资都发不出来，现在做记者不能太理想化。

在要求记者不要“太理想化”的同时，一些记者也被要求向采编与经营结合的方向“转型”。位处经济发达地区的市场报 N 报的一位经营负责人 N5 称，最近他们成功吸纳了该报一位知名记者加入营销队伍，该记者对外仍称“N 报高级记者”，但在内部，写稿已经不是他的主要任务，他的主要任务是“创收性新闻策划”。这位负责人对该记者的转型表示很满意："因为他长期跑政府口，比较了解大政方针和领导意图，一些策划方案做起来得心应手。最近他出手了一些项目，大家一致觉得效果很好。"

在管理层看来，最好的记者同时也应是好公关，或者如一位访问对象 D2 所言，"现在报社要的是有用的记者"，而"有用"指的不是社会之用，而是功利之用。

做一个有用的记者，就是说他做的事情要符合现在报社的需要，他带来的价值不仅仅是把信息拿来报社，报社再拿来告诉公众，这种方式已经过时了，现在他要能够整合资源，给报社带来收益，所以现在我们要求记者成为一个综合型人才。

不过，经营角色与采编角色之间的认同冲突也在所难免，很多媒体过去一直强调的是采编为先、为本，如今却走向经营为先、为本，转变的过程难免伴随着抵抗。很多记者发现难以适应经营的要求，在理念上也并不认同介入经营类工作。一些记者在这一行业中也不再能够获得职业自豪感和价值实现感。内陆一位报社记者曾经负责该报的一个访谈栏目，借助这个栏目，他得到了很多职业荣誉。但是，他坦言最近一年来已经几乎不写稿了，原因在于在目前的环境下，他无法按照自己的职业标准来写稿，对他所主持的栏目也失去了自主权，访谈谁、怎么访谈不是由他说了算，而是遵循报社的统筹需要，而报社通常要求其配合经营任务来做一些与潜在广告客户的访谈，而这不是他感兴趣的。

五、讨论与结论

Blumler认为，新闻业一直靠两条腿支撑前行，一条是经济层面的"存在性的腿"(viability leg)，一条是社会层面的"公民性的腿"（civic leg）。[①] 那么，作为维系新闻业核心价值和伦理规范的力量，公信力可谓是新闻业的公民性支柱，至少在规范新闻理论的视域中如此。但是在现实中，新闻媒体承担着多重社会角色，它既是一个经济性的盈利机构，也是一个公共性的服务机构；前者要求它服务于利己性的企业利益，后者要求它服务于利他性的社会利益。这种双重角色的同时存在不可避免地置新闻业于固有的内在矛盾中，使得新闻业在运作过程中面临着这两种利益之间冲突的日常化、结构化。而随着新媒体的夹击，这种冲突在媒体现实运作中表现得更为尖锐、突出。也正是在这种角色冲突的大背景下，营销公信力成为中国媒体机构的惯常策略。如果说在媒体经济健康发展、媒体生态系统相对稳定的时候，公信力营销尚只是"潜规则"的话，那么当媒体经济出现较大危机、媒体生态平衡难以为继的时候，公信力营销就不再是"潜规则"，而是成为媒体运作中的显性的、公开的"明规则"。本文基于对六家媒体机构进行的田野调研和深度访谈发现，媒体机构实现公信力营销的策略是一个全方位、大范围、系统性的工程，涉及从管理层到普通编辑记者、从理念价值到日常实践各方面的改造，包含组织架构的市场化、收入来源的公关化、采编角色的经营化等多个层次。

这种公信力营销策略的盛行，一方面说明在新形势下媒体的商业性与公共性的内在固有矛盾日益难以调和，"利己性"的经济利益服务和"利他性"的公众利益服务之间的冲突愈加明显；另一方面也说明我国传统媒体在面对网络媒体勃兴时对其立身之本的"公信

① BLUMLER J G. Forward：the two-legged crisis of journalism[J]. Journalism practice，2010（3）.

力”进行商业化运用的倾向愈加严重。这种公信力营销策略也许能缓解当前危机，但长远来看，可能陷媒体于更深的困境中，使媒体的社会正当性从根本上受到挑战。

同时，公信力营销现象不应被孤立地解读，对当下传媒转型的大命题来说，它有着多方面的意涵。首先，它昭示着新闻媒体的专业追求在发生转变，商业性压倒公共性，公共性日益退居其次并成为商业性追求的手段与工具；其次，它昭示着新闻媒体对自身社会角色定位的改变，它们不再视传统的“社会雷达”“舆论工具”一类的角色定位为当然，而代之以将自身比作公关公司、中介公司一类的商业服务机构；再次，它昭示着新闻媒体话语的转变，专业话语日益为“客户”“经营”“资源”一类的商业性话语所取代；最后，它也从另一层面昭示，当下的“报业危机”不能被简单地理解为报业经济危机，更应被理解为更深层次的新闻机构作为不可或缺的社会机构的正当性危机。

第三篇

新闻记者转型

新媒体环境下中国调查记者行业生态变化报告*

张志安　曹艳辉

一、研究缘起

通常，调查记者被视为新闻从业者队伍中追求事实真相、推动社会进步的标杆。在西方国家，调查记者被认为是“西方现代民主的基石”①；在撒哈拉以南的非洲国家，调查记者被视为“社会变革的推动者”，通过调查报道影响公共政策、政府行为、公共讨论等；②在中国，调查记者同样享有很高的社会声望，被誉为“社会转型的守望者”“最优秀的记者”，“比一般记者拥有更高的职业追求和更强的专业意识”。③

近年来，在技术、政治、市场等多重压力下，中国新闻业的生态环境正在发生重构和变革，调查报道行业比过去面临着更大的生存困境。一是微博微信等社交媒体的崛起，削弱了传统新闻业的文化权威，用户生产内容（UGC）、市民新闻、网络监督的活跃意味着传统媒体不再是事实真相的唯一提供者和舆论监督的主要践行者，由此组织化的调查报道和传统媒体中的调查记者面临社会影响力衰弱的严峻考验；二是伴随着舆论环境的变化和新时期宣传报道力度的增强，媒体主管部门及各级政府为了维护社会稳定，塑造社会认同，对敏感的社会问题的报道加强了行政监督，网络管理部门针对商业网站的深度报道重申了其不具备原创新闻采访权的规定，由此，客观上限制了调查报道的供应量；三是越来越多的传统媒体陷入发行量减少、亏损、人才流失等生存困境，不少市场化都市报裁减甚至撤销了深度报道部，且普遍压缩了用于调查报道的采访成本，优秀媒体人的加速离职转型引发一些学者对新闻专业理念影响力衰落的担忧。

与此同时，传统媒体的融合转型也为调查记者开辟了新的传播平台和职业空间，一些有影响力的传统媒体依旧重视和坚守调查报道。比如，2014 年 7 月，澎湃新闻一上线就

---

* 本文首发于《现代传播》2017 年第 11 期，第 27–33 页。

① 郑素侠 . 从“良心的守护者”到“被监控者”：新媒体时代美国调查记者的生存困境 [J]. 编辑之友，2017（2）.

② LUBLINSKI J，SPURK C，FLEURY J，et al. Triggering change – how investigative journalists in Sub–Saharan Africa contribute to solving problems in society[J]. Journalism，2015（8）.

③ 张志安 . 深度报道从业者的职业意识特征研究 [J]. 现代传播，2008（5）.

推出系列深度调查报道；2017 年 2 月，《成都商报》旗下的“红星新闻”发布年薪 20 万招聘调查记者的广告；2017 年 4 月，《新京报》宣布“将至少增加 2 000 万元投入，寻找最优秀的新闻人”。立足于新媒体环境和新新闻生态，调查记者行业的总体特征、职业意识和生存状态发生了哪些变化？本文试图将 2016—2017 年开展的中国调查记者第二次全国调查结果，与 2010—2011 年实施的全国纸媒调查记者首次总体普查情况进行比较，分析和探讨调查记者行业生态的最新变化特征。

职业意识是考察调查记者生存状态的重要维度，一些学者采用实证方法对此问题进行了研究。白红义以 1995—2010 年为时间区间，研究了当代中国调查记者的职业意识特征及其变化轨迹。其研究发现：20 世纪 90 年代入行的调查记者更重视“倡导者”的职业角色，21 世纪后入行的新一代调查记者更强调“中立者”角色。[①]2010—2011 年，张志安和沈菲对中国调查记者进行了首次全国性问卷调查，发表了一系列论文。其研究发现：“调查记者具有相似的价值观和职业意识，强调媒体的监督、启蒙作用；择业动机更具价值理性，不轻易受名利诱惑；不愿意被行政权力和商业利益制约，更加具有自主性；但生存状态并不理想，收入不高、职业忠诚度普遍较低。”[②]童静蓉等在 2009 年发表的论文中指出：21 世纪以来关于调查报道生存困境的悲观论述过于简单和片面，有两个重要因素将促进中国调查性报道的持续发展，一是调查报道曾是许多报纸获得经济增长的重要工具，已经被整合到新闻媒体的组织架构中；二是调查报道的发展建构了中国新闻从业者的专业意识形态，一些市场化报纸和自我认同度高的记者对调查报道具有很强的忠诚度。[③]

近年来，受新媒体的结构性影响，新闻业的生态环境发生了显著变化，关于新闻业转型中的职业危机话语弥漫全球，调查报道因部门裁减和队伍萎缩而深受影响。现有文献中，分析中国调查记者行业生态变化的成果相对较少，这些文献主要集中于分析美国调查记者群体。2010—2015 年间，王海燕访问了 22 名女性调查记者，试图从社会刻板印象理论出发解读女性调查记者所面临的文化性障碍。[④]2016 年，她在其英文著作 *The Transformation of Investigative Journalism in China: From Journalists to Activists*（《中国调查报道的转型：从记者到活动家》）中分析了新时代调查记者如何扩展新闻边界和能力，她指出，调查记者不仅是专业记者，还是社会活动家。[⑤]郑素侠认为，“新媒体时代美国调查记者陷入生存困境乃至遇到生存危机……如何跨越生存困境，实现角色期待，是美国调查性报道行业和全球新闻界共同面对的议题”[⑥]。Gerry Lanosga 等人对 861 名调查记者（主要是美国调查记者）进行研究，得出的结论则相对乐观，他们发现：尽管调查对象反映了当下的一些悲观话语，但仍自称拥有较高的自主性和工作满意度，所获得的调查报道资源没有减少，甚至更多，流向非盈利新闻机构的调查记者对职业现状的评价更积极。[⑦]

---

① 白红义．从倡导到中立：当代中国调查记者的职业角色变迁 [J]. 新闻记者，2012（2）.

② 张志安，沈菲．中国调查记者行业生态报告 [J]. 现代传播，2011（10）.

③ TONG J，SPARKS C. Investigative journalism in China today[J]. Journalism studies，2009（3）.

④ 王海燕．女性调查报道记者的性别迷思——社会刻板印象建构的视角 [J]. 新闻大学，2016（4）.

⑤ WANG H Y. The transformation of investigative journalism in China：from journalists to activists[M]. Maryland：Lexington，2016.

⑥ 郑素侠．从“良心的守护者”到“被监控者”：新媒体时代美国调查记者的生存困境 [J]. 编辑之友，2017（2）.

⑦ LANOSGA G，HOUSTON B. Spotlight：journalists assess investigative reporting and its status in society[J]. Journalism practice，2016.

二、研究设计

本文将调查记者定义为主要从事调查性报道的记者，报道题材以社会、时政、财经等领域的负面题材为主，多关乎公共权力滥用、被遮蔽的真相，要记者进行突破调查。2010年9月—2011年3月，张志安和沈菲通过媒体负责人、不同区域有威望的调查记者及调查记者经常使用的QQ群等三种渠道，建立了首个全国纸媒调查记者全样本名单数据库。本研究在此基础上，立足当下媒体生态变化，重新增补和确认全国调查记者名单，具体步骤包括：首先，根据原来核实的媒体库名单，邀请74家传统媒体的现任负责人核实调查记者名单和联系方式，之后与记者本人联系进行确认；其次，根据原来名单库中调查记者的职业流动状况，补充了11家传统媒体机构，同样经由媒体负责人和记者本人双重核实后确认名单；最后，新增一批近年来出现的且从事调查性报道的新媒体机构，包括澎湃新闻、界面新闻、封面新闻、上游新闻、红星新闻、北京时间，同时还增加了新浪、搜狐、网易、腾讯、凤凰网等五大新闻门户网站。

本次研究的数据收集时间为2016年11月—2017年4月，共回收有效问卷163份，问卷总体回收率高达93.1%。6年前的第一次调查，确定的调查记者样本有334位，最后成功回收了259位调查记者的问卷，而目前调查记者的规模已大大缩减。经确认，传统媒体中仅有130名调查记者，分布在55家传统媒体机构，其中122名调查记者填写并返回问卷，问卷回收率高达93.8%；新增的11家新媒体机构中，共有43名主要从事调查报道的记者，其中有39名接受了本次调查，问卷回收率为90.7%；另外有2名资深调查记者主要依托自媒体发布调查报道线索或进行报道，他俩自我定位为“独立调查记者”，也接受了我们的问卷调查。纵向比较可发现，本次研究核定的调查记者共175名，比6年前减少了159名；本次研究共回收问卷163份，比6年前减少了96份。

三、研究发现

（一）总体特征

1. 从业人数显著下降，平均年龄34.8岁，仍以男性为主

与首次调研结果相比，传统媒体调查记者从业人数减少幅度高达57.5%，新媒体机构新增调查记者数量比较有限，整个调查报道行业面临人才流失和队伍萎缩的严峻考验。首次调研的74家传统媒体机构中，有30家媒体已经没有主要从事一线调查报道的记者。而且，调查记者的职业流动和代际更替频繁，本次研究的样本中有47.9%的调查对象属于2011—2017年间入行的调查记者。

与首次调查结果相似的是，调查记者行业仍然以男性为主，女性调查记者仅占18.4%；不过，在新入行的调查记者中，女性调查记者比例有了显著提升，占比25.6%，这意味着更多年轻女性加入这个行业。这个群体的年龄结构非常年轻，平均年龄34.8岁，50岁以上的调查记者仅有4人；女性调查记者相对更加年轻，平均年龄仅32.3岁。如果按照代际来划分的话，“80后”已成为调查报道行业的主力军，占比58.9%；其次是“70后”“90后”，分别占23.4%、12.7%；此外，还有极少数的“50

后”“60后”。

表3-1 调查记者的总体特征比较

	2016—2017年调研	2010—2011年调研
总体规模		
传统媒体	130	306
新媒体机构	43	/
独立调查记者	2	/
样本规模		
传统媒体	122	259
新媒体机构	39	/
独立调查记者	2	/
入行时间		
新入行	78（47.9%）	/
2011年以前入行	85（52.1%）	/
性别		
男	133（81.6%）	217（83.7%）
女	30（18.4%）	42（16.3%）
平均年龄	34.8	32.7
平均从事新闻工作时长	9.9	8
平均从事调查报道时长	6.5	4.8

2. 受教育程度有所提高，平均从事新闻工作近十年

与首次调研结果相比，当前调查记者的受教育程度有所提高，绝大部分都是本科及以上学历，获得研究生学历的比例（20.9%）也显著高于首次调研结果（14.7%）；调查记者的专业背景更多来自新闻与大众传播类专业，占比47.2%，其次是出自语言与人文哲社类专业；调查记者从业经历相对更加丰富，平均从事新闻工作9.9年，平均从事调查报道的时长为6.5年，而首次调研时这两个数据分别为8年、4.8年。

表3-2 调查记者的受教育程度比较

受教育程度	2016—2017年调研		2010—2011年调研	
高中及以下	3	1.8%	3	1.2%
大专	6	3.7%	21	8.1%
本科	120	73.6%	195	75.3%
研究生（含博士）	34	20.9%	38	14.7%
缺失	0	0	2	0.7%
总计	163	100.0%	259	100%

表 3-3 调查记者的专业背景比较

专业背景	2016—2017 年调研		2010—2011 年调研	
新闻与大众传播类	77	47.2%	101	39.0%
语言与人文哲社类	49	30.1%	88	34.0%
经济与经管类	16	9.8%	30	11.6%
法学类	11	6.7%	17	6.6%
理科工程类	5	3.1%	11	4.2%
其他学科	3	1.8%	8	3.1%
缺失	2	1.2%	4	1.5%
合计	163	100%	259	100

3. 任职机构分布呈现高度集中化趋势，工作地点以北京为主

从调查记者人数来看，拥有调查记者最多的媒体主要是澎湃新闻、财新传媒、《新京报》、界面新闻、《北京青年报》、《南方周末》、《南方都市报》、《大河报》、《中国青年报》，这九家媒体汇聚了当前约 40% 的调查记者。这些媒体总部主要分布在北京、上海、广州、郑州。

纵向比较发现，《瞭望东方周刊》《财经国家周刊》《南都周刊》等原来拥有较多调查记者的新闻杂志，如今已基本没有主要从事调查报道的记者；《南方周末》《南方都市报》《大河报》等以调查性报道著称的市场化媒体，拥有的调查记者数量虽然还处于国内第一梯队，但相比六年前已有大幅下降；比较而言，上海报业集团旗下的新媒体机构比较重视调查报道，澎湃新闻、界面新闻拥有的调查记者数量名列前茅。

从工作城市看，调查记者主要集中在北京（41%）、广州（8%）、武汉（6.1%）、郑州（4.9%）、上海（4.9%）、重庆（4.9%）等城市。相比首次调研，在北京工作的调查记者比例提高了 11%。从聘任方式来看，84.7% 的调查记者拥有长期聘用的公司编制，拥有事业编制的调查记者比例仅占 12.3%，另有个别是短期聘用者及“独立调查记者”，与六年前的调研结果没有显著差异。

4. 湖南籍调查记者所占比例下降，山东籍调查记者崭露头角

首次调研发现了调查记者的“湖南帮”现象，即湖南（14%）、河南（13%）籍的调查记者最多，研究者将此现象归因为经济欠发达、抗争文化和负面新闻多发。[①] 从本次调查看，现有调查记者群体的籍贯，河南（13.5%）、湖北（12.9%）、湖南（10.4%）三个省最多，一个显著变化是湖南籍调查记者的比例有所下降，如果再统计新入行调查记者的籍贯，这一趋势就更为明显——新入行的调查记者中，湖南籍占比下降至 7.7%，位居河南（12.8%）、山东（11.5%）之后。

与“调查湘军”有所衰落的趋势相比，山东籍的年轻调查记者数量有了显著增加。如 2016 年率先报道“山东疫苗案”的澎湃新闻记者刁凡超、2017 年首先报道“刺死辱母案”的《南方周末》记者王瑞峰均是山东籍记者，也均以山东负面新闻作为报道题材。这也说

① 张志安，沈菲 . 中国调查记者行业生态报告 [J]. 现代传播，2011（10）.

明，调查记者在家乡拥有较广泛的社会关系网，他们获知当地新闻线索和挖掘重大新闻题材更方便。

（二）职业意识

1. 择业动机

本研究通过询问“下列因素对您选择做调查记者有多大影响”来测量调查记者的择业动机。共包括 10 个选项，采用十点量表（1= 影响非常小，10= 影响非常大）。研究发现，两次调研的得分排序完全一致，调查记者的择业动机具有高度稳定性：最吸引调查记者入行的因素是“揭露社会问题、维护公平正义”（M=8.02）、“表达百姓呼声”（M=7.33）、“传播新思想、启迪民心”（M=7.06），可见推动社会公平正义的价值理念对调查记者最具有感召力；他们最不认同的择业理由是“收入较高”（M=3.15）、“有机会成名”（M=3.61）。如图 3-1 所示。

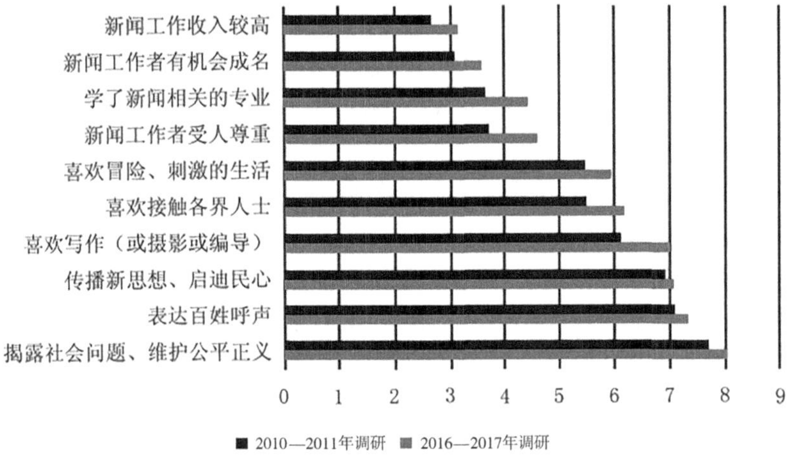

图 3-1　调查记者的择业动机比较

与首次调研结果有所不同的是，当前调查记者群体对“兴趣类”的择业动机更为重视，“喜欢写作（或摄影或编导）”“喜欢接触各界人士”“喜欢冒险、刺激的生活”方面的分数显著提高。另外，“新闻工作者受人尊重”“学了新闻相关的专业”方面的分数也有显著提高。这说明，除道义和责任因素外，职业本身的特点也更多影响着这个群体的择业。

2. 角色认知

新闻从业者“对新闻媒体社会功能的认知”直接影响其新闻实践，研究者常常用此测量他们的角色认知。本量表包括 18 个选项，同样采用十点量表（1= 非常不重要，10= 非常重要）。调研结果显示，调查记者最为重视的社会功能是“报道可靠信息以阻止流言的散播”（M=7.79）、“对复杂的问题提供分析与解释”（M=7.79）、“依据事实报道新近发生的事件”（M=7.57）、“帮助人民实行舆论监督”（M=7.53）、“推动社会改革”（M=7.21）；最不重视的功能是“为民众提供娱乐和休闲”（M=4.70）、“提高群众的知识与文化水平”（M=5.12）、“舆论引导”（M=5.80）、“报道最大多数群众感兴趣的新闻”（M=5.88）。

可见，调查记者一如既往地重视“调查与解释”“舆论监督”功能，即看重“记录者”和“倡导者”的角色，相对不重视新闻媒体的“娱乐和宣传”功能。与首次调查相比，当前调查记者群体更为重视“报道可靠信息以阻止流言的散播”，其在所有选项中排名第一；而在首次调研中，该选项的平均得分排名第六（M=7.29）。此外，当前调查记者也更重视新闻媒体在“政策解释”与“政治参与”方面的功能，如“帮助人民了解党和政府的政策”“对政府的政策做出解释”“对决策中的政策展开讨论”等选项的得分显著高于首次调研。

3. 职业认同

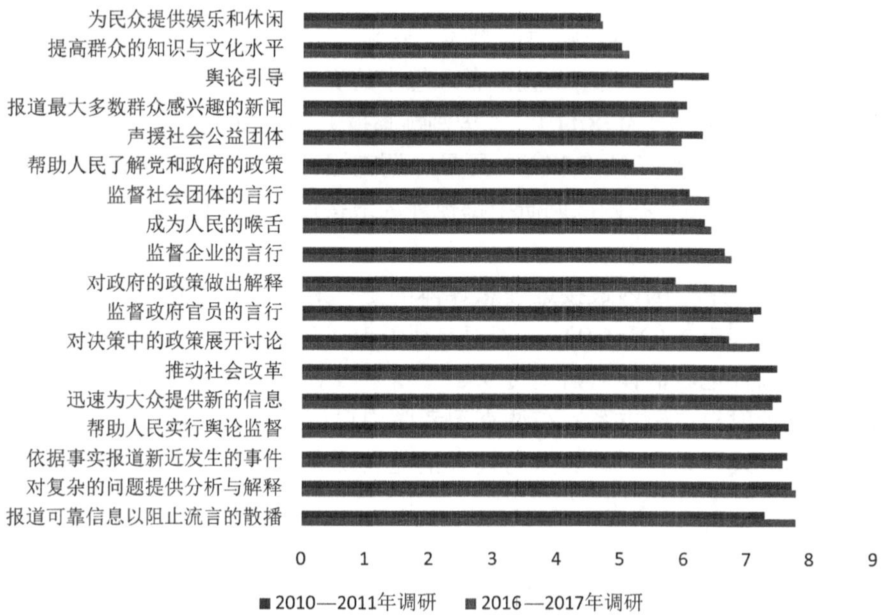

图 3-2　调查记者对新闻媒体社会功能重要性的认知比较

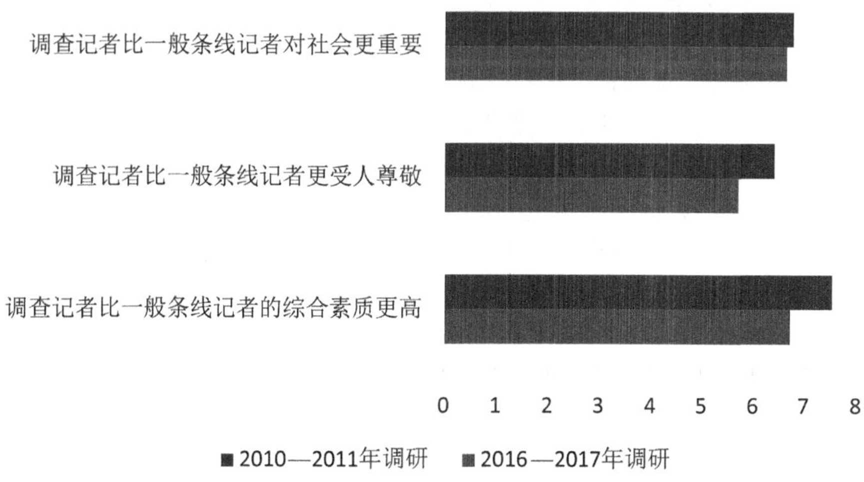

图 3-3　调查记者的社会认同感比较

社会心理学学者研究发现，归属于某一个群体的人会获得一种社会认同，因为他所获得的群体资格会赋予其某种情感和价值意义，而社会认同很大程度上来自内群体和相关外群体的比较。[①] 调查记者这一职业群体，在多大程度上其自我认同感会优于一般记者？本研究借助 3 个选项来测量，同样采用十点量表（1= 非常不认同，10= 非常认同）。调研结果显示，调查记者群体普遍认为调查记者比一般条线记者“综合素质高”（M=6.74）、“对社会更重要”（M=6.66）、“更受人尊敬”（M=5.71）。不过，与首次调研结果相比，调查记者的职业认同感明显下降，“比一般条线记者的综合素质高”“比一般条线记者更受人尊敬”两项的平均分数显著降低。

4. 理想媒体

本研究列出国内外 22 家有影响力的媒体，让调查对象运用十点量表对每家媒体进行评分，得分越高，表示该媒体距离调查记者理想中的媒体越近。调研结果显示，排名前五的理想媒体是《纽约时报》（M=8.11）、《华盛顿邮报》（M=7.69）、*Newsweek*（M=7.43）、BBC（M=7.39）和财新传媒（M=7.38）。可见，调查记者对西方专业媒体的评价要普遍高于国内媒体，《纽约时报》在两次调研中都被评为最接近理想的媒体，且平均分数有了显著提高。

在调查记者们看来，国内最接近理想媒体的是：财新传媒（M=7.38）、《新京报》（M=7.24）、《南方周末》（M=6.92）、《南方都市报》（M=6.68）、澎湃新闻（M=6.68）。这一排名体现了调查记者群体对财新传媒、《新京报》在媒体融合转型中坚守深度调查报道的认可，也折射出“南方系”在调查记者圈内口碑的衰减。值得一提的是，澎湃新闻这家新兴媒体上线以来在时政领域的调查报道表现突出，得到了调查记者们的较高认可，和《南方周末》《南方都市报》的得分不相上下。

5. 同行协作

从本次调研结果看，调查记者群体仍然是一个同行协作较为密切的群体，有 84% 的调查对象提及有过同行协作，比首次调研（88%）的协作比例略有下降。不过，从平均得分来看，各类协作方式的频率都不高，得分最高的一项是“分享消息源（采访对象）”，平均得分仅 6.03（1= 频率非常少，10= 非常频繁）。最常见的协作方式仍然是“分享消息源（采访对象）”“提供或接受背景资料”“分享采访中获得的事实信息”。比较而言，不常使用的协作方式是“为制造声势和影响，约定发稿时间”“自己媒体发表不了的报道，投稿给同行媒体发表”“分享报道思路或策划方向”。

与首次调研相比，当前调查记者在“分享采访中获得的事实信息”“分享报道思路或策划方向”“请同行媒体跟踪报道事件”方面的协作频率有所提升。独立样本 T 检验结果表明，新入行调查记者与资深调查记者、新媒体机构调查记者与传统媒体调查记者在各类协作方式上的协作频率并无显著差异。但进一步访谈发现，近年来资深调查记者的业内协作情况明显减少，一方面是因为圈内相熟的调查记者纷纷离职转型，有信任和情感基础的同伴迅速减少，另一方面也是出于对独家信源的保护，调查记者更加偏向独立进行采访调查。

① 豪格，阿布拉姆斯. 社会认同过程 [M]. 高明华，译. 北京：中国人民大学出版社，2011：4.

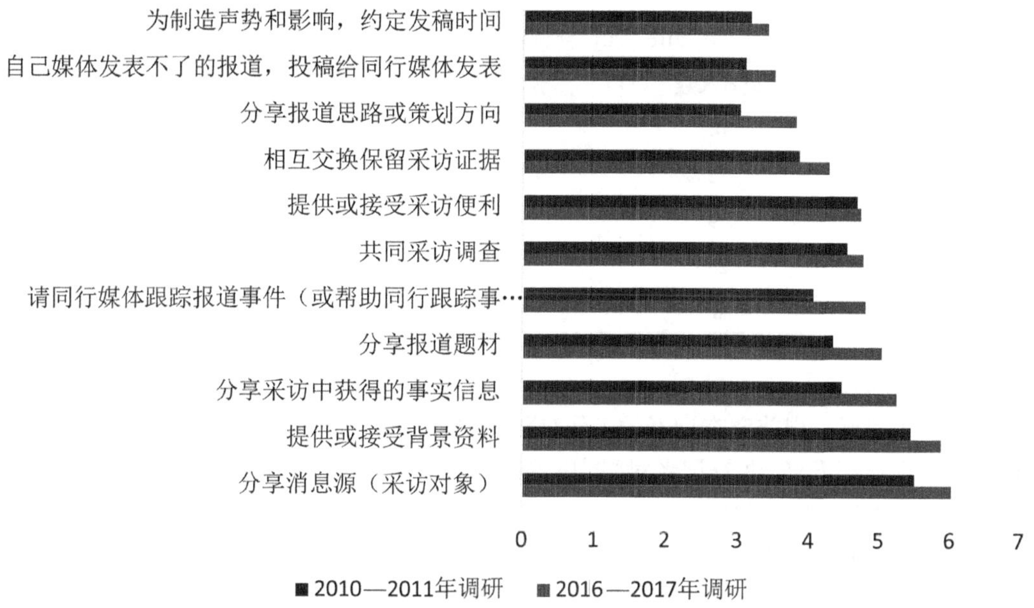

图 3-4　调查记者同行协作方式与频率比较

（三）生存状态

1. 收入水平

当前调查记者群体的月收入水平集中在 5 000—15 000 元之间，占比 68.9%。与首次调研相比，调查记者的月收入水平有了显著提升，约 60% 的调查对象月收入在 10 000 元以上，而首次调研时只有 17.5% 的调查记者在此区间。月收入过万的调查记者中，约 37% 的调查记者月收入在 10 001—15 000 元之间，约 17% 的调查记者月收入在 15 001—20 000 元之间，还有个别调查记者的月收入在 20 000 元以上。

调查记者月收入水平提升主要有两方面原因：第一，距离首次调研已过去 6 年时间，随着经济增长和通货膨胀，各行各业的薪酬都有了普遍提升；第二，本次调查增加了新媒体机构的调查记者，约 82% 的新媒体机构的调查记者月收入在 10 000 元以上，有 12.8% 的调查记者月收入超过 20 000 元，而传统媒体中仅有 50% 的调查记者月收入过万。据了解，商业网站和新兴平台为吸引高水平调查记者，的确开出了比传统媒体高的薪资待遇。

与群体收入普遍提升相对的，是调查记者之间的收入差距更加明显，8.7% 的调查记者月收入在 5 000 元以下，约 32% 的调查记者月收入在 5 000—10 000 之间，低收入调查记者主要就职于非沿海地区的传统媒体。如河南《大河报》的一位调查记者所言：“调查记者的收入有明显下滑，2000 年的时候，记者的工资达到五六千、六七千，当时郑州的房价是每平米一千多，可想当时的收入是非常高的；现在郑州的房价每平米一两万了，多的三四万，现在人均工资才四五千。”

表 3-4 调查记者的月收入比较

月收入水平	2016—2017 年调研		2010—2011 年调研	
	记者人数	所占比例	记者人数	所占比例
5 000 元以下	14	8.7%	39	15.2%
5 000—10 000 元	52	32.3%	173	67.3%
10 001—15 000 元	59	36.6%	38	14.8%
15 001—20 000 元	28	17.4%	7	2.7%
20 000 元以上	8	4.9%		

2. 职业满意度

调研结果显示，当前调查记者的工作满意度整体一般（M=6.47），与 6 年前（M=6.62）相比并未出现显著下降。调查记者对“同事关系”“工作时间弹性”“工作中的自主程度”“学习新知识的机会”“主管领导的能力”“工作的社会影响”等非物质性回报相对更加满意；最不满意的是“提拔或升职称的机会”“福利待遇”“报酬收入”等物质性回报。与调查预期不大一致的是，当前调查记者对“主管领导的能力”“工作的社会影响”“工作时间弹性”“提拔或升职称的机会”“福利待遇”的满意度要显著高于首次调研。见表 3-5。

为什么调查记者的职业满意度没有显著下降，某些维度上还有显著提升？独立样本 T 检验结果显示，新入行调查记者的工作满意度整体上要显著高于 2011 年前入行的资深调查记者，主要体现在对“同事关系”“主管领导的能力”“学习新知识的机会”“报酬收入”方面相对更加满意；新媒体机构调查记者的工作满意度整体上要显著高于传统媒体调查记者，主要体现在“主管领导的能力”“工作中的自主创新机会”“报酬收入”方面的满意度相对更高。由此可见，新入行的调查记者和新媒体机构调查记者提升了这个群体的职业满意度，这或跟新入行者的职业期待不会过高、对比调查报道黄金时期的心理落差没那么大，新媒体机构调查记者的收入待遇及组织文化相对更加理想等因素有关。

表 3-5 调查记者的工作满意度比较

工作满意度	2016—2017 年调研		2010—2011 年调研		两次调研结果比较
	均值	标准差	均值	标准差	P 值
同事关系	7.51	1.74	7.25	1.77	0.062
工作时间弹性	7.37	1.86	6.96	2.33	0.006**
工作中的自主程度	7.08	1.66	6.98	1.86	0.445
学习新知识的机会	6.99	1.97	6.70	2.08	0.065
主管领导的能力	6.78	2.11	5.8	2.46	0.000***
工作的社会影响	6.72	1.64	6.30	1.83	0.001***
工作的成就感	6.60	1.69	6.38	1.96	0.092
工作中的自主创新机会	6.59	1.67	6.57	1.96	0.885
报酬收入	4.98	1.98	4.70	1.96	0.071
福利待遇	4.76	1.92	4.43	2.03	0.029*

续表

工作满意度	2016—2017 年调研		2010—2011 年调研		两次调研结果比较
	均值	标准差	均值	标准差	P 值
提拔或升职称的机会	4.51	2.03	4.09	2.13	0.010*
综合上述方面，你对自己目前的工作有多满意	6.47	1.35	6.62	4.83	0.155

3. 工作自主性

从调查记者的总体评价来看（M=6.24，1= 非常低，10= 非常高），他们在工作中的自主程度并不高，新入行调查记者与资深调查记者对工作自主性的评价并没有显著差异。与首次调研结果相比，来自政府部门的行政监督、主管领导方面的组织控制有了显著提升，削弱了调查记者的工作自主性。独立样本 T 检验结果显示，传统媒体调查记者比新媒体机构的调查记者更会考虑经营部门打招呼的稿子（$M_{传统媒体}=4.51$，$M_{新媒体机构}=3.41$，t=2.089，p〈0.05），这可能与传统媒体所面临的经营压力有关。

表 3-6　调查记者的工作自主性比较

工作自主程度	2016—2017 年调研		2010—2011 年调研		两次调研结果比较
	均值	标准差	均值	标准差	P 值
想法和领导不一致时，会尽量按自己的判断去处理	6.17	2.145	6.53	2.312	0.034*
经营部门打招呼的稿子，会尽量考虑到他们的要求	4.24	2.889	3.92	2.720	0.160
政府部门打招呼的稿子，会尽量考虑到他们的要求	4.42	2.841	3.90	2.588	0.021*
综上，工作中获得的自主程度	6.24	1.711	6.44	1.678	0.144

4. 职业忠诚度

本次研究通过询问“未来还准备从事多少年的调查报道工作”来测量调查记者的职业忠诚度。统计发现，约有 44% 的调查记者表示未来 5 年内（0 年，1—5 年）不会再从事调查报道工作，这与 6 年前的调研结果没有非常大的差别，即“有限忠诚者”所占比例变化不大；表示 5 年后还会坚持做调查报道的仅有 19.6%，明显低于 6 年前的约 24%，意味着“中、高度忠诚者”比例明显下降；未来不确定会从事多久的调查报道工作的比例高达 36.8%，显著高于首次调研，可见对未来职业生涯的不确定在当前调查记者中表现得更为明显。此外，进一步卡方检验表明，传统媒体和新媒体机构的调查记者的职业忠诚度没有显著差异，新入行调查记者和资深调查记者的职业忠诚度也没有显著差异。见表 3-7。

表 3-7　调查记者的职业忠诚度比较

还准备从事多少年的调查报道工作?	2016—2017 年调研		2010—2011 年调研	
0 年	4	2.5%	11	4.2%
1—5 年	67	41.1%	110	42%
6—10 年	18	11%	34	13.1%

续表

还准备从事多少年的调查报道工作？	2016—2017 年调研		2010—2011 年调研	
11—30 年	5	3.1%	11	4.2%
一直做	9	5.5%	17	6.6%
不确定	60	36.8%	75	29%

四、结语与探讨

本研究为新媒体环境下调查记者行业生态变化研究提供了宝贵的实证数据和初步的研究结论。从总体特征来看，调查记者行业人才流失状况比较严重，与 6 年前相比，传统媒体调查记者从业人数不足首次调研的一半，澎湃新闻、界面新闻等新媒体机构则为调查记者开辟了新的职业空间。当前调查记者群体主要集中在澎湃新闻、财新传媒、《新京报》、界面新闻等媒体机构，有 41% 的调查记者在北京工作。与首次调研结果相似的是，调查记者行业依然由男性主导、年龄结构整体偏年轻，接受过新闻传播学科专业化教育的人更多，调查记者的新闻从业经历也更加丰富。从籍贯上看，“调查湘军”呈规模减小之势，来自山东的新入行调查记者比例有了显著提升。

尽管新闻业态受新媒体影响发生了显著变化，但调查记者在择业动机、角色认知方面具有较高的稳定性，最吸引他们入行的因素依然是“监督和启蒙”，而且他们始终非常重视新闻媒体在“调查与解释”“舆论监督”方面的社会功能。略有不同的是，针对媒体功能的社会认知评价中，当前的调查记者群体最重视“报道可靠信息以阻止流言的散播”，其在所有选项中排名第一，这可能与新媒体环境下谣言更加容易广泛扩散的现象有关，为此，调查记者更加重视事实核查、真相传播的力量和意义。

令人欣慰的是，当前调查记者的工作满意度并未出现显著下降，在某些维度中反而有所提升，分析表明新入行调查记者、新媒体机构调查记者的工作满意度明显更高。此外，调查记者的职业认同感显著下降，对国内媒体作为“理想媒体”的评价总体不高，来自组织外行政监督和组织内主管领导方面的压力降低了调查记者的工作自主性。值得担忧的是，当前调查记者的职业忠诚度普遍较低且呈现出高度的不确定性，高达 36.8% 的调查记者不确定未来还会从事多久的调查报道工作，有 43.6% 的调查记者明确表示 5 年内不再从事调查报道工作。

综上所述，如何保持调查记者的从业规模和为他们提供充分的报道空间，怎样重塑调查记者的职业认同感，不断提升调查记者的工作满意度和忠诚度，是保证中国调查报道行业可持续发展的关键问题。

媒体创业叙事与创业者认同建构*

陈楚洁

一、导论

传媒业的历史总是镌刻着创业精神。① 例如，19 世纪的媒体创业者们充分利用现代化的邮政服务、电报技术、铁路网络创办了各种各样的报刊；同样，我国自 1949 年以来的党的新闻事业以及 20 世纪 80 年代以来的媒体改革催生了都市报、电视节目改革等现象，也体现了筚路蓝缕、艰苦创业的精神。随着移动数字技术的普及以及社会资本来源的多元化，媒体创业的技术门槛和成本进一步降低。当中外传媒业陷入传统商业模式难以为继、不确定性增强的迷茫期，媒体创业成为新闻业转型突破的方向之一，越来越多的数字初创媒体正在世界范围内产生。② 有学者指出，记者之所以自主创业，是由于传统媒体就业机会减少，也是由于他们对新闻业的现状不满，以及老牌媒体机构的衰落。③ 同时，"受大投资商、风险资本和技术企业青睐的营利性数字新闻初创公司，在新闻产业中扮演着日益重要的角色"④。当下的媒体生态格局呈现出两幅对比鲜明的画面：一面是慨叹"一个时代结束了"的传统媒体，一面则是高呼"媒体人创业的黄金年代，刚刚开始"的新媒体。

首先需要指出的是，媒体创业（media entrepreneurship）与媒体内部创业（media intrapreneurship）不同。顾名思义，后者指向在传统媒体组织内部推动的创新实践，⑤ 而

---

* 本文首发于《新闻记者》2018 年第 3 期，第 4–22 页。原文标题《"从前有一个记者，后来他去创业了"——媒体创业叙事与创业者认同建构》。

① RAFTER K. Introduction：understanding where entrepreneurial journalism fits in[J]. Journalism practice，2016（2）；PRENGER M，DEUZE M. A history of innovation and entrepreneurialism in journalism[M]//BOCZKOWSKI P J，AWDERSON C W. Remaking the news：essays on the future of journalism scholarship in the digital age. Cambridge，MA.：The MIT Press，2017：245–250.

② BRUNO N，NIELSEN R K. Survival is success：journalistic online start-ups in Western Europe[M]. Oxford：Reuters Institute for the Study of Journalism，2012；WAGEMANS A，WITSCHGE T，DEUZE M. Ideology as resource in entrepreneurial journalism[J]. Journalism practice，2016（2）；PRICE J. Can the ferret be a watchdog[J]. Digital journalism，2017（10）.

③ NALDI L，PICARD R. "Let's start an online news site"：opportunities，resources，strategy，and formational myopia in startups[J]. Journal of media business studies，2012（4）.

④ CARLSON M，USHER N. News startups as agents of innovation[J]. Digital journalism，2016（5）.

⑤ BARUAH B，WARD A. Metamorphosis of intrapreneurship as an effective organizational strategy[J]. International entrepreneurship and management journal，2015（4）；BOYLES J L. The isolation of innovation：restructuring the digital newsroom through intrapreneurship[J]. Digital journalism，2016（2）.

前者则指向由媒体人在传统媒体外部推动成立的区别于传统媒体生产的破坏性或创造性实践。有学者将“媒体创业”界定为“小型企业或组织的建立与拥有，其创业行动会给媒体市场增添一种影响或创新”[①]。在他们看来，媒体创业研究的对象主要是小型媒体企业组织的创办者，他们通过掌握媒体技术创新或产品创新的方式，将新的生产要素投入到媒体市场中，打破市场准入障碍，给媒体行业增添一种影响或创新。但这一定义受到不少学者的质疑，认为其过于宽泛，导致可能随便开设博客的个人都能被纳入其中。[②]本研究更认可达梯斯·卡耶黑安（Datis Khajeheian）和罗森德尔·阿巴坦尼（Roshandel Arbatani）对媒体创业的定义——“利用小型媒体企业的有限资源去追寻那些能够从某个特定利基市场（niche market）获取收益的媒体机会”[③]。综合上述定义，本文将媒体创业界定为以相对低成本的生产方式，在传统新闻业外创建小型媒体公司，推出新的媒体产品或推广新的媒体运作模式，与传统媒体形成竞争或补充关系的创新实践。媒体创业研究的对象，往往首先是初创媒体及其从业者们。[④]

有关媒体创业的研究自20世纪90年代中期开始出现于美国传播学界，然而彼时其关注的主要对象是文化与创意产业，如网络出版、音乐、电影等。[⑤]直至2008年后，新闻业界与学界才逐渐关注媒体融合与转型语境下媒体创业现象，同时，美国及欧洲高校的新闻学院也先后根据业界的需要开设“创业新闻”的课程。[⑥]在创业的旗帜下，商业模式创新和技术变革是媒体创业的两大聚焦点和着眼点。而媒体创业研究在近三四年来获得更为显著的关注，相关学术会议的主题讨论、暑期学校的举办、学术期刊专题论文的发表，预示着新的研究方向的形成。在既有的研究中，学者们基于不同理论视角探讨了媒体创业的不同方向。有人关注媒体创业给新闻业边界带来的挑战和影响，[⑦]有人从

---

① HOAG A，SEO S. Media entrepreneurship：definition，theory and context[D/OL].（2005-04-02）[2005-06-11]. https：//www. smeal. psu.edu/fcfe/research/white/mediaentre.pdf/view.

② 如 ACHTENHAGEN L. Understanding entrepreneurship in traditional media[J]. Journal of media business studies，2008（1）.

③ 转引自 KHAJEHEIAN D. New venture creation in social media platform：towards a framework for media entrepreneurship[M]//FRIEDRICHSEN M，MÜHL-BENNINGHAUS W. Handbook of social media management. Berlin：Springer，2013：127.

④ 在这个意义上，媒体创业也就是从媒体人创业开始，它们都发生于传统媒体机构之外，具有个体化色彩，但并不意味着它们始终都是个体化的，随着创业实践的制度化，它们也将成为工业组织的产物。至于彻底离开新闻业进行跨界创业的现象（如媒体人经营民宿、卖生鲜等），则不是本文的分析内容。

⑤ 如EHRMANN T，HAAS F，HARMS R. The bases of successful market entry：the liability of size and of newness in e-commerce[J]. International journal on media management，2002（4）；GERPOTT T J，NIEGEL C. Mobile business start-ups in Germany[J]. International journal on media management，2002（4）；HANG M，WEEZEL V A. Media and entrepreneurship：what do we know and where should we go？[J]. Journal of media business studies，2007（1）.

⑥ FERRIER M B. Media entrepreneurship：curriculum development and faculty perceptions of what students should know[J]. Journalism&mass communicationeducator，2013（3）；RAFTER K. Introduction：understanding where entrepreneurial journalism fits in[J]. Journalism practice，2016（2）.

⑦ 如CODDINGTON M. The wall becomes a curtain：revisiting journalism’s news-business boundary[M]//CARLSON M，SETH C. Boundaries of journalism：professionalism，practices and participation. New York：Routledge，2015：67-82；SINGER J. Reinventing journalism as an entrepreneurial enterprise[M]//PABLO J，ANDERSON C W. Remaking the news：essays on the future of journalism scholarship in the digital age. Cambridge，MA.：The MIT Press，2017：195-210.

场域理论探究创业媒体如何在新闻场域内完成文化资本的转化与惯习的调整，① 有人则考察创业环境下媒体人的工作自主性与面临的限制，② 还有人关注初创媒体企业中记者的职业伦理问题。③ 这些研究提供了对媒体创业现象的多方位理解，构成了进一步研究的基础。然而，现有研究往往被关于创业的经济理性取向和个人本质主义特征取向所主导，而从结构的、文化的、话语的角度去考察的研究则相对较少；④ 并且，西方语境下初创媒体研究得出的结论，未必适用于中国语境下的媒体创业现象。事实上，在媒体初创公司时，媒体创业者所要面对的挑战，不仅包括如何获得长期的资金支持，还包括如何将自己打造成这个世界的合法记录者。⑤ 鉴于此，创业的修辞与叙事便扮演了不可或缺的角色。如果我们仅仅关注媒体创业的物质层面和创业者的特征要求而忽视了其论述建构与意义塑造的面向，不能不说是遗珠之憾。

在过去一二十年来，叙事在创业研究中所受重视日深。在组织学、管理学和创业社会学研究中，有越来越多的文献关注创业者、创业活动的叙事角色，因为叙事理论相比过往的理性选择论和创业者特征论提供了对创业现象的新理解。⑥ 本文认为，理解媒体人创业并不全在于去寻找一种普适的商业模式或探求创业成功的要诀，而在于理解媒体创业者如何讲述创业故事，建构了什么样的媒体想象和职业认同，而创业叙事又如何反映、构筑传媒业的转型等问题。

二、理论脉络

（一）理解媒体创业：一种叙事视角

叙事是指对一个时间序列中的真实或虚构的事件及情境的再现。⑦ 一个完整的叙事具

---

① 如 VOS T，SINGER J. Media discourse about entrepreneurial journalism：implications for journalistic capital[J]. Journalism practice，2016（2）；POWERS M，ZAMBRANO S V. Explaining the formation of online news startups in france and the united states：a field analysis[J]. Journal of communication，2016（5）；ROSENKRANZ T. Becoming entrepreneurial：crisis，ethics and marketization in the field of travel journalism[J]. Poetics，2016.

② 如 MATHISEN B R. Entrepreneurs and idealists：freelance journalists at the intersection of autonomy and constraints[J]. Journalism practice，2016（7）；COHEN N S. Entrepreneurial journalism and the precarious state of media work[J]. South atlantic quarterly，2015（3）.

③ 如 PORLEZZA C，SPLENDORE S. Accountability and transparency of entrepreneurial journalism[J]. Journalism practice，2016（2）；HUNTER A. Crowdfunding independent and freelance journalism：negotiating journalistic norms of autonomy and objectivity[J]. New media&society，2015（2）.

④ CLARKE J，HOLT R. The mature entrepreneur：a narrative approach to entrepreneurial goals[J]. Journal of management inquiry，2010（1）；LARTY J，HAMILTON E. Structural approaches to narrative analysis in entrepreneurship research：exemplars from two researchers[J]. International small business journal，2011（3）.

⑤ CARLSON M，USHER N. News startups as agents of innovation[J]. Digital journalism，2016（5）.

⑥ JOHANSSON A W. Narrating the entrepreneur[J]. International small business journal，2004（3）；STEYAERT C. The prosaic of entrepreneurship[M]//HJORTH D，STEYAERT C. Narrative and discursive approaches in entrepreneurship：a second movements in entrepreneurship book. Northampton，MA.：Edward Elgar，2004：8-21；NAVIS C，GLYNN M A. Legitimate distinctiveness and the entrepreneurial identity：influence on investor judgments of new venture plausibility[J]. Academy of management review，2011（3）.

⑦ PRINCE G. Narratology：the form and functioning of narrative[M]. Berlin&New York：Mouton，1982.

有开头、中场、结局等具有先后顺序的情节。尽管对于叙事的定义有争议，但在一个最简单的意义上，叙事是由多个情节、问题、人物等存在关联的因素构成的连续性故事。① 叙事具有多种形式，包括了私人故事、虚构叙事、自传体叙事以及新闻故事等。②

作为叙事的最基本形式，故事是各种事件赖以联结的介质，能够创造主题、情节，并提供对社会情境的理解。③ 叙事的主要功能在于整合人们的经历，即通过连接过往与当下并设置未来场景，来打造一个连贯、统一的身份认同。④ 换言之，叙事的视野囊括了过去、现在与未来，叙事者在叙事中往往会建构一个连贯的自我，使其生命历程、职业选择呈现一种线性观感。

当然，叙事研究并不在于提供解释事件的科学法则，而是通过确认事件的意义来寻求理解。⑤ 作为叙事形式之一的媒体报道，是指报道者或文本生产者以讲故事的元素再现他们认为有意义的世界。自 20 世纪 80 年代起，创业叙事就已受到经济学、管理学和社会学研究者的关注，但近五六年来才形成研究的小高潮。⑥ 然而，具体到媒体创业领域，叙事究竟扮演了何种角色，以及反映、建构了什么样的创业者认同，仍然未见有人系统考察。

（二）创业叙事、创业神话与认同建构

按照安东尼·吉登斯的观点，身份认同是一个“成为”（becoming）的过程，⑦ 在这一过程中，个体通过其所处的文化环境的意义认知系统对其身份认同进行协商。创业研究表明，叙事不仅有助于创业者获取资源，⑧ 亦有助于建构认同，⑨ 后者往往与诸如艰辛、

① HOLLOWAY I，FRESHWATER D.Vulnerable story telling：narrative research in nursing[J]. Journal of research in nursing，2007（6）.

② FOSS L. “Going against the grain…” construction of entrepreneurial identity through narratives[M]//HJORTH D，STEYAERT C. Narrative and discursive approaches in entrepreneurship：a second movements in entrepreneurship book. Northampton，MA.：Edward Elgar，2004：80–104.

③ BUCKLE S A，ZIEN K A. The spirituality of innovation：learning from stories[J]. Journal of product innovation management，1996（5）；SMITH R，ANDERSON A R. The devil is in the e–tale：forms and structures in the entrepreneurial narratives[M]//HJORTH D，STEYAERT C. Narrative and discursive approaches in entrepreneurship：a second movements in entrepreneurship book. Northampton，MA.：Edward Elgar，2004：125–143.

④ MCADAMS D P. Personality，modernity，and the storied self：a contemporary framework for studying persons[J]. Psychological inquiry，1996（4）.

⑤ SMITH R，ANDERSON A R. The devil is in the e–tale：forms and structures in the entrepreneurial narratives[M]//HJORTH D，STEYAERT C. Narrative and discursive approaches in entrepreneurship：a second movements in entrepreneurship book. Northampton，MA.：Edward Elgar，2004：125–143.

⑥ 张慧玉，程乐 . 创业叙事研究述评与展望 [J]. 商业经济与管理，2017（3）.

⑦ GIDDENS A. Modernity and self–identity：self and society in the late modern age[M]. Cambridge：Polity，1991.

⑧ MANNING S，BEJARANO T. Convincing the crowd：entrepreneurial storytelling in crowdfunding campaigns[J]. Strategic organization，2016（2）.

⑨ COHEN L，MUSSON G. Entrepreneurial identities：reflections from two case studies[J]. Organization，2000（1）；COHEN L，MALLON M. My brilliant career？ using stories as a methodological tool in careers research[J]. International studies of management&organization，2001（3）；DOWN S，WARREN L. Constructing narratives of enterprise：clichés and entrepreneurial self identity[J]. International journal of entrepreneurial behaviour and research，2008（1）.

清醒 / 节制、创造力和独立等价值观相联系，是在不同话语间穿梭旅行、反思的过程。① 叙事反映、创造了一个社会、组织或职业的文化观念，提供了一种建构身份认同的方法和意义系统。② 如果说创业是一种新价值观的创造，那么叙事则使这些价值观得到传递。

有学者提出，媒体创业的价值观强调媒体从业者的自我认同应从"组织者"转向"创业者"，以"创业型自我"的概念来建构工作主体性。③ 创业者在塑造"创业型自我"时，一方面突出其创业产品与既存事物的差异，另一方面也展现其在某些特征上与既有事物的相似性。简而言之，阐述一个新的职业认同的形成将围绕连续性和差异两个层面进行。④ 马特·卡尔森（Matt Carlson）和妮娅·厄舍（Nikki Usher）通过分析新闻初创企业的创业宣言，指出它们通过宣告与传统新闻业既区分又有所继承的价值立场批评了传统新闻业在应对变革、试错方面的迟滞行为，同时以实验的态度推动媒体创新，从而使其与专业新闻业单一化的声音形成鲜明对比。⑤ 在这一框架下，媒体创业带来的新问题对记者的职业认同也产生了新影响。传统意义上，记者的专业认同与实践是基于公众服务、客观性、自主性、伦理等共享的职业意识形态。⑥ 这些职业意识形态相比商业价值在塑造一个记者的认同与实践上更具有优势。⑦ 而随着社会环境、职业环境的变化，人们也需要对职业认知建立新的意义。例如，在新媒体环境下工作的记者，由于组织环境、工作常规和职业价值观的调整，其对于其作为记者的职业认同往往会产生疑问。⑧ 简·辛格（Jane Singer）提出，在媒体创业环境下，我们应当将记者重新理解为创业者，考察他的创业对新闻业的传统职业规范与价值观产生的冲击和由此进行的调整。⑨ 这意味着，对媒体创业者的身份认同的理解，将围绕着与既有的职业认同的差异和共性而展开，这将是一个区分"自我"与"他者"的过程，而从传统媒体人转向创业媒体人的过程，使创业叙事的展开具有了时间上的秩序。

创业价值观的传递和创业者认同的建构，有赖于被一个社会或一个群体所接受的隐喻、传说、神话与寓言等叙事工具，它们融合在创业叙事中的起因、过程、结果之中。⑩ 琳恩·弗

① FOSS L. "Going against the grain…" construction of entrepreneurial identity through narratives[M]//HJORTH D，STEYAERT C. Narrative and discursive approaches in entrepreneurship：a second movements in entrepreneurship book. Northampton，MA.：Edward Elgar，2004：80–104.

② SMITH R，ANDERSON A R. The devil is in the e–tale：forms and structures in the entrepreneurial narratives[M]//HJORTH D，STEYAERT C. Narrative and discursive approaches in entrepreneurship：a second movements in entrepreneurship book. Northampton，MA.：Edward Elgar，2004：129.

③ 张煜麟 . 从"组织人"到"创业者"：媒体从业者职业图像的变迁 [J]. 新闻记者，2014（8）.

④ JONES S，MILLERMAIER S，SCHULER J，et al. Whose space is myspace？ a content analysis of myspace profiles[EB/OL].（2017–10–06）[2017–11–01]. http：//dx.doi.org/10.5210/fM. v13i9.2202;DOWN S. Narratives of enterprise：crafting entrepreneurial self–identity in a small firm[M]. Northampton，MA. Edward Elgar，2006.

⑤ CARLSON M，USHER N. News startups as agents of innovation[J]. Digital journalism，2016（5）.

⑥ DEUZE M. What is journalism？ professional identity and ideology of journalists reconsidered[J]. Journalism，2005（4）.

⑦ BAINES D，KENNEDY C. An education for independence：should entrepreneurial skills be an essential part of the journalist' s toolbox？ [J]. Journalism practice，2010（1）.

⑧ CHADHA M. What I am versus what I do：work and identity negotiation in hyperlocal news startups[J]. Journalism practice，2016（6）.

⑨ SINGER J. Reinventing journalism as an entrepreneurial enterprise[M]//PABLO J，ANDERSON C W. Remaking the news：essays on the future of journalism scholarship in the digital age. Cambridge，MA.：The MIT Press，2017：195–210.

⑩ SMITH R，ANDERSON A R. The devil is in the e–tale：forms and structures in the entrepreneurial narratives[M]//HJORTH D，STEYAERT C. Narrative and discursive approaches in entrepreneurship：a second movements in entrepreneurship book. Northampton，MA.：Edward Elgar，2004.

斯（Lene Foss）指出，创业叙事可以帮助个人重构过往、认知当下和预测未来，从而使个人生命历史具有结构感。① 在创业叙事结构之下，不同的隐喻（如旅行、养育、竞赛、建设、战争、反传统、激情等②）被叙事者使用并被赋予不同意义。既有研究表明，个体创业者的经历被塑造成一种被广泛接受的神话，这样既可以将复杂的创业现象简单化，也可以产生激励众人的效果，因为创业家都是个人英雄式的人物。③ 不仅在经济领域如此，在媒体创业领域亦然。在美国，媒体管理者和雇主越来越强调创业作为一项记者、编辑的个体属性而非组织属性，这意味着创业者需要改变以往专注于条线的劳动分工，而其结果是内容生产与商业运作的融合。④ 有学者指出，新闻界近年来出现的数字媒体及其创新形式与 20 世纪中叶出现的公共事务电视节目具有异曲同工之妙，其背后都与三种现象紧密相关，这三种现象分别是：受众和记者对职业新闻的不信任催生了新的媒体类型与形式，新闻竞争因受内部与外部力量刺激而日益激烈，以及参与新闻创业的记者和编辑具有独特人格魅力。⑤ 而关于创业新闻的媒介话语分析发现，尽管媒体创业可能带来内容生产与商业运营融合而导致的伦理问题，但媒体创业仍然被广泛地视为一种积极现象，对新闻业在数字时代的生存至关重要。⑥

总之，本文所关心的问题是：中国媒体是如何讲述媒体创业故事的？它们叙述了什么样的媒体历史、现状并描绘了什么样的前景？媒体创业叙事建构了什么样的职业想象与职业认同，塑造了什么样的媒体创业偶像或者反面典型？这种创业者认同的建构，与媒体行业的变革、转型具有何种关联？

本文研究资料来源有二：一是作者以“媒体 + 创业”“内容创业”为关键词搜索特定微信公众号（包括但不限于创业家、36 氪、传媒狐、南友圈、新榜、闹客邦、刺猬公社、钛媒体、三声、DoNews、铅笔道、创业邦、财经记者圈、AI 蓝媒汇等）中的原创文章，还有作者近四年来对相关案例文本的收集，由此作者共获得文章 189 篇；二是作者从百度新闻检索 2014 年至 2017 年 12 月有关媒体人创业的评论与报道，共获得 398 篇，去除重复、无关者之后得到 165 篇。需要指出的是，本文无法亦无意于穷尽所有关于媒体创业的叙事文本。在完成数据收集之后，作者开始对材料进行重复而深入的阅读，归纳其主题、情节、隐喻、神话等叙事要素。

---

① FOSS L. “Going against the grain…” construction of entrepreneurial identity through narratives[M]//HJORTH D，STEYAERT C. Narrative and discursive approaches in entrepreneurship：a second movements in entrepreneurship book. Northampton，MA.：Edward Elgar，2004：99.

② DODD S D.Metaphors and meaning：a grounded cultural model of us entrepreneurship[J]. Journal of business venturing，2002（5）.

③ DODD S D，ANDERSON A R. Mumpsimus and the mything of the individualistic entrepreneur[J]. International small business journal，2007（4）.

④ WITCHGE T. Changing audiences，changing journalism？[M]//WRIGHTPL，PHIIPS A，WITCHGE. Changing journalism. London：Routledge，2011：117–134.

⑤ PRENGER M，DEUZE M. A history of innovation and entrepreneurialism in journalism[M]//PABLO J，ANDERSON C W. Remaking the news：essays on the future of journalism scholarship in the digital age. Cambridge，MA.：The MIT Press，2017：235–250.

⑥ VOS T，SINGER J. Media discourse about entrepreneurial journalism：implications for journalistic capital[J]. Journalism practice，2016（2）.

三、媒体创业叙事的结构与主题

媒体创业叙事在结构（传媒业的变革）与能动性（媒体人的进退选择）的主题下形成了时间、职业变动的秩序，这个秩序围绕着两个有鲜明对比的主题——传统媒体正处于动荡，而新媒体创业正迎来“黄金时代”。而随着媒体创业研究的深入，关于创业中的探索过程与阶段性结果都在不断地被叙述。

（一）传统媒体的动荡：困境叙事

媒体创业叙事往往以传统媒体遭受技术冲击发生行业性动荡为宏观语境，强调传统媒体遭遇新媒体技术冲击，内容生产管辖权被瓦解，商业模式陷入困境，经营收入急剧下滑，媒体人才频繁流失，转型前景充满不确定性。“危机”“商业模式崩塌”“传统媒体的寒冬”“断崖式的坠落”“遭受巨大冲击”等热门词汇被频繁地用来开启媒体创业叙事。正如胡舒立指出的那样：“新闻媒体这个行业，近来出现许多变化和动荡，转型冲击强烈。因此，‘创业’是我们这个行业最近的热词。”[①]

而更为常见的是，创业叙事不断将传统媒体的困顿和新媒体领域的吸引力并列叙述。在发表于 2015 年年初的一篇文章中，前媒体人朱学东这样总结道：“在政治和技术以及自身体制的先天性疾病的多重夹击下，传统媒体从业者无法突破事业的天花板，看不到未来。职业的想象空间和尊严同时在丧失，而技术主导的新平台财富的想象空间以及其他领域企业现实的实惠，都在诱惑着越来越多的人转身，或创业，或转型。”[②]甚至于，创业叙事向传统媒体人发出了哲学意义上的提问：“传统媒体的日渐式微，新媒介的迅猛崛起，To be or not to be？与其做困兽之斗，不如选择迈步向前，越来越多的媒体精英选择变革中涅槃重生。”[③]传统媒体的颓势与新媒体的光明前景相比较，媒体创业也就成为一种自然发展的趋势。

（二）新媒体创业的开启：“黄金时代”叙事

区别于传统媒体的困境叙事，媒体创业叙事为基于新媒体的创业构筑了“黄金时代”的诠释框架。就新媒体创业出现的时间长度而言，“黄金时代”之说仍有待时间的考验，也因此其更多的是作为一种集体声称与呼吁。如果说怀旧叙事中的“黄金时代”神话围绕着职业的青春成长与赋能、宽松的组织环境以及推动社会进步的“新闻理想”[④]，那么创业叙事中的“黄金时代”神话则指向了新的内容。

第一，它以乐观积极的态度表明新媒体技术变革带来的历史性机遇，而善于抓住机遇的是传统媒体行业的精英，他们往往对行业变动保持敏感。在这一叙事基调下，新媒体技

---

① 胡舒立 . 创业与专业——十字路口的中国新闻人 [EB/OL].（2014-04-28）[2016-10-11]. http：//hushuli.blog.caixin. com/archives/70545.

② 朱学东 .2014：中国传媒业大事点评 [EB/OL].（2015-01-07）[2017-01-20]. http：//www. ftchinese.com/story/001059987.

③ 参见方糖小镇微信公众号 2016 年 1 月 15 日的文章：《媒体人的“解放”之路》。

④ 李红涛 . 点燃理想的日子：新闻界怀旧中的“黄金时代”神话 [J]. 国际新闻界，2016（5）；陈楚洁 . 媒体记忆中的边界区分，职业怀旧与文化权威 [J]. 国际新闻界，2015（12）.

术对媒体内容生产格局产生了巨大冲击，小型初创媒体以低成本触及广泛受众群体成为可能。创业者们声称“技术的变革带来了新渠道的开拓，新渠道对于内容的需求才带来了内容创业的春天”，“现在是媒体人创业最好的时候”，“现在是内容创业的黄金时代”，如此一来，拥抱新媒体创业也就成为大势所趋。从原央视新闻频道主播邱启明的讲述中，我们可知互联网技术的变革拓宽了以社交媒体为依托的内容创业的历史性机会窗口。

内容红利的窗口一直都在。如果说过去的窗口外大概能站一百人，技术的变革、互联网优势的扩大让窗口变得越来越大，我们可以理解为技术的出现帮助内容生产者在窗外修了楼梯，远的人站在梯子上一样可以看到窗内的内容。就这样，过去的几年间，内容创业迎来了“时代性的商机”……①

第二，它指向了内容消费的细分化及其商业潜力的再发掘。在创业叙事中，技术变革促进了媒体内容生产的去中心化，而受众 / 用户群体的细分以及移动互联网语境下内容消费的多元化所蕴含的商业价值，成为新媒体创业的经济基础。传统媒体时代的“内容为王”开始让位于“内容平台”“内容产业”“内容创业”“内容产品化”“内容商业化”“内容付费”“知识服务”等热词以及“内容市场的火热源自其背后的商业价值”等趋势判断。在“刺猬公社”创始人叶铁桥看来，“内容消费的升级也在逐渐发生。在 PC 时代习惯免费阅读的受众，开始愿意打赏、订阅、包月购买内容，有很多内容生产者已经完全能够依靠内容生产而过上不错的生活”②。

基于垂直领域的初创媒体还因其商业潜力而受到风投资本的认可。一家专注于新媒体项目投资的风投基金负责人概括了他们在垂直领域的投资偏好，“我们投的十来个财经项目里边，绝大多数都是基于某一个细分市场的财经新媒体”③。其对新媒体融资现象的概括也表明，“在投资者眼中，‘垂直化’是大势所趋。如今，最受网友热捧的新媒体平台往往集中在汽车、财经、美食等垂直领域。这直接体现在新媒体投资风向上……”④简而言之，互联网用户对内容消费的细分化以及创投资本对垂直领域内容创业的偏好，正在影响新媒体创业的内容格局。

第三，基于新媒体的创业实现了融资与估值的迅速增长，是媒体人“理想”与“市值”的双赢。借助于社交媒体，风投资本方也成了讲述媒体创业故事、构筑媒体创业前景的重要主体。有些传统媒体人也转型成为风投资本的合伙人，如高樟资本的范卫锋、紫牛基金的张泉灵。风投资本方还提出，“当旧的生产关系瓦解之时，其中先进的生产力应该得到释放，得到自由，得到机遇。应该有人向他们投资，投资媒体行业的内容极客”⑤。通过展现新媒体创业领域获得风投资本融资的典型案例，创业叙事刻画了风投资本入局的正面形象，也以此来展示媒体创业的勃勃商机。

“资本入局新媒体创业领域并被业界关注始于两年前。2014 年，上线两个多月的‘一

① 参见微信公众号 36 氪 2017 年 7 月 31 日推出的文章《沉静的力量才有〈远方〉，邱启明作为媒体人的创业转身》。

② 叶铁桥 . 我为什么要离职创业 [J]. 青年记者，2016（11）.

③ 腾讯财经 . 高樟资本 CEO 范卫锋：期待自媒体的内容质量超越传统媒体 [EB/OL].（2016-07-06）[2016-11-12]. http：//finance.qq.com/a/20160706/046230.html.

④ 卢泽华 . 资本搭台 内容唱戏 新媒体创业进入“天使”时代 [N]. 人民日报（海外版），2016-04-21（8）.

⑤ 范卫锋：我要做内容的“看门狗”[EB/OL].（2015-11-09）[2015-11-20]. https：//baijia. baidu.com/s?old_id=223264.

条’公众号获得挚信资本数百万美元的投资。此后，新媒体创业融资开始进入加速期。2015 年 10 月，自媒体平台‘罗辑思维’宣布完成 B 轮融资，其 13.2 亿元的估值将新媒体融资推向新的高潮。”①

第四，“黄金时代”叙事还指向了媒体创业者塑造共同体的努力以及为先行者加冕的集体仪式。在内容创业、自媒体人成为流行热词的背景下，创业媒体人试图通过建立松散的互助社群，交流创业理念，分享创业资源，建立创业者的群体认同、规范与愿景。如由原南方报系媒体人组成的南友圈，为媒体人提供创业空间、培训的方糖小镇，由新榜、刺猬公社、钛媒体、自媒社等初创媒体举办的年度峰会、论坛、沙龙，以及由内容平台媒体组织的内容创业者大会、颁奖礼等，不断凸显内容创业者身份的价值与重要性。有创业者表示，“创业是杯苦咖啡，如果我们给你加一点糖，你会甜一点。如果大家相互加一点糖，创业的过程就会美好很多”②。换言之，媒体创业者不再是独行者。

第五，“黄金时代”叙事还指向了制度层面上创业政策的推动作用，将媒体创业置于近年来国家推出的“双创”政策框架下。媒体创业也因此被认为是曾经的“无冕之王”在万众创新的潮流中寻求“解放”之路。③典型说法如“在国家‘双创’政策的引导下，媒体人创业也成了最受人关注的选项”，以及“伴随着万众创新，媒体人离职创业蔚然成风”。更为重要的是，制度上推动的创业潮流也使媒体人产生新的热情——“冲破传统媒体制度束缚的媒体人，在‘双创’大潮中仿佛找到了曾经的‘干劲儿’‘理想’和‘情怀’，一个全新的媒体人创业季宣告到来。”④

（三）创业前后的职业体验：从焦虑、压抑到开阔、自由

媒体创业叙事往往将媒体创业描述为一个向过去告别，同时向新媒体领域出发的旅程。创业之前与创业之后的经历在创业叙事中形成鲜明对比。

1. 巨变之下克服恐惧与焦虑

传统媒体的动荡难以再给媒体人带来“激情”与职业想象空间，而精英同行的离开又加剧了职业焦虑感与危机感——传统媒体的荣光不再，媒体人何以安身立命？在张泉灵的自述和媒体的报道中，我们看到这样一个故事发生的过程：传统媒体转型迟滞，未能及时掌握受众习惯的变化，导致媒体人难以在职业与社会变化之间建立直接联系，从而产生职业焦虑感与危机感。

“媒体人张泉灵有些看不懂了。传统媒体信息权被社交媒体瓦解，外面的世界不断翻页，身处信息最前沿的张泉灵突然感到了恐惧、焦虑，她发微博说，自己被‘时不我待，知识缺口巨大’弄得焦虑无比。”⑤

另一位创业者在故事分享中直指媒体人在行业动荡时期面临“一个充满不确定性的年代”，“充满忧思、困惑和恐惧。这很正常。可是我们不能什么事情都不做。与其被恐惧

---

① 卢泽华．资本搭台 内容唱戏 新媒体创业进入“天使”时代 [N]. 人民日报（海外版），2016-04-21（8）.

② 参见微信公众号方糖小镇于 2015 年 12 月 22 日发布的文章《前媒体人创业成功，公益支持同行转型》。

③ 参见微信公众号方糖小镇于 2016 年 1 月 15 日发布的文章《媒体人的“解放”之路》。

④ 栾春晖．“媒体 +”时代媒体人迎来创业季 [J]. 青年记者，2015（11）.

⑤ 参见微信公众号钛媒体于 2017 年 12 月 4 日发布的文章《专访“百变”张泉灵：投资活得“像狗”，并非华丽转身》。

包围，不如去顺应它，拥抱它”。[①] 然而，职业环境不确定性的增强与同行的陆续离场、转场无疑搅动了媒体人职业士气与神经。

外部的风云变幻也撩拨着她的情绪。传统媒体式微，技术革命让周遭的一切都沸腾了起来，整个行业在“动荡”，媒体领军人物纷纷离开工作了十七八年的传统媒体。……易小荷的同事或创业，或转型……纸媒新闻人转型的焦虑最终逼出了易小荷的抑郁症。[②]

于是，媒体创业成为一个克服职业危机感、恐惧感乃至治疗职业病痛的过程，人们对这一过程的描述也将媒体创业医疗化和自然化：困守衰落期的传统媒体备受疾病困扰，而创业则成为治疗的药方。

2. 实现对自由与自主的向往

在媒体人走出体制开始创业的叙事中，旅行成为基本的诠释框架。与旅行有关的隐喻，诸如“拓荒者”“探索者”“摸着石头过河”“改变潮水的方向”“登山”“十字路口”“柳暗花明”“创业是一场修行”，以及带有宗教色彩的“出埃及记”等描述都将媒体创业者的转型探索赋予神话意涵。在呼吁打造“11·9 中国自媒体节”的大会上，内容创业者们以乐观的笔墨描绘了媒体创业的新场景：“互联网以降，用户主权既开，去中心化势不可当，话语霸权渐行渐远。媒体人转场，自媒体潮平岸阔，内容创业风正帆悬……”

在旅行的隐喻中，媒体创业叙事创造了媒体人通过新媒体创业实现独立自主、自由和获得更多职业空间的创业神话。诸如，“让我们发现生活的另一种可能”“做自己擅长且真正想做的事情”“和志趣相投的人做一件有趣的事”等。以原央视记者武卿为例，她在辞职创业之前经历过职业上的压抑和挣扎，“生产力、创造力不能充分释放的压抑感，离地三尺没有着落的空洞感，从 2010 年就开始有了。”无论她怎么努力都“无法填补内心的空洞，它反而越来越大”[③]，而创业之后，她感到自己“终于可以淋漓尽致、旁若无人、不急不缓地做事”，“感觉空间打开了，……打开的有发展空间、人际关系空间，更重要的是心理空间”。[④]

（四）未知的结局与丛林式的竞争

与“黄金时代”的乐观叙事形成差异的是，战争隐喻被用于刻画新媒体创业即将面临的激烈竞争，一边是前景的光明，一边则是为内容流量与商业资源而激烈竞逐的紧张与曲折。其热门词汇包括“红海战场”“千军万马”“前赴后继”“千里马”“冲锋舟”“瞭望塔”“武器”等。这些竞争不仅包括创业者之间的竞争，还包括创业型媒体与传统媒体、大型互联网平台的竞争。一篇悼念前媒体人、原“春雨医生”创始人张锐的文章正是以战争来形容创业路上的残酷景象。

来自投资方的盈利需求、竞争对手的“挖角”与攻击、媒体舆论的怀疑与唱衰、合伙人的离开与背叛、员工的懈怠与流失、家人的担心，最可怕的是失去信心的自己……“下

① 参见微信公众号高樟会于 2017 年 11 月 23 日发布的文章《迟宇宙：我们打得赢与写稿机器人的战争吗？》。

② 参见微信公众号火星实验室于 2017 年 10 月 25 日发布的文章《前“篮球第一女记者”易小荷：传统媒体衰落期，文艺治疗抑郁的伤》。

③ 参见微信公众号卿谈于 2015 年 9 月 11 日发布的文章《武卿：告别〈焦点访谈〉我创业了 临了有些真话想说》。

④ 参见微信公众号传媒狐于 2015 年 9 月 16 日发布的文章《告别〈焦点访谈〉，武卿：央视和辞职都再不谈了》。

海”创业的激情燃起的时候，就算战八方，也有“虽千万人吾往矣”的万丈豪情。[①]

2016 年年初的“新榜”还以颇含诗意的语言发出迎接内容创业者之春的呼唤，到了 2017 年年底则以进化论来形容即将到来的内容创业场上的“生死存亡”。

这一年，内容创业者在内容迭代进程中摸爬滚打，经历风风雨雨，甘苦自知。……传统媒体时代培养出的“内容熟练工”已全部抵达新媒体战场，缺乏“内容基因”的、不懂精雕细琢的新媒体，将在本轮大洗牌中直面“生死存亡”，号亦然，小编亦然。……物竞天择，适者生存，内容创业的玩法仍然在不断进化。[②]

就此而言，所谓媒体创业的“黄金时代”是短暂的，媒体创业者的生存法则仍然是残酷的优胜劣汰，他们在技术变革、政策监管、流量竞争、平台统合、资本变动的不稳定状态下经历创业的跌宕起伏。

四、从记者到创业者：职业认同的重构

（一）职业角色的转型：从单一到多元

1. 角色定义的调整

首先，新的角色定义在于迎接挑战和适应变化，在创业的未知旅程上成为探索者。“刺猬公社”在 2017 年 12 月发布的年会邀请词中，将主动迎接变化并探索内容生产新边界的“媒体人”定义为“新内容探索者”——他们“没有因茫然而不知所措”，没有“因麻木而随波逐流”，而是像探路的先知一样，“积极求索，主动探知各种可能”，“站立在变化的潮头上，身体力行地探索着当下内容变化和发展的可能性，拓展着内容的边界，创造出新的物种，丰富着社会对内容和内容生产者的认知”。尽管“新内容探索者”未必都指向创业媒体人，但“刺猬公社”从探索者的角度赋予媒体创业者一种新的身份特征。[③]

其次，创业者的角色定义更为多元，而传统媒体记者的角色是单一的，这在关于创业媒体人的新称呼中也可见一斑。传统意义上的记者在创业之后需要成为内容创业者、内容拓荒者、内容提供者、先行者、自媒体人、创始人等。以往单纯负责采写、编辑的新闻记者，创业之后必须承担多重、交叉职责，“要从单纯的记者、编辑角色向管理者、经营者等角色过渡、融合”。在“闹客邦”创始人栾春晖看来，离职媒体人参与的媒体创业正迎来从单一个体参与向集体性参与的新阶段。

从零星的行为，到今天集中式的离职创业，从曾经做一个具体项目，到今天做投资（徐诗和范卫锋）、创业服务（“南友圈”），媒体人投入创业浪潮中，扮演的角色日益多元，日益显现系统化的特点。从单兵作战到集团作战，从个体户创业到有强有力的组织保障（创业服务社群与新媒体投资基金），不断升级。[④]

再次，就媒体与受众的关系而言，传统媒体时代是记者—受众关系，而初创媒体则将

① 参见微信公众号界面于 2016 年 10 月 9 日发布的文章《媒体人创业：血战八方的残酷图景》。
② 参见微信公众号新榜于 2017 年 12 月 29 日发布的文章《有些人会熬不过去，有些人会活得更好》。
③ 参见微信公众号刺猬公社于 2017 年 12 月 11 日发布的文章《让让道，刺猬公社的年会来了！》。
④ 栾春晖．“媒体 +”时代媒体人迎来创业季 [J]. 青年记者，2015（11）.

受众定义为“用户”“粉丝”或业余内容提供者。不断有创业媒体人指出，参与创业之后，他们与用户的互动增强，媒体人的角色不再是单向的传播者，强化了互动、参与、社群关系维护等。例如，“大米和小米”创始人姜英爽表示：

在传统媒体中，做新闻不知道服务了谁，得不到直接反馈。所以传统媒体的新闻传播方式的消亡是必然的。真正的新闻应该是互相反馈、信任增进的，这些我在做自媒体的时候深深地感受到了。而且我现在面向的领域是垂直性的，我能直接感受到服务对象的心痛，也感受到了他们的快乐。①

最后，媒体人和媒体的定位也在改变，不再局限于单纯制作通俗的大众新闻，而是围绕着适合用户的内容进行生产和传播，向用户提供必要的知识（如教育、财经、健康知识）和服务。在“罗辑思维”的自我定位中，我们看到其定位从个人化的内容生产者转变为多元化的“知识服务商”。

罗辑思维早就不再是展示罗振宇个人知识“脱口秀”的地方，它已经是一家拥有得到App、罗辑思维、时间的朋友跨年演讲等产品的知识服务机构。无论你喜欢与否，它都成为一面旗帜，引领着整个新媒体及内容行业摸索和变革的步伐。②

总之，初创媒体不仅仅是传统媒体的一种补充，它更新了人们对媒体的定义，同时也让媒体创业者跳出传统体制的框架。这带来了两种结果，一方面是媒体理念的革新，另一方面也可能使初创媒体不再遵循媒体专业伦理。比如，创业新媒体的内容生产更多地迎合用户需求，内容定位从思想启蒙转向了生产迎合粉丝的争议性文章。于是，一些自媒体创业者提出了用户至上的游戏规则，认为“做内容，关键要解决用户的七情六欲”，“在用户的有限时间里，谁能最大限度地满足他的诉求，谁就是用户需要的内容形态”。

2.“商人”与务实主义者

媒体人角色的转变也带来他们对过往职业认同的调整，既有发扬也有否定。尤其是当创业媒体人为了使创业项目有良好的经济支撑必须与资本打交道时，他们的角色定位不再是在内容生产与商业运营之间建立防火墙，相反，是要充分利用资本来促进初创媒体的存续与壮大。首先，创业者肯定商业运作对初创媒体生存的重要性。媒体创业者作为商人的角色，兼顾的内容生产、融资、推广、商业变现等多项任务因此得到强调。有创业者直言：“出来创业就是商人的身份，为团队找到生存之道，帮投资人赚钱，帮小伙伴们富裕，这是最大的情怀。”③ 也有人感慨这种身份的转变，指出，“他们，敲键盘的文人，最终都变成了自己曾经报道的商人”④。这种身份的转变还意味着从理想主义者转向务实主义者，“十余年的时间里，经历坎坷与磨练，他从一个意气风发的记者变身为踏踏实实的创业者”⑤。关于“央视创业帮”的描述中，罗振宇、马东等人被当作了典型。

与罗振宇类似，马东成了务实主义者。于是，你可以看到，他聪明地在《奇葩说》里

① 参见微信公众号传媒狐于2017年3月22日发布的文章《雷文峰事件首曝者姜英爽：我用“南都血液”创业》。

② 参见微信公众号新榜于2017年12月26日发布的文章《脱不花：罗辑思维的天花板在哪？》。

③ 参见微信公众号刺猬公社于2017年6月4日发布的文章《创业3年失败两次，前南周首席评论员李铁这次想做一个真正的商人》。

④ 参见微信公众号财经女记者部落于2015年1月20日发布的文章《主编大人都去创业：一个时代结束了》。

⑤ 陈健，夏琪. 媒体人王乐创业：在磨砺中“重启”在“顺势”中有为[EB/OL].（2015-11-30）[2016-02-11]. capital. people.com. cn/n1/2017/1130/c405954-29676202.html.

玩花式口播广告，同时讨好广告主和观众，也会在许知远的《十三邀》里笃定地与年轻人站在一起，避而不谈这个时代的焦虑和不安，毫不避讳自己的商人身份——这些，恰恰都是年轻人喜欢的，而后者是米未传媒最重要的受众。从这个维度上看，马东已经顺利完成了从媒体人到创业者的转变。①

在这里，“媒体人”与“创业者”的角色预期和行为逻辑是存在差异的，“媒体人”可能对“商人的身份”羞于启齿，不“讨好广告主和观众”，要“谈论这个时代的焦虑和不安”，而“创业者”则要求成为务实主义者，要在商业、资本、受众之间游刃有余。

其次，他们从创业者本位的伦理出发，认为商业与资本运作并不必然与内容生产矛盾，关键在于平衡。在百神传媒创始人庄慎之看来，商业与内容生产之间并不天然对抗，而商业运作是企业回馈资本投资的方式。

我不是一个纯内容的原教旨主义者，不像一些传统的报人那样特别理想主义，天然觉得商业会对内容造成伤害，在商业和内容之间要砌一道墙。现在做内容，采编、经营很难完全分得开，主要在于决策者拿捏的尺度。……我还是知道柴米油盐贵的。人家要投钱进来，也不是给你成就梦想的，你得呈现出未来盈利的可能性，就算这个东西不盈利，但如果能够树立品牌，在其他方面带来效应的话，也行。②

可见，“商人”作为一个在传统媒体时代与“记者”相对立的称呼，现在成了创业媒体人所要承担的一种重要角色。通过商业运作维持初创媒体的生存与发展，这已被当作一个既符合创业伦理，又能证明转型创业成功的标志。

（二）“昨日之我”与“今日之我”的纠葛：内部创业 vs 新媒体创业

创业叙事常常涉及对媒体人过去、现在与未来的描述，通过时间秩序上的勾连，创业者的职业认同也被赋予了历史语境。不同的叙事主体也对这一时间秩序上的不同阶段赋予了不同意义。总体来说，传统媒体叙事倾向于强化媒体创业者过去的职业经历，突出传统媒体的职业训练对他们所产生的影响；而媒体人则倾向于陈述传统媒体机制的弊病，将自身的创业视为个体对科层结构不满而采取的应对办法。

1. 传统媒体视角的叙事：传统媒体从业经历成创业法宝

立足于传统媒体转型视角的媒体叙事将媒体人创业视为其传统媒体职业经历的延伸。在《南方传媒研究》关于媒体创业的专题中，编者按中写道：

他们曾经都是传统媒体记者，都在广州大道中289号大院共事。由于各种原因，他们走上创业之路，并且获得成功。他们还有这样的共性：当年作为报纸记者，表现都很优秀，硕果累累，实现了新闻理想；传统媒体人的转型，方向路径明确，得施所长，少走了许多弯路。……他们善于在生活中发现需求，并且尽快地满足需求。他们的故事还告诉人们，成功的根本与其曾经从事报纸新闻工作，与其充分发挥自身优势有很大关系……③

在《南方日报》的描述中，曾在《南方都市报》工作的王玉德“辞职创业是考虑已久的选择”，其之所以创办财经新媒体是基于在纸媒的经验积累。

---

① 参见微信公众号首席人物观于2017年10月9日发布的文章《央视创业邦沉浮录》。

② 参见微信公众号刺猬公社于2017年4月24日发布的文章《“庄子”一去不复返，一头扎向自媒体》。

③ 南方传媒研究编辑部．编者按[J]. 南方传媒研究，2016（61）：3.

在《南方都市报》任职期间，王玉德发起创办过多个商业项目，如“南都总裁读书会”等。……因为各方面的原因，这些尝试并没有达到王玉德的理想状态，但在这些项目中他积累了在采编岗位上很难得到的经验，这也增加了他最终出走创业的把握和决心。①

对传统纸媒来说，媒体人走出体制创业并不能说明传统媒体体制存在问题，反而证明了传统媒体工作经历对媒体创业的重要性：在传统媒体工作的经历使他们发现了新媒体创业机会，积累了社会资本进入新的领域。

2. 创业者视角的叙事：从体制内走向体制外

从媒体创业者的视角来看，传统媒体内部创业被视为传统科层体制下的“困兽犹斗”，是媒体创业的“他者”。通过确立这个他者，媒体创业叙事突出了具有个体化色彩的媒体创业机遇和空间。

媒体内部创业被谈论的第一种场景是创业媒体人曾经在体制内试图创业的经历。一个常见的情节是：创业媒体人亲历、参与了新闻业的“黄金时代”，并且尝试在媒体剧变时期推进内部创业创新实践，然而往往因受到多种限制而难以如愿，于是选择走出体制进行媒体创业。例如，一位原都市报副总编苟骅这样描述自己的体制内创业经历：

“在传统媒体中，我经历过纸媒的黄金时代，也看到它在最后的十年慢慢下滑。”谈到他跳出传统媒体，开始创业的原因时，苟骅这么告诉界面记者。在探索媒体转型的过程中，苟骅不仅尝试推进媒体自身的互联网化，也希望能够带动媒体人在内部进行创业孵化。然而他发现，他的尝试往往会受到诸多掣肘，无法突破。在多年的努力未果后，苟骅终于选择跳出体制。②

创业叙事一方面对传统媒体内部创业持有否定论，另一方面通过对创业者的职业经历的叙述完成了对媒体创业精神的召唤，从而建立这样一种连贯的职业经验：创业者的创业精神不变，媒体创业是对内部创业的扬弃。在谈到辞职创业时，原央视新闻频道调查记者武卿这样说：

“创业”之于央视，不陌生，也不遥远。十三年前央视吸引我的，就是它内部的创业氛围——那种创业的热火和对社会的冷静凝视所交织而成的魅力之于我，就如同延安之于当年从四面八方汇聚而来的革命小青年。创业没有失败。创业者永远不死，理想永不凋零。③

媒体内部创业被谈论的第二种场景涉及传统媒体机构的创新体制问题，诸如产权与激励机制不清晰、协调机制不灵活、内部创业前景不明等。一位转型新媒体风投基金的合伙人谈到内部的创业机制无法适应移动互联网时代激烈的市场竞争要求，也就“无法解决媒体机构的未来出路问题”。

既然是创业，说明利益主体已经有分歧了；又叫内部，说明还是在旧机构的土壤上。当他需要其他“相关部门”配合、支持的时候，凭什么这些部门会比原来更加热情？……作为创业团队，当需要各种来自后方、兄弟部队的支持时，如果需要不断地沟通、协调、配合、平衡，创业团队的竞争力就会大打折扣。④

① 参见《南方日报》于 2015 年 11 月 16 日发布的文章《传统媒体从业经历成创业法宝》。

② 参见微信公众号界面于 2016 年 8 月 13 日发布的文章《从资深媒体人到新晋创业者 苟骅想搭建一个“自媒体人的 Uber 平台”》。

③ 参见微信公众号卿谈于 2015 年 9 月 14 日发布的文章《武卿：告别〈焦点访谈〉我创业了 临了有些真话想说》。

④ 参见微信公众号高樟会于 2014 年 11 月 13 日发布的文章《媒体人创业的黄金五年来了》。

人们对媒体内部创业的叙事还用上了“如蚍蜉撼大树，收效甚微”“所有的想象空间和尝试似乎已触及天花板”“如果不突破瓶颈，不可能再有新作为”等语句。总之，内部创业被脸谱化地展现出来：内部创业是不可能的任务。

尽管如此，仍然在专业新闻业内坚守的媒体人则继续认定媒体创业在机构层面上取得进展才能为传媒业带来真正的出路。以胡舒立为代表的专业媒体人指出，当前的媒体创业机会是个体化的，并未形成机构层面的制度实践。

转型从个体开始，形成创业潮。……但我想提醒，就目前所看到的商业机会而言，应当说这些新媒体形式，只属于单个新闻工作者的转型窗口，并没有为新闻机构的转型，提供解决方案。而做大事，做新闻的大事业，是要靠机构、靠公司的。①

换言之，不同于创业者们宣称的媒体创业具有颠覆性力量，新闻业的坚守者们仍然坚持基于大机构生产的新闻业的主导地位，而将个体化的初创媒体视为其补充。

总之，媒体创业叙事在涉及媒体人的过往职业经历时，产生了两种不同面向的评价：传统媒体机构的叙事淡化了内部创业所受到的体制束缚，但突出了创业者在传统媒体机构内获得的职业经验与方法论对体制外创业的正面意义；而媒体创业者则突出创业型的个体如何受限于不合时宜的组织机制；同时，他们在抽象层次上将个人的创业经历视为连贯的选择，既肯定了自己的内部创业经历，也为当下的媒体创业赋予更多意义。创业者对在传统新闻业的从业经历的双重态度，反映出他们在继承与区隔过去中面临着职业认同的调整与重构。

3.“理想”的再诠释与“媒体”的再定义

在媒体创业叙事中，媒体人之所以离开体制，是由于不能再实现职业理想，而创业则为实现职业理想创造了新的机会与可能。“理想”和“媒体”在创业叙事中都得到了重新诠释。在《中国记者》对小猪短租副总裁潘采夫的报道中，潘采夫将媒体工作和创业视为殊途同归之事。

老潘说，在这时，他实现了自己的价值理想。这个价值理想与他还是一个媒体人时的信念没什么不同。更确切地说，他成功地把自己的价值观、把自己推动社会进步的新闻情怀注入了新创的企业和独创的项目上，并借助新媒体和商业的力量实现了更大程度的传播和推广。“……在今天这样一个媒体泛化的时代……”潘采夫说，“像小猪短租这样的公司，本身就是一个媒体平台，因为它是生产故事的……成了一个各种故事的‘发生器’。”②

在这里，“媒体”的内涵和外延得到了拓展，只要涉及故事的生产和传播，就可以视为与媒体挂钩。简而言之，“媒体的定义从内容走向了更宽泛的以传递知识为目的的创业，跨越金融、健康、法律甚至更多行业。”③ 这些细分领域的创业，都被冠以“内容创业”的名号，构成了新的“内容为王”。

而“理想”也对创业项目起到了加冕和升华的作用，令人看到创业者是以昔日“推动社会进步”的理念投入创业的。甚至于，离开媒体核心的创业比过往的媒体工作创造了更

① 胡舒立 . 创业与专业——十字路口的中国新闻人 [EB/OL].（2014-04-28）[2015-08-21]. http：//hushuli.blog.caixin. com/archives/70545.

② 张垒 . 在互联网的创业创新中实现新闻理想 [J]. 中国记者，2016（4）.

③ 参见微信公众号传媒梦工厂于2017年1月9日发布的文章《“想象重生”2016中国新媒体创业大赛圆满收官》。

大的社会价值。比如，有创业者直言，“一篇报道改变一个人的命运，一个产品则可能改变无数人的生活行为习惯”，“用新技术、移动互联网将新闻之外的有趣的内容，传递给那些需要精致阅读和讨论的用户，不是一件美好的事情吗，不也是为社会创造财富，服务社会吗？”可以说，“理想”在这些叙事中被抽象化为一种泛指实现自身价值与创造一定社会价值的职业价值观。新媒体创业中的为用户利益着想、满足用户需求、为垂直细分受众群体服务等提法，都被打上了服务公众、促进社会改变的象征符号。某种程度上，“理想”的叙事隐含了一种悖论：对新闻业核心的逃离反而是为了更好地实现曾经的“理想”。

（三）创业偶像、失范者与专业理念

关于什么样的媒体创业者和媒体初创项目能成为模范，并未在现有的媒体创业叙事中取得共识。但那些被频繁引述的初创媒体项目及媒体创业者往往在创业项目融资或估值、商业变现模式（如知识付费、内容电商、社群经济）、营业收入、内容阅读量（10万+）、社会影响力等方面具有不凡的表现。《人民日报》（海外版）关于创业媒体人的报道可见一斑。

成功者引人注目。罗振宇的“罗辑思维”与马东的“奇葩说”，估值已远超10亿元，成为创业者的标杆……去年年底，王玉德的“无冕财经”也完成了第一轮数百万元的天使投资。①

作为媒体创业中的重要力量，有影响力的创业媒体、风投机构、内容平台媒体（如微信、今日头条、百度百家号、网易号等）等通过举办的各种年度大会、颁奖礼等行业仪式和制订的激励计划遴选、彰显其认可的媒体创业项目，也在塑造新媒体创业的偶像。

另外，初创媒体中也出现了有违传统媒体伦理的现象，凸显了这一新兴现象的繁荣表象之下的失范。它们至少涉及内容创业中这样一些引发争议的表现：缺乏查证、观点多于事实、抄袭、煽情迎合粉丝等。于是，在商业变现和阅读量上表现非凡的“示范者”也成为具争议性的“失范者”，显示了两者之间的流动性。

在这里，“南方系”纸媒，作为新闻理想的象征，其在媒体平台更迭之下已被契合社交媒体消费习惯的新潮流引领者所取代。新环境下的记者已不再是精英时代引领“读者”、塑造内容品位的主导者，而是被社交媒体平台所影响、塑造，内容创业者仿佛只能依顺新的时代潮流。这无疑是在反映新的时代语境下理想与专业理念的反讽：背离了理想与专业理念，却收获了巨大的阅读量与商业成功。

与此同时，一些媒体创业者仍坚持要用专业理念来作为区分初创媒体专业与否、好与不好的标准。在“无冕财经”的招聘启事中，他们打出了“专业理念，内容为王”的旗帜，对自媒体领域专业理念的阙如表示了失望与不屑。

他们将自媒体中出现的乱象归因于专业理念的缺失，同时，他们坚信在传统媒体的整体衰落中、在新媒体的一片混乱中，专业理念终将胜利。在“大米和小米”创始人、前《南方都市报》深度新闻记者姜英爽看来，专业理念是其新媒体项目获得成功的基础：“客观、中立、敏锐的新闻专业理念基因和符合公共群体利益，这才是‘大米和小米’能够迅速成

---

① 刘峣．媒体人创业，你准备好了吗？[N]. 人民日报（海外版），2016-05-12（8）.

长并无法被抄袭和复制的根源。”[①] 在这个意义上，专业理念成了标榜专业、得体的初创媒体区别于业余、脱轨的其他新媒体的叙事资源。

创业叙事中专业理念出场的另一种场景是媒体创业者们试图以此来建立自媒体写作的职业规范。2016 年 11 月 9 日，以南友圈、自媒社等 100 多家发起机构为代表的自媒体社群联合发布了《自媒体内容创业人公约》（以下简称《公约》），指出：

基于媒体人的专业背景和行业规范制定，并将那些经过国内外媒体行业长期检验的传播原则应用到自媒体领域，旨在提升自媒社以及自媒体内容创业人的品牌美誉度，激励媒体人积极参与内容创业，同时坚守媒体从业者应遵循的基本价值观和原则底线，包括但不限于真实、客观、理性地生产原创内容，传播公共资讯，表达个人观点。[②]

一方面，《公约》的出现正反映了专业伦理规范在内容创业领域的缺失；另一方面，从传统媒体走出的创业者们正力图将客观、真实、原创、理性等意理移植到自媒体领域，同时又不讳言个人观点的表达。如此一来，媒体专业意理在这里是经过修剪、调适的。总而言之，专业理念作为叙事资源主要是在新媒体发生争议性现象时才得到突显，在一般情况下，它并不成为讲述媒体创业故事的核心资源。

五、总结与讨论

本文关注有关媒体创业的叙事文本，尝试从中透析媒体创业者的职业认同、角色认知与媒体价值观。诚然，创业叙事所面向的受众和所欲达到的目标并不完全在于建构创业者的职业认同，它还包括了创业组织 / 产品合法性的塑造、维持和修复，资源获取，应对挑战与危机，厘定创业的边界与规范等，本文只是聚焦了创业叙事的一个面向。媒体创业叙事在社交媒体时代成为潮流，不意味着它在媒体历史上就没有出现。在原中央电视台副台长孙玉胜出版的著作《十年》中，他写道：“十年前，这些满怀理想与激情的年轻人聚在一起，吸引他们的是创业；十年后的今天，凝聚和吸引人才的基础仍然是创业——是一种创新机制使得整个集体充满活力。尽管创业的过程充满艰辛，但我的同事们却用激情和意志筑起了一座理想的山峦。”[③] 如果说二十几年前吸引中国媒体人的是改革语境下开疆拓土的创业理想与抱负，那么，二十几年后媒体动荡语境下的媒体创业，其对象、理想、激情、意志的含义已发生改变，并且还融入了技术变革、商业涅槃、价值重构等充满不确定性的要素。此外，衡量媒体创业是否成功的依据，以及衡量主体，已然也发生了改变。中国急剧变化的媒体生态，也见证了媒体叙事从对传统媒体“黄金时代”的怀旧[④] 转向了对媒体创业“黄金时代”的憧憬。总而言之，媒体创业叙事既勾连了传统媒体机构、媒体人职业经历的昨天与今天，又构筑了媒体创业者对传媒业未来的想象。在推崇创业思维的情境下，媒体创业者正在经历职业认同、价值观与职业伦理的重构，并未形成共识。

首先，需要指出的是，创业叙事的言与实之间的差异并非本研究的重点。叙事理论家

① 姜英爽 . 能做好新闻人，你可以创造更多生产力 [J]. 南方传媒研究，2016（61）.

② 参见微信公众号自媒社于2016年11月9日发布的文章《〈自媒体内容创业人公约〉今天发布，全文在这里！》。

③ 孙玉胜 . 十年 [M]. 北京：人民文学出版社，2012.

④ 李红涛 ."点燃理想的日子"：新闻界怀旧中的“黄金时代”神话 [J]. 国际新闻界，2016（5）.

们认为，虚构叙事和非虚构叙事之间的差异对于叙事的说服效果而言关系并不重大。[1]当然，不同的叙事主体所发展的叙事存在内部差异，也指向了不同的职业认同和职业想象。媒体创业叙事的主体既有创业的媒体人，又有传统媒体，还有风投资本方，以及与新媒体创业有关的利益相关方（如社交媒体、内容分发平台）。从传统媒体组织出发的叙事倾向于肯定媒体创业者在科层制组织的职业经历，将媒体创业视为传统媒体职业的有机延续，并为传统媒体加冕，淡化媒体内部创业面临的体制机制问题。而媒体创业者、风投资本方视角的叙事则倾向于突出创业者走出体制之后能够实现"自己说了算"的自由与自主，通过对传统媒体困境的悲观描写，完成了媒体创业的"黄金时代"叙事。尽管不同主体的叙事重点存在差异，但他们都对媒体创业抱有积极的评价和乐观的期待。无论是强调媒体职业经历的重要性，还是憧憬创业所蕴含的解放能量，媒体创业叙事的基调是：媒体创业是一种历史性机遇，孕育着产生新的媒体平台的潜力；创业对媒体人而言是自我实现与再续理想的新路径，尽管创业会有曲折，但总是一件美好的事情。

于是，媒体创业叙事具有精英化和浪漫化的倾向，偏好创业者的成功故事，而淡化了对失败的检视，即便有对创业失败的讲述也是指向媒体人的内部创业经历。无疑，创业媒体人属于传媒业中的精英群体，作为创业的先锋，他们具有独特的人格魅力与优于一般媒体人的社会资本和象征资本，也因为他们是冒险者、机会发现者、先行者，他们的探索也预示甚至影响了传媒业转型发展的方向。同时，媒体创业符合了这样一种承诺：由于数字化工具的扩散，媒体生产从大型但滞于改革的媒体机构中解放了出来，为记者讲述故事、触及读者提供了新的可能。媒体从业者之所以拥抱媒体创业，也是由于媒体工作减少、工资降低、职业信仰下降以及记者的自主权和控制权降低。[2]然而，在创业至上的职业意识形态下，媒体创业者被认为"有着无限的热情，善于博弈，且能高度适应外部环境的变化"[3]。于是，媒体创业叙事都在强调创业者的个体能动性和自主性，那些可能使媒体创业者处于工作不稳定状态的负面影响则被选择性地淡化或忽略了。创业叙事所展现的激情、希望与憧憬固然有助于提升媒体创业的氛围和更好地获取资源，但当媒体创业面临挫折时，创业叙事会否走向悲观的极端？反思性的媒体创业叙事有待发展和考察。

此外，媒体创业叙事的兴起和流行，需要置于媒体边界流动性加强的语境下，亦即媒体创业者所面对的媒体生态是非媒体机构通过内容传播日渐增强媒体属性，而媒体机构的内容生产把关权日益弱化，媒体人的身份边界也处于流动之中。在"新"与"旧"、"外"与"内"、"今"与"昨"的比较中，媒体创业者从科层制组织中承担单一职责的记者变成了兼顾多种职责的媒体创始人、内容提供 / 创作者、知识服务商、"商人"等。他们所创办的媒体也不仅是单纯的内容提供方，还是连接方：连接用户与创业者，连接用户与商业，连接用户与资本，连接不同的用户。媒体创业者不是在新闻业伦理的意义上去定义媒体，而是在连接用户与内容消费的层面上来界定媒体。一方面，这为媒体人的职业流动提供了广阔空间；另一方面，这也意味着媒体创业不必然遵循传统媒体价值观的框架。当媒体和媒体人的边界不再是固定不变的，媒体的公共属性也不必然成为初创媒体的基本特征。所

---

① BRUNER J. Actual minds，possible worlds[M]. Cambridge，MA.：Harvard University Press，1986.

② COHEN N S. Entrepreneurial journalism and the precarious state of media work[J]. South atlantic quarterly，2015（3）.

③ COHEN N S. Entrepreneurial journalism and the precarious state of media work[J]. South atlantic quarterly，2015（3）.

以，我们可以发现，中国语境下的媒体创业叙事在相当大程度上被简化为“媒体人创业”——既然是媒体人创业，则未必紧贴新闻业的核心；而笼统的、无所不包的“内容创业”则将一切能够生产可供互联网用户消费的文字、图片或视频的人视为媒体创业者。这就与西方语境下的媒体创业叙事有所不同。在西方媒体语境下，非盈利新闻媒体和调查新闻媒体的成立体现了一种专业精神的号召，再现了关于新闻业如何变化的理想化观感，关于新闻业应当如何表现的规范观点，以及新闻业可以如何发展的新观念，因而，媒体创业叙事同时容纳了传统与创新、怀旧与探索。① 其中一些知名初创媒体往往批评大型媒体机构背弃了新闻业的初衷，而创业者正是要通过回溯新闻业的某些传统价值（如民主、公共性、公民参与等意识形态）和重塑内容生产的常规来凸显创业的价值与独特性和正当性。② 在中国语境下，我们也看到媒体创业者对传统媒体机构的失望与不满，但不同的是，大多数的媒体创业者并没有将专业伦理、公共性、新闻业的社会责任等意识形态内容作为创业项目的核心资源予以申明，而是突出了商业潜力、用户数量、内容生产自主性、生活方式更新等关系创业项目成败、发展前景的元素。对新技术的追求和商业重要性的强调也使媒体创业减弱了“新闻”的底色，这既是客观条件约束导致的，也是资本偏好和创业者务实的选择造成的。因为风投资本方追求商业收益，也防范风险，媒体创业更容易获得融资的领域主要是财经、体育、娱乐、时尚、生活方式等垂直领域。在创业的初始阶段，创业项目能够生存即为成功，③ 从而，商业成功与否的创业定律或主导话语限制了衡量初创媒体价值的多样性可能。于是，一个去新闻化的媒体创业格局正在形成，而媒体（人）创业的“黄金时代”未必是新闻创业的“黄金时代”。总而言之，创业叙事中初创媒体的定义是“去新闻化”和“再媒体化”的。去新闻化是为了不必固守新闻业伦理的条条框框或者避开潜在风险，而再媒体化是为了将创业者过往的职业声誉、当下的创业实践和创业前景连成有机整体，并实现对传统媒体定义、功能的革新和丰富。可以说，二者构成了相辅相成的关系。

对于媒体专业伦理，一种可能的出路是，初创媒体以一种非制度化、情境性的方式选择性地吸纳、调整专业理念。在一些民生、非政治议题上，垂直领域的初创媒体基于其专业积累，对传统媒体由于组织惯性或言论空间限制而未予以及时关注的现象与事件进行报道，倒逼传统媒体跟进后续报道。例如，2017 年 2 月 14 日，关注儿童自闭症的初创媒体“大米和小米”率先报道了自闭症少年雷文峰从深圳走失并随后于广东新安某救助站意外死亡的事件，引发传统媒体跟进报道和民政部门介入调查。2017 年 8 月，教育类新媒体“芥末堆”发布长篇调查报道《求职少年李文星之死》，率先报道东北大学毕业生李文星因误入传销组织而在逃跑途中溺亡一事，随后得到其他新媒体和传统媒体的跟进。此外，在 2017 年发生的上海携程亲子园虐童事件、北京红黄蓝幼儿园虐童事件以及北京大兴火灾之后引发争议的拆迁事件中，包括知乎、品玩、好奇心日报在内的初创媒体分别有不俗的表现，提

① PRICE J. Can the ferret be a watchdog？ [J]. Digital journalism，2017（10）.

② WAGEMANS A，WITSCHGE T，DEUZE M. Ideology as resource in entrepreneurial journalism[J]. Journalism practice，2016（2）；VOS T，SINGER J. Media discourse about entrepreneurial journalism：implications for journalistic capital[J]. Journalism practice，2016（2）；USHER N. Venture-backed news startups and the field of journalism[J]. Digital journalism，2017（9）.

③ BRUNO N，NIELSEN R K. Survival is success：journalistic online start-ups in Western Europe[M]. Oxford：Reuters Institute for the Study of Journalism，2012.

供了传统媒体上缺席的视角和新闻素材。在这些事件中，初创媒体因其在垂直领域的耕耘而代替传统媒体成为议程设置者。但这种现象毕竟缺乏制度性的支撑，具有“新闻的随机行为”特征。①

总之，当媒体话语的焦点从危机、转型时刻转向创业时刻，创业者的职业认同是否将继续在去新闻化和再媒体化中交织？他们所提供的产品、生产的内容、创办的组织，究竟在何种程度上吸纳、移植、重构或扬弃了传统媒体的理念与价值？媒体技术的革新带来的创业机会，究竟是给了媒体人更大的赋能空间，还是将形成另一个内容生产的约束性结构？媒体创业叙事与其他领域的创业叙事，存在哪些共性与差异？这些问题仍有待进一步探究。

① HOLT K，KARLSSON M. “Random acts of journalism？”：how citizen journalists tell the news in Sweden[J]. New media & society，2015（11）.

媒体从业者的劳动权困境及其形塑机制*

夏倩芳　李婧

一、处于灰色地带的白领劳动权

劳动作为人类最基本的实践活动，在历史上曾经历了从私人领域向公共领域的转变。在工业革命以前，劳动通常是个体的、分散的、小规模的，目的是维持个人和家庭的生存，因此，在西方政治哲学的源头上，劳动者曾被视为只是为维系个人生活而活动的人，被排除在政治领域之外。但工业革命改变了这一切，机械化大生产要求大规模劳动分工，劳动的组织方式也转变为社会化的组织方式，原本被限定在私人领域的劳动超出了家庭或作坊的界限，成为一种社会化的活动，从而与宏观的社会经济、政治活动相关联。由此，劳动突破了原有的私人领域的界限，进入公共领域；劳动的性质也发生了改变，不仅具有个人属性，更具有典型的社会属性。[①]因此，劳动过程、劳动条件、福利和薪酬等有关劳资关系的诸方面，都不再是局限于劳资双方私域范围内的事务。

“劳动”作为一种基本人权受到保障，起初是为了解决资本主义市场经济高度发展而带来的贫困、失业等社会弊病。传统上，劳动权的属性曾一度被界定为“自由权”，处于私法范畴，也就是说“排除国家权力对个人领域的介入，以保障个人自由的意思决定和活动”[②]。与此同时，推崇劳资双方的“契约自由”原则，在“契约自由”的形式下，劳资双方实质上的地位不平等被忽略，国家和社会的保障责任处于缺位状态。在社会化大生产和市场经济体制下，劳动力被资本雇佣是普遍形态，经济增长是社会追求的首要目标，劳动者权益的受损不仅来自资方的压迫，更源于结构性的社会政治、经济等因素，单凭个人的自由权难以保障其劳动权。[③]因此，进入20世纪以后，人权保障从自由权向社会权过渡，劳动权也由契约自由理念下的私权利上升为国家与社会干预下、公权利与私权利兼顾的社会权利，以促进社会公平，实现社会实质正义目标。由于劳动关乎人的生存和发展，因此在权利的位阶上，劳动权不仅是公民的基本人权和宪法性权利，也是国际、国内立法中优

---

* 本文首发于《学术研究》2017年第4期，第43–55页，有删改。

① 阿伦特 . 人的境况 [M]. 王寅丽，译 . 上海：上海人民出版社，2009：30–31.

② 芦部信喜 . 宪法 [M]. 3 版 . 林来梵，译 . 北京：北京大学出版社，2006：72.

③ 冯彦君 . 劳动权的多重意蕴 [J]. 当代法学，2004（2）.

先保障的权利，是一项在权利体系中具有上位（优位）效力层次的重要权利。[①]

1948 年的《世界人权宣言》，对劳动权[②]做了明确规定："人人有权工作，自由选择职业，享受公正和合适的工作条件并享受免于失业的保障；人人有同工同酬的权利，不受任何歧视；每一个工作的人，有权享受公正和合适的报酬，保证使他本人和家属有一个符合人的尊严的生活条件，必要时并辅以其他方式的社会保障；人人有为维护其利益而组织和参与工会的权利；人人有享受休息和休假的权利，包括工作时间有合理限制和定期给薪休假的权利。"1966 年联合国大会通过的《经济、社会和文化权利公约》中，也专门规定了公民的工作权以及与工作有关的权利。[③]我国法学界和社会保障研究者，对劳动权的通行看法与国际社会基本一致，即劳动权包括公民的就业权、择业权、公允报酬权、休息休假权、公正的工作条件权、职业安定权和集体谈判权等。[④]

然而，传统上，劳动权的保护主要针对"被集中在工厂中从事工业生产之劳动者"[⑤]，相较于这类"蓝领"劳动者，信息时代以来的"白领"劳动者的劳动权状况却长期不受关注。20 世纪中叶开始的信息革命，带来了产业结构、劳动形态、劳动者构成上的变化。到 20 世纪 70 年代末，经济已经从第一产业（农业）和第二产业（制造业）为基础转变为以提供服务和信息的第三产业和第四产业为根本。[⑥]越来越多的工作开始与信息、传播以及知识的生产和分配有关，[⑦]需要劳动者具备特定的知识或技能。这些知识型劳动者在劳动形态、

---

① 冯彦君．劳动权论略 [J]. 社会科学战线，2003（1）；叶静漪，魏倩．经济、社会和文化权利国际公约与劳动权的保护 [J]. 北京大学学报（哲学社会科学版），2004（2）；许建宇．劳动权的位阶与权利（力）冲突 [J]. 浙江大学学报（人文社会科学版），2005（1）.

② 西方学者倾向于使用"工作权和工作中的权利"这一较宽泛的概念，其包括了就业权、择业权、公正的工作条件权、公允报酬权等，也包括集体劳动关系中的集团交涉权、罢工权等。对此深有研究的挪威学者克瑞斯托弗·德泽维奇将与工作有关的一系列权利分为四类：一是与就业有关的权利（employment-related rights），主要包括就业权、择业权、免于失业的保障权等；二是由就业派生出来的权利（employment-derivative rights），主要包括享受公正的工作条件权、获得公允报酬权、获得社会保障权等；三是平等对待和非歧视权利（equality of treatment and non-discrimination rights）；四是附属性质的权利（instrumental rights），包括集团交涉权、罢工权等。

③ 《经济、社会和文化权利公约》中第 6 条规定了获得工作机会和自由择业的权利，即"人人应有机会凭其自由选择和接受的工作来谋生的权利"；第 7 条规定了工作中获得良好和公正工作条件的权利，包括"公平的工资""同值工作同酬""休息休假的权利"等；第 8 条规定了工作中有关工会的权利，包括组织和参加工会的权利、工会的结盟权、罢工权等。

④ 我国劳动法学界对劳动权概念的界定主要有两类：一类是"狭义、广义说"；一类是"个别劳权、集体劳权说"。"狭义、广义说"是以权利的内涵范围来划分，狭义上的劳动权是指有劳动能力的公民获得和选择工作岗位的权利，与就业权同义。广义的劳动权则指劳动者因劳动而产生的或与劳动有密切联系的各项权利，除了劳动就业权、取得劳动报酬权外，还包括休息休假权、劳动保护权、职业培训权、集体谈判权、物质帮助权等。"个别劳权、集体劳权说"则以劳动关系中的法律主体来划分，劳动者在个别劳动关系中享有的是个别劳权，主体是个人；在集体劳动关系中享有的是集体劳权，主体由劳动者和工会共同构成，并由劳动者委托工会行使。我国大多数劳动法学者使用"狭义、广义说"。参见许建宇．劳动法新论 [M]. 杭州：杭州大学出版社，1996：29；冯彦君．劳动权论略 [J]. 社会科学战线，2003（1）；叶静漪，魏倩．《经济、社会和文化权利国际公约》与劳动权的保护 [J]. 北京大学学报（哲学社会科学版），2004，41（2）：87；石磊．试论《经济、社会和文化权利国际公约》中工作权的性质与内容 [J]. 法学评论，2007（4）：107.

⑤ 黄程贯．劳动法 [M]. 台北："国立"空中大学出版社，2001：5.

⑥ MARC U P. The information economy：definition and measurement，office of telecommunications special publication[M]. Washington，DC：U.S. Department of Commerce，1977：18-30.

⑦ 莫斯可，麦克切尔．信息社会的知识劳工 [M]. 曹晋，译．上海：上海译文出版社，2014：3，331，204-205，220-233.

劳动特性、自身状况等方面都与传统的蓝领劳动者有很大差异，特别是他们还拥有不同于蓝领的社会地位和其他象征性资本。媒体从业者就是其中一类。他们拥有又“工”（工人）又“专”（专业人士）、非“工”非“专”的混杂身份，[①]这使得其劳动权困境很容易被忽略。一方面，在劳动特性上，媒体从业者的劳动过程具有相对的自主性、创造性和知识性；另一方面，媒体从业者大多具有较高的教育水平，因而被认为具有较强的谈判能力，与劳资关系中的“弱者”形象相去甚远。此外，由于媒体人常常与权力形成或对峙或纠合的关系，也给人造成强势的错觉；再加上一些明星记者、主持人带来的强势效应，遮蔽了普通媒体人所处的“知识蓝领”[②]的真实状态。因此，媒体雇员所处的低底薪、超强劳动压力、超长劳动时间、低福利、工作不稳定、生活不确定等劳动权困境不仅不受关注，甚至在劳动法的实践中，他们也不像蓝领工人那样毫无疑义地受到保护。即便在美国，媒体人也常常因其“专业人士”的身份而被排除在公平劳动标准法的全盘保护之外。虽然“专业人士”的认定需根据其工作的“新颖性和创造性”来判定，而大多数媒体人的工作已接近知识蓝领，并不需要特别的创造性，但法官往往在自由裁定中仍倾向于将媒体雇员视为专业人士。[③]德国虽然被公认是劳动权保护非常全面的国家，但德国对于知识劳动者的保护也经历了几个转变，劳动法起初保护的对象必须具有“人身从属性”，因此其排除了蓝领工人之外的其他劳动者；此后，劳动法保护对象又逐步扩展到以“固定雇员”为界限。至今，德国媒体中占比越来越大的“自由撰稿人”仍处于劳动权保护的灰色地带。

近些年来，知识型劳动者已在世界范围内发起了一波又一波劳动权抗争运动。其中，自 2000 年以来，“不稳定性”成为国际社会知识劳动者劳动权困境的标识，在欧洲劳动节大游行及其后的一系列抗议中成为动员的旗帜。2003 年 10 月，法国媒体劳动者也展开了一系列团体游行，抗议工作的“不稳定性”。[④]

“不稳定性”概念揭示了一种已被普遍意识到的问题，即信息和知识工作正在日益沦为低工资、低保障、短期合同制的工作。在技术和市场迅速发展中，从业者正在面临日益增长的职业压力和生活风险。近年来，受经济不景气及传播新科技的影响，媒体在实施转型的过程中进一步造成对员工劳动权的压迫，引发了越来越多的劳动权抗争事件。近些年，台湾《民生报》等媒体的缩编裁员，均引发了劳动权抗争。此类状况在大陆也日益严重。在媒体产业经济下滑的几年中，许多媒体为逃避劳动法规定的解雇补偿，而采取各式各样的“变相解雇”手段，这些手段在业内被默许为转型常态，由此激起了一系列的媒体人劳动抗争事件；而且，在此前的二十多年中，我国媒体中已普遍存在高强度、低底薪、去福利化、同工不同酬、职业不安定等现象。

然而，媒体人劳动权的抗争，远未成为吸引注目的社会性议题。同样，“劳动权”亦是学界的一个失落的视角，或如冯建三教授早在十多年前就指出的，是一个“研究死角”[⑤]。国内已有的相关研究中，有关职业群体的研究主要是针对职业自主权、专业性

---

① 转引自林富美的《联合报系的薪酬策略》（该文于 1997 年发表在《新闻学研究》杂志）。

② 作者对媒体工作者进行访谈时，他们因处于恶化的劳动状况中及自身在劳资关系中处于弱势地位而称自己为“知识蓝领”。

③ 关于这个问题的一个典型案例是舍伍德诉《华盛顿邮报》案。

④ 莫斯可，麦克切尔 . 信息社会的知识劳工 [M]. 曹晋，译 . 上海：上海译文出版社，2014：331.

⑤ 冯建三 . 另一个研究死角：媒体工作者的劳动条件及其工会 [J]. 传播研究简讯，1998（15）.

等问题展开，媒体人的劳动过程并不作为研究对象。有关媒体管理机制的研究，即便涉及薪酬或劳动规训，也是从效益视角讨论经营管理问题。近年来针对媒介转型的相关研究，也多侧重传播方式、媒体经营方式转变的问题，而且，这类讨论仍然囿于“企业优先”和“效益优先”的一贯视角，并不触及媒体从业者的个体权益问题。最接近媒体人劳动权问题的研究是“新闻民工”研究，但也是重在讨论专业范畴的问题，没有将劳动过程和劳动权作为研究对象。可以说，上述关注点的缺失与日益突出的劳动权的现实困境之间，呈现出严重的错位。

而在当下的流行观念中，知识劳动者的劳动境况是市场和新技术的冲击造成的，是一种“自然”的结果。这样一来，人们对这一问题的追问被阻断了。本文把目光投向劳动权这个历来的“研究死角”，以媒体从业者为案例，并从生产政治分析视角，揭示知识类群体劳动权困境的形塑机制。

二、关于白领劳动权的两类迷思

有两种相悖的迷思对知识群体的劳动权形成遮蔽，一类是所谓的“知识性”迷思，对白领的劳动进行着意美化，制造幻觉，导致从业者身份认同的错位；另一类是对前者的批判，试图拨开迷雾展露压迫的真相，但由于以“阶级”为武器，反而形成了另一种迷思。

流行最广的第一类迷思，将文化和科技产业中的工作神秘化为“创造性的劳动”，通过着意突出这类工作的“知识性”“创意性”“自主性”，给“白领”劳动涂上虚幻的美学色彩，刻意夸大它与蓝领工作的差别，抹杀白领劳动与蓝领劳动同样艰辛的事实。白领工作的性质被宣扬为已发生了变化，完全不同于“工厂或者传统公司办公室的机械模式”，白领在类似于“科学家实验室或者艺术家工作室”那样的地方“自主”地、“充满弹性”地工作。而这种所谓的“无领”的工作场所，被认为能够更有效地发挥劳动者的创造力，这类劳动者们高端、优雅又富裕。① 媒介中也经常呈现这些“知识劳动者”自由、自主、弹性工作的场景。《连线》（*Wired*）杂志 2004 年 2 月、《时代》（*Time*）杂志 2006 年 6 月都在封面刊登了印度信息技术女员工的图像：她们在家中用电脑工作，甚至可以抱着孩子工作，看起来很幸福；《经济学人》（*Economist*）2006 年 6 月在封面刊登的印度信息技术员工则一边做瑜伽一边在手提电脑上工作。②

这些对知识型劳动的刻意美化，容易造成白领群体的身份认同错位，使他们执着于“主

① 莫斯可，麦克切尔．信息社会的知识劳工 [M]. 曹晋，译．上海：上海译文出版社，2014：220-233.
② 莫斯可，麦克切尔．信息社会的知识劳工 [M]. 曹晋，译．上海：上海译文出版社，2014：220-233.

观社会声望”①，产生高人一等的幻觉，这也是导致白领劳动者在世界范围内普遍缺乏劳动权维护意识的原因之一。事实上，从事信息、文化、科技工作的白领劳动者已日益陷入了多种劳动权困境。一方面，大量普通的知识性工作已经被“去技术化”或部分地“去专业化”了，其工作内容的程式化使专业劳动被拆解，②多数人的工作丧失或削减了专业优势，而接近于“知识蓝领”的工作。大量普通劳动者所从事的工作实际上并不具有多少“创造力”，他们只是遵循指令进行劳动，工作越来越标准化和程式化。许多媒体员工早已意识到，他们“只不过是信息生产流水线上的一个个机器人，可替代性非常强”，在劳资关系中，他们因而并不处于强势地位。③另一方面，在被美化为具有“自主性”的弹性雇聘机制的情况下，这些劳动者的劳动状况趋于恶化。传统的稳定的雇佣制度意味着一份稳定的职业和根植于其中的稳定身份，以及由此带来的稳定的收入与福利保障；弹性雇佣则意味着工作机会随着市场的变幻莫测而波动，临时性工作、兼职工作大大增加了，收入也变得不稳定，福利更难以保障。弹性劳动所带来的不确定的劳动报酬和不安全感被称为“不稳定性”。④弹性雇聘使白领劳动者失去了传统上稳定的工作保障，弹性雇聘为企业提供了用人的灵活性，

---

① “社会声望”是韦伯的社会分层理论中的一个社会分层维度，韦伯在《阶级、身份和政党》一文中提出了三种分层秩序：法律秩序（权力分层）、经济秩序（经济分层）和社会秩序，其中社会秩序指的是声望分层，即身份的区分。韦伯认为身份是根据受社会价值评估所影响的生活方式来划分的，因此，身份群体是由那些分享着共同的生活方式和行为模式而且具有类似声望地位的人所组成，而声望分层并不一定与经济分层相一致。也因此，在社会分层中不仅只有依据物质财富的经济划分方式，社会声望也是重要的分层维度。借助于韦伯的身份群体理论，米尔斯认为正是市场关系所赋予的象征性社会声望资源，使得白领劳动者们在主观上将自己同传统工人阶级区分开来，转而认同中产阶级意识形态及价值理念。米尔斯以白领劳动者对市场地位及主观社会声望的重视为依据，认为白领劳动者属于中产阶级这一独立的阶层，既不同于蓝领工人也不同于拥有生产资料的资产阶级。很多此类研究发现，即使白领劳动者在客观上已经出现了无产化特征，但是在主观上依然强调自身的中产阶级身份。如瓦拉斯（Steven P. Vallas）和加利（Duncan Gallie）的研究都发现，虽然不少白领劳动者在工作中已经强烈感受到了枯燥与不公正，并且随着技术进步，白领劳动者与体力劳动者在生产处境上越来越相似，但他们依然强调自己的中间阶层社会地位与声望。中国的“中产阶级”研究，偏重于探讨这一人群的社会地位与社会功能，而疏于考察他们在生产过程中所遇到的结构性力量，也制造了白领劳动者的身份迷雾。当然也有一些研究发现中国的白领劳动者在社会结构中的地位和功能都存在着众多不确定性，其中的几类人群在社会地位上都经历了不同程度的向下流动，因此，要避免简单地用西方白领理论来推论他们的阶级归属，重视从生产过程及劳资关系的角度来探索白领劳动者同国家、资本形成的结构性关系则显得尤为重要。[参见韦伯．阶级、身份和政党 [M]// 格伦斯基．社会分层．北京：华夏出版社，2006；韦伯．经济与社会 [M]. 北京：商务印书馆，1997；米尔斯．白领：美国的中产阶级 [M]. 周晓虹，译．南京：南京大学出版社，2006；STEVEN P V. White-collar proletarian ? the structure of clerical work and levels of class consciousness[J]. The sociology quarterly，1987（4）；GALLIE D. New technology and the class structure：the blur-collar/white-collar divide revisited[J]. British journal of sociology，1996（3）；李中仁，陈周旺．迈向劳工政治分析范式的白领工人研究 [J]. 上海行政学院学报，2013，14（2）.]

② “去技术化”和“去专业化”是布雷弗曼在对当代资本主义的生产方式做了专门分析之后提出的概念，是指一种最常见的降低劳动力成本的方法。具体来说，就是企业通过引入新技术和分工细化等方法，将生产过程分解，使生产过程中的各个步骤都尽可能地脱离专门的知识和训练，尽可能地降低劳动的知识性；同时再配以泰勒制式的科学管理方法，“构想”与“执行”相分离，管理者们控制“构想”，而劳动者的任务就是执行。[参见 BRAVERMAN H. Labor and monopoly capital：the degradation of work in the twentieth century[M]. New York：Monthly Review，1974.] 然而，布雷弗曼的结论并没有区分白领劳动类型，后续的许多研究者发现，虽然“去专业化”是一种总体现象，但不能一概而论，在不同类型的工作里“去技术化”的程度和方式存在着差异，有的自主性和知识性更强一些，有的更接近蓝领工作。[参见 MEIKSINS P. Labor and monopoly capital for the 1990s：a review and critique of the labor process debate[J]. Monthly review，1994（6）.]

③ 作者对新闻记者的调研，时间：2015 年 12 月。记者们称因新闻生产工作越来越程式化，新闻工作者越来越像信息生产流水线上的机器人，因而自称为“知识蓝领”。

④ 莫斯可，麦克切尔．信息社会的知识劳工 [M]. 曹晋，译．上海：上海译文出版社，2014：220-233.

但同时使劳动者承受着“不稳定”所带来的职业焦虑与生活风险。弹性工作时间与劳动方式看似使劳动者享有了自由与自主权，甚至能够很好地平衡家庭与工作的矛盾，但实际上，在工作质量与数量的压力下以及可能失去工作的威胁下，他们不得不更加努力地工作。所谓的弹性日程安排，实际代表的是不稳定的生活状态与随时保持待命的工作压力，广告业务员必须一直疲于奔命地寻找合约，新闻从业者必须为挣够体面生活的钱而加班加点。此外，对于新闻业而言，近年来受到全球性的经济危机及传播新科技的冲击，不少媒体开始将减薪、裁员作为缩减成本或寻求转型的方式，由此加剧了媒体从业者经济状况的恶化。美国劳工统计局的材料显示，2014 年的收入排行中，新闻记者的平均年收入（49 360 美元）介于砌砖工人和伐木工人之间。① 美国报刊记者由于年收入一般仅为 36 267 美元，已被美国就业门户网站 CareerCast 列入 2015 年最差工作排行榜。②

我国媒体记者的收入也是“十年无增长”。在媒体裁员过程中，媒体从业者不仅面临着工作不稳定的风险，我国一些媒体还采取“变相解雇”的手段削减媒体人的法定解雇补偿。由此可见，媒体从业者的工作处境远不是上述迷思所建构的那样美妙，实际上，他们在劳资关系中处于弱势地位。

另一类迷思表面上看是针对前述“迷思”的批判，但这些批判由于偏执于“阶级”视角而成为另一种遮蔽。西方马克思主义学者通过对白领劳动者劳动过程的考察，揭示了其窘迫的劳动状况和恶化的劳动条件，认为其阶级地位下滑，日趋“无产化”。③ 就非物质劳动者本身而言，布雷弗曼指出，在早期资本主义企业内，白领劳动者的社会身份与意识更偏向于资产阶级，但随着商品化进程的推进，白领劳动者面临着同产业工人类似的“去技术化”劳动，④ 白领劳动者在专业技能优势丧失或被削减的情况下，⑤ 又面临着激烈的市场竞争，他们在阶级特征上向无产阶级靠拢。 就劳动状况和工作保障而言，信息与通

---

① 腾讯全媒派 . 五国记者薪资大比拼！ [EB/OL].（2016-11-08）[2016-12-14]. http：//news. qq.com/original/dujiabianyi/gongzi.html.

② Careercast. The worst jobs of 2015[EB/OL].（2015-11-20）[2015-12-11]. http：//www. careercast. com/jobs-rated/worst-jobs-2015.

③ 关于白领的无产阶级化，学者之间存在着分歧，有学者认为是与蓝领一样的无产化过程，如克朗普顿对英国白领雇员的研究和加森对美国金融服务行业白领的研究，都指出白领劳动者经历着与蓝领产业工人一样的“去技术化”过程，并且同蓝领劳动者承受资本剥削一样，白领劳动者也承受着资本的宰制，日趋无产化。有学者则并不认为白领经历着与蓝领同样的无产化，而是存在着差异，如拉尔森对工程师、教师等白领劳动者进行研究后指出，与传统产业工人相比，白领劳动者所具有的专业技能对商品价值生产十分重要，不会被完全“去技术化”，因此白领劳动者的无产化过程应是一种劳动者部分享有技能自主权的特殊异化过程；德伯认为白领劳动者在生产目的上经历了“意识形态无产阶级化”，但与蓝领劳动者不同的是，他们对生产过程还保有一定程度的自由决策权，因此其无产化不如蓝领劳动者彻底。[参见 CROMPTON R，JONES G. White collar proletariat：deskilling and gender in clerical work[M]. London：Macmillan，1984；GARSON B .The electronic sweatshop：how computers are transforming the office of the future into the factory of the past[M]. New York：Simon and Schuster，1988；LARSON M S .Proletarianization and educated labor[J]. Theory and society，1980（9）；DERBER C. Managing professionals：ideological proletarianization and post-industrial labor[J]. Theory and society，1983（3）；MOSCO V. Pushbutton fantasies：critical perspectives on videotex and information technology[M]. Norwood，NJ：Ablex Publishing，1982.]

④ 布雷弗曼 . 劳动与垄断资本：二十世纪中劳动的退化 [M]. 方生，等译 . 北京：商务印书馆，1979：371-373.

⑤ CROMPTON R，JONES G. White collar proletariat：deskilling and gender in clerical work[M]. London：Macmillan，1984；GARSON B. The electronic sweatshop：how computers are transforming the office of the future into the factory of the past[M]. New York：Simon and Schuster，1988；MOSCO V.Pushbutton fantasies：critical perspectives on videotex and information technology[M]. Norwood，NJ：Ablex Publishing，1982.

信技术的发展，带来了工作的远程化及分散性，产生了大量临时性、外包性的工作，白领劳动者工作的稳定性被打破，同时不得不时刻承受着绩效管理体制带来的巨大压力，① 在劳动状况上也与无产阶级接近，经历着阶级地位的“无产化”。② 邱林川教授曾通过对新媒体产业中“网络劳工”的考察，揭示了他们所面临的高强度工作、低薪酬、低福利、工作不稳定等问题。他指出：新型的网络劳工已经形成了新的工人阶级，而审视劳动与劳工问题正是了解当代中国社会中阶级形成的基础。③ 有一些学者考察了国内文化市场及媒体行业中从业者身份的变化及劳动状况的恶化，指出其经济上的贫困化和阶级地位上的无产化现象。④

首先，这类研究采用宏观且抽象的“阶级”视角，导致其与劳动权的现实问题脱节。这类研究的落脚点在知识劳动者的阶级地位上，将其所处的低薪酬、低福利、高强度、不稳定等劳动权益问题，归结到其阶级地位的衰落上。而阶级概念及阶级分析在对当代现实问题的解释力上已捉襟见肘。一方面，随着时代的变迁，生产领域的阶级边界已变得越来越模糊，而学术界的阶级概念关注的是“高度统一”的阶级结构，这种高度统一的阶级结构实际上在现实世界里并不存在，这使得“阶级”成为过于抽象的概念，尤其在面对生产领域阶级边界模糊化时，阶级分析传统显得缺乏足够的解释力。⑤ 同时，正如有学者指出的，阶级分析已与当代劳动力市场的制度现实相脱节，学者们描述的阶级模式更多是在分析上有意义，而其实没有法律或制度上的地位，从而对于雇主、劳动者或其他人并不那么重要。另一方面，阶级理论和阶级分析在凸显当代最重要的社会等级、社会分化和社会冲突上的能力正在下降，关联度已经显著降低。阶级理论和阶级分析重在分析和解决社会不平等问题，而随着时代变迁和社会发展，种族隔离、性别隔离、公民权、政治权力的分配等其他类型的社会不平等和社会对抗成为主要问题，“阶级构型”已经衰落。关联度降低导致“当代阶级分析与政治实践（社会运动、政党活动）绝缘，退而成为抽象的学术追求”，其动员力已大大衰弱。⑥ 正如一些社会学家指出的，人们越来越少地在阶级意义上形成稳定的认同感，也就更少以阶级为基础采取政治行动。因此，从阶级视角解释知识型雇员的劳动权状况，不仅难以起到对知识型劳动者的动员作用，反而可能影响其发现劳动权的真正症结。

其次，这类研究单维地突出“资本”的力量，而忽视其他多方面的因素，尤其是国家的作用。如邱林川教授指出，网络化劳工的问题，并非新型信息科技发展后才出现的问题，是马克思剖析资本时就有的问题，“网络劳工”依然受到资本的剥削，实际是资本逻辑和

---

① 塞尼特 . 职场启示录：走出新资本主义的迷惘 [M]. 黄维玲，译 . 台北：时报文化出版社，1999：169.

② CROMPTON R，JONES G. White collar proletariat：deskilling and gender in clerical work[M]. London：Macmillan，1984; GARSON B. The electronic sweatshop：how computers are transforming the office of the future into the factory of the past[M]. New York：Simon and Schuster，1988；MOSCO V. Pushbutton fantasies：critical perspectives on videotex and information technology[M]. Norwood，NJ：Ablex Publishing，1982.

③ 邱林川 . 新型网络社会的劳工问题 [J]. 开放时代，2009（12）.

④ 曹晋 . 传播新科技与都市知识劳工的新贫问题研究 [J]. 新闻大学，2014（2）；王维佳 . 作为劳动的传播——中国新闻记者劳动状况研究 [M]. 北京：中国传媒大学出版社，2011.

⑤ 赖特 . 阶级分析方法 [M]. 马磊，吴菲，等译 . 上海：复旦大学出版社，2011：58-61.

⑥ 赖特 . 阶级分析方法 [M]. 马磊，吴菲，等译 . 上海：复旦大学出版社，2011：181-182.

劳动异化问题的延续。① 也有学者考察发现，新闻生产过程中的弹性用工制度、量化奖惩体系、晋升淘汰体系等对新闻工作者形成劳动控制，企业从而达到降低成本和提高收益这一资本运营的基本目的。② 这类研究仅将矛头指向“资本”，却遮蔽了国家和组织等多层级的力量。国家能够有力介入“资本”，“资本的逻辑”也常常打上国家意志的烙印，国家政策既影响着“资本”的运作，也带动着企业组织内部机制的调整。单维地强调“资本”的力量，使劳动权的形塑力量被抽象化和简单化，反而阻碍了人们对结构性压制力量的追问。

本文认为，欲讨论劳动权的压迫性机制，我们必须从上述迷思中解放出来。跳出第一类迷思，才有可能看清白领劳动者的劳动权困境的真相；跳出第二类迷思，才能摆脱被“阶级”视角和“资本”的单维因素迷惑，探触到“劳动权”困境产生的真实原因。为了寻求一个整体性的、结构性的解释，本文打算借鉴生产政治的分析视角。这一由迈克尔·布洛维提出的视角，能够贯通工场 / 企业内微观政治与工场 / 企业外宏观政治，勾连制度与意识形态等多方面因素，形成整体性的解释力。由于都市报从业者所经历的劳动权困境在当代中国最具典型意义，本文将以都市报作为分析材料，透过对其从业者劳动权困境的分析，揭示一种在信息、文化生产领域普遍存在的劳动权形塑机制。

三、“生产政治”作为分析视角

“生产政治”是由美国社会学家迈克尔·布洛维（Michael Burawoy）提出的一种统摄性的分析框架，主要用来讨论劳资双方在生产中所结成的结构性关系，以及国家力量对这种关系的主动干预。③ 布洛维指出，资本主义生产并不仅涉及经济领域（生产产品的微观过程），还涉及政治和意识形态，其具体形态便是在生产过程中由国家干预形成的一整套政治规训体制，即“生产政体”，这是一个对微观的劳动过程和生产关系进行建构的多方力量和机制的集合，包括了劳动过程、市场竞争、劳动力再生产和国家干预等各个方面。④ 生产政治的分析框架涉及国家、市场、组织等多方力量以及政策 / 机制、意识形态等多种因素。借助于生产政治的视角，我们可以获得对劳动权问题的综合性考察。该理论对于本文具有以下的启发作用。

第一，生产政治的分析框架涵括了国家、市场、组织等多方面、多层级的影响力量，尤其是将国家行为作为分析的主变量。“生产政治”理论开始受到关注，是缘于西方学者在分析发展中国家的白领劳工问题时，意识到这些国家的白领劳工很大程度上受到国家政

① 邱林川 . 新型网络社会的劳工问题 [J]. 开放时代，2009（12）.

② 曹晋 . 知识女工与中国大陆出版集团的弹性雇佣制度改革 [J]. 传播与社会学刊，2012（20）；曹晋 . 传播新科技与都市知识劳工的新贫问题研究 [J]. 新闻大学，2014（2）；王维佳 . 作为劳动的传播——中国新闻记者劳动状况研究 [M]. 北京：中国传媒大学出版社，2011.

③ 闻翔，周潇 . 西方劳动过程理论与中国经验：一个批判性的述评 [J]. 中国社会科学，2007（3）；李忠仁，陈周旺 . 迈向劳工政治分析范式的白领工人研究——理论述评与现实启示 [J]. 上海行政学院学报，2013（2）；李洁 . 重返生产的核心——基于劳动过程理论的发展脉络阅读《生产政治》[J]. 社会学研究，2005（5）.

④ BURAWOY M. The politics of production：factory regimes under capitalism and socialism[M]. London：Verso，1985：85-128；布若威 . 制造甘愿：垄断资本主义劳动过程的历史变迁 [M]. 林宗弘，等译 . 台北：群学出版有限公司，2005.

策的主动塑造。国家力量是生产政治中的一个重要因素，国家干预的程度与方式的不同（通过劳动法规及社会保障制度或福利制度的调整、政策倾斜等手段），形塑了劳动者不同的劳动状况与劳动权状态。美国学者麦凯在对菲律宾高科技产业中跨国公司的实证研究中发现，跨国资本对技术劳工的高压管制得到了政府的支持与配合，形成了一种被作者命名为“灵活积累型”的生产政体，这个生产政体形塑了生产领域和劳动力市场中一个组织力量弱小、内部竞争激烈的青年技术劳工大军。[①] 市场的力量体现在，市场在资源分配中起到的作用越大，市场竞争越激烈，则企业会尽可能降低包括人力资源成本在内的各种生产成本，以获取更多利益。当市场竞争激烈、利润空间狭小时，市场力量往往容易对劳动者的劳动权产生压迫。组织的力量主要体现在对劳动过程的控制。企业组织通过“泰勒制”等精细管理方式使劳动过程处于控制之中，薪酬、福利制度、聘用制度、工时安排等机制直接影响着劳动者劳动报酬的获得、工作机会的获取、休息休假权的实现等劳动权益。企业组织在优先实现企业利润目标下，往往通过渗透在生产中的组织机制因素，压迫劳动者的劳动权，降低生产成本，实现利润最大化。我国的经济体制改革及市场机制的建立都渗透着国家行政意志，媒体的市场化改革也同样是在国家力量的助推下完成的。国家政策、市场竞争及组织机制改革等渗透在媒体生产中，助推媒体企业追求效益，从业者劳动权日益缺乏保障。

第二，这一分析框架包含了制度 / 机制与意识形态等不同类型的因素。根据该理论，在对劳动的规训中，制度 / 机制与意识形态效果之间形成了互构、互动的关系。[②] 一系列的制度 / 机制形塑了劳动者的劳动状态，同时，制度 / 机制产生的意识形态效果制造了劳动者对生产体制及劳动状态的“认同”，并且这种意识形态效果又进一步强化了相应制度 / 机制的合法性。这一视角对于揭示我国市场化进程中，国家政策、制度与意识形态之间的关系，具有很大启发。

第三，这一分析框架贯通了工场 / 企业内的微观政治与工场 / 企业外的宏观政治，超越了此前的割裂，有助于形成一种整体性的分析视角。生产政治理论提示我们，生产不仅仅是一个经济学的投入产出问题，微观车间必须同时放在宏观经济和政治条件下才能得到深刻理解，即将工作现场与更大范围的政治经济制度及其变迁联系起来。[③] 因此，在讨论我国市场化媒体从业者的劳动权问题时，不能局限于对媒介组织内部机制的考察，更应关注国家政策及制度变迁、市场变化等外部宏观因素，讨论它们之间的关联和互构方式，并且将媒体从业者劳动权问题置于一种动态变化的过程中去考察，从而找到影响劳动状况的结构性力量。

生产政治的分析视角被我国学术界引入后，大多被用于分析企业的劳动控制问题，关

---

① STEVEN C，MCKAY.Satanic mills or silicon islands：the politics of high-tech production in the philippines[M]. New York：Cornell University Press，2006：216-219.

② BURAWOY M. The politics of production：factory regimes under capitalism and socialism[M]. London：Verso，1985：85-128；布若威 . 制造甘愿：垄断资本主义劳动过程的历史变迁 [M]. 林宗弘，等译 . 台北：群学出版有限公司，2005.

③ 闻翔，周潇 . 西方劳动过程理论与中国经验：一个批判性的述评 [J]. 中国社会科学，2007（3）；李忠仁，陈周旺 . 迈向劳工政治分析范式的白领工人研究——理论述评与现实启示 [J]. 上海行政学院学报，2013（2）；李洁 . 重返生产的核心——基于劳动过程理论的发展脉络阅读《生产政治》[J]. 社会学研究，2005（5）.

注点仍是蓝领工人，并且，大多仍沿用阶级分析的视角，导致研究与现实问题脱节。本文采用这一分析视角时，将剥离其“阶级”面向，而采纳这一概念所具备的以国家为主变量，沟通多层面、多类型的结构性力量的总体性视角，通过对国家、市场、组织等多种力量以及制度/机制、意识形态等多种因素进行分析，讨论当下我国知识劳动者劳动权的形塑机制。

四、都市报案例

以下我们将追溯我国都市报的发展历程，分析在塑造都市报的劳动规训机制和从业者劳动状态过程中，多种因素的互构作用。

1. 市场机制的形成与媒体的企业化改造

改革开放以前，国家将媒体划归为非盈利的“事业单位”，是国家的宣传机关，媒体从业者劳动的“公”的属性、“国家”属性和社会价值被国家大力建构。国家为媒体运作供应全部资金、设备、原材料和员工的工资福利。支撑庞大的新闻宣传机构的开支，成为本已陷入严重财务危机的国家的一大负担。为了解决财务危机，改革开放之初，国家便开始推动媒体的市场化改革。1979年，为减轻国家财政负担、弥补政府对媒体财政支持的不足，国家开始批准媒体实行“事业单位，企业化管理”模式，这一模式在媒体中的推广，为国家将媒体推向市场和媒体向企业模式转变铺平了道路。随后，国家通过一系列政策手段主导了媒体的市场化改革和企业化改造，促使媒体走向财务自主，在市场中获取经济利益维持自身的生存发展。

20世纪80年代初，国家开始放开媒体广告经营，进而批准和鼓励媒体开展多种经营，使媒体的市场经营活动合法化。1982年，国务院颁布了《广告管理暂行条例》，并在1983年批准国家工商行政管理局设立中国广告协会，肯定广告在促进经济改革、活跃经济等方面的积极作用，支持媒体的广告业务发展。1988年，国家新闻出版署和国家工商行政管理局联合发布《关于报社、期刊社开展有偿服务和经营活动的暂行办法》，其中第三条规定报社经主管机关批准，可以结合本身的业务和社会的需求开办经济实体。经工商行政管理机关核准登记后，依法从事经营活动。① 此后，随着我国市场经济的发展，20世纪90年代，广告业经历了超速增长期，广告收入成为报纸利润的主要来源。国家通过放开媒体广告业务及自主经营的政策，支持媒体的市场行为，推动媒体走市场化经营道路。

同时，在“事业单位，企业化管理”制度的基础上，国家进一步认定了媒体的“企业”身份，鼓励和助推媒体开展产业化经营。1987年国家科委编制的我国信息产业投入产出表中，新闻业和广播电视业被纳入“信息商品化产业序列”②。1992年6月，中共中央、国务院在《关于加快发展第三产业的决定》中明确了广播电视的第三产业属性。同年，国

---

① BURAWOY M. The politics of production：factory regimes under capitalism and socialism[M]. London：Verso，1985：85-128；布若威．制造甘愿：垄断资本主义劳动过程的历史变迁[M]. 林宗弘，等译．台北：群学出版有限公司，2005.

② STEVEN C，MCKAY.Satanic mills or silicon islands：the politics of high-tech production in the philippines[M]. New York：Cornell University Press，2006：216-219.

务院批转的国家计委的《关于全国第三产业发展规划基本思路》的报告中，提出将报刊等“一部分有条件的文化、体育事业单位推向市场”[①]。到1994年，传媒业在《国民经济行业分类》中已不再属于政府机关，而被单独列为一类经济行业。媒体“企业”身份的认定明确了媒体追求经济效益的目标，报社纷纷开展广告经营业务，通过刊登广告、编印广告增刊等方式增加收益。许多报社开展了多种经营项目，据不完全统计，1988年，北京各中央级及国家各部委所属报纸办的公司、企业就有80多家。各地方报社也纷纷搞起了多种经营。[②]

此时，媒体通过市场经营获取经济收益的模式已经确立，国家进一步通过财政卸责政策和强制性的财政“断奶”政策，给媒体施加生存压力，迫使媒体进行更深入的市场化改革。时任国家新闻出版署副署长梁衡指出，完善报刊的市场机制，国家需在经济上“断奶”，逐步取消政府对报刊的补贴，市场对企业的作用是产生一种追逐利润的动力和竞争求存的压力。市场经济的浪潮不可阻挡，报刊要“下海”学会“在风浪里游泳”。[③]从20世纪90年代末开始，国家对媒体的财政补贴急剧缩小，1999年后，国家正式出台了各新闻媒体在3年内全部转为“自负盈亏”的政策。

通过上述政策的实施，国家使媒体从依靠国家财政、“统收统支”的事业单位，转变为依靠经营效益的市场化企业。为使媒体产业在市场中获取更多利润，国家在推动媒体开展广告等多种经营的基础上，还进一步采取一系列政策措施，主导媒体的人事、管理、收入分配等制度的改革。媒体原有的一些组织机制被认为是阻碍媒体企业经营发展的“旧机制”，国家促使媒体贯彻市场机制，采取企业化的精细管理，以获取更大的经济效益。而在这一改革过程中，国家的目标是媒体创造经济效益。

从20世纪80年代初起，国家鼓励和推动媒体实行经济责任制，进行承包责任制改革。党的十一届三中全会以来，国家便鼓励各种不同形式的经济责任制在各企业、单位实行。1983年，《人民日报》社论号召改变“大锅饭”体制，触动“物质利益”，实行经济责任制。在此政策与号召下，从20世纪80年代起，媒体便展开了承包责任制改革。报社各部门被全面承包，将经济指标分解落实到人。“减亏”有奖，“部门不拉平，个人不封顶”，以经济收益刺激员工的生产；“超亏”则承包责任者将被扣除部分工资。编辑按部门包版、包发稿任务，记者定基本任务，超产有奖。[④]报社将承包的责任、完成的任务与个人的收入直接挂钩，以经济收益刺激媒体员工的生产，同时使其承担产量不足带来的经济损失。承包责任制的实行，也意味着国家开始削弱媒体从业者劳动的“公”的属性、“国家”的属性，建构媒体劳动的“个体”属性和“私域”属性。

进入20世纪90年代，国家继续通过政策手段进行分配制度改革。1993年，国务院出台《关于机关和事业单位工作人员工资制度改革问题的通知》，明确提出要加大工资中“活”的部分，在事业单位中引进竞争、激励机制。因应这一政策要求，时任中宣部常务

---

① BURAWOY M. The politics of production：factory regimes under capitalism and socialism[M]. London：Verso，1985：85-128；布若威．制造甘愿：垄断资本主义劳动过程的历史变迁 [M]. 林宗弘，等译．台北：群学出版有限公司，2005.

② 闻翔，周潇．西方劳动过程理论与中国经验：一个批判性的述评 [J]. 中国社会科学，2007（3）.

③ 内容参考1988年3月16日新闻出版署、国家工商行政管理局联合发布的《关于报社、期刊社开展有偿服务和经营活动的暂行办法》。

④ 黄升民，丁俊杰．媒介经营与产业化研究 [M]. 北京：北京广播学院出版社，1997：12.

副部长徐光春要求媒体“一定要向旧的机制开刀，建立竞争机制、制约机制、激励机制”[①]。于是，媒体开始改革分配制度，从考核制度入手，通过考核拉开差距，使员工的收入更多地受产量影响，在前阶段承包责任制的基础上，进一步将利益刺激与任务压力的机制落实到个人。不少报社开始了将任务考核量化，按任务完成量分配报酬的制度。不少报社采取了以见报量来考核采编人员，每月按记者写稿篇数决定其报酬的考核及分配方式，完成基数得基本奖，超额的发稿费，这使个人的奖金收入可能差几倍甚至十几倍。[②]一些报社变原来的机关工资制为岗位技能工资制，根据不同岗位、不同工作量拉开档次。[③]这样一来，媒体从业者原先稳定的工资，很大程度上变为“活”工资，收入差距拉大，任务压力加大。国家通过引入竞争机制来增强媒体的“活力”，调动了人员积极性，促进了媒体的经营与发展，但是，这种机制也将媒体从业者的劳动窄化为“个体”挣取收入的活动，这导致媒体在后续的发展中，普遍采取了“计件”绩效等旨在尽力压低人力成本的劳动控制机制。

与此同时，弹性雇聘制度也被引入媒体。在国家提出的“竞争、激励机制”之下，媒体开始进行聘任制改革。例如，1985 年，西安晚报社招聘了 40 名新闻业务合同工，与报社签订为期三年的聘任合同，其间享受业务岗位工资，合同期满，双方都有续订或不订合同的主动权。[④]进入 20 世纪 90 年代，媒体进一步改革用工制度，实行“双向选择”，推广岗位聘用制。2000 年中共中央组织部和人事部联合发布的《关于加快推进事业单位人事制度改革的意见》中，建议事业单位全面推行聘用制度，“破除干部身份终身制，引入竞争机制，把聘用制度作为事业单位一项基本的用人制度”[⑤]。

同年，中共中央组织部在《深化干部人事制度改革纲要》中进一步规定了事业单位的聘用制度、岗位管理制度和收入分配制度，指出在事业单位人事制度改革上，“以推行聘用制和岗位管理制度为重点”，“破除事业单位目前实际存在的干部身份终身制，全面推行聘用制度”，“明确聘任期限”。国家对媒体人事制度的改革，使媒体在用工制度上采取了企业式的弹性雇聘方式，媒体依凭经营和效益的需要使用、调配或解雇这些商品化的媒体从业者，媒体从业者被置于职业和生活的双重压力下。并且，在媒体组织内部还形成了以“编制”为界，从业者职业安定保障不均的状况。自从媒体走上市场化道路，媒体规模扩大以来，大量没有编制又缺乏劳动权保障的普通媒体从业者面临着高度的职业不安定，“新闻民工”现象也由此而来。而近年来媒体遭遇经营困境及其转型过程中，正是这些缺乏职业安定保障的媒体从业者再次遭遇裁员的风险。

另一方面，国家在通过政策手段主导媒体的市场化改革和企业化改造之外，还利用刊号资源的配置推动了传媒市场的形成和“母报—子报”关系格局的形成。1979 年中共十一届三中全会后，报纸数量开始大幅增长，到 1986 年，全国报纸总数已由 186 种发展

---

① 1993年3月12日国务院发布《国务院批转国家计委关于全国第三产业发展规划基本思路的通知》国发〔1993〕20号。

② 梁衡 . 关于报刊市场运作问题探讨 [J]. 党校科研信息，1995（5）；林风生 .1988 年我国报纸事业发展概况 [M]. 北京：中国社会科学出版社，1989：3.

③ 陕西日报编委会 . 陕西日报社是怎样扭亏为盈的 [M]// 中国社会科学院新闻研究所 . 中国新闻年鉴（1985）. 北京：中国社会科学出版社，1985：96.

④ 徐光春 . 要进一步深化改革 [M]// 中国社会科学院新闻研究所 . 中国新闻年鉴（1993）. 北京：中国社会科学出版社，1993：57.

⑤ 陆念祖 . 江阴日报——搞活机制办好报纸 [M]// 中国新闻年鉴杂志社 . 中国新闻年鉴（1994）. 北京：中国社会科学出版社，1994：197.

到 1 574 种。为加强对报刊市场的管理，1987 年国家成立新闻出版总署，并于 1991 年年初发布了《报纸管理暂行规定》，对报刊市场进行整顿与管理。到 1991 年年底，全国报纸总数已发展至 1 600 种，[①] 同时形成了“双渠道、集中、分级”的报刊行政管理体制，报纸既受党委部门的管理，又受新闻行政部门的管理，报纸审批的主要权力在中央，各级又分别承担相应的管理责任。到 1993 年，我国的近 2 000 种报纸中，机关报的比例超过了 70%。而此时大量机关报由于不适应市场竞争而出现了经营困境，为应对这种困境，机关报纷纷开始创办“都市报”，将其打造为市场中的盈利利器。而“都市报”是在国家的扶持下创办的，刊号资源集中掌握在国家手里，开办报纸必须从国家手里获得刊号资源，有些报社用原来的周末版刊号直接创办都市报（如《楚天都市报》使用了原《湖北日报》周末版《楚天周末》的刊号）。更多报社向国家提出请求，国家批准了一大批都市报刊号，但同时，国家又严格规定了都市报与党报之间的关系，即党报是都市报的主办、主管单位，都市报在政治上、经济上、组织人事上都必须受党报领导，经济收益上交党报，因此形成了一种“母报—子报”的关系格局。这种模式促成了党报与都市报之间的“一社两制”机制，也是直接影响都市报员工劳动权的制度安排。

同时，在市场机制建立过程中，国家催生了一种“效率优先”，进而是“企业优先”、“GDP 至上”的意识形态。在这种意识形态影响下，劳动者不再作为主体，劳动的社会属性和“公域”性质被逐步消解，在企业管理机制下媒体从业者的工作被降低为个人养家糊口的营生。媒体的产业化发展正是处于这样的宏观背景之下。20 世纪 80—90 年代，“发展是硬道理”成为全国上下广泛认同的思想观念，“发展”的原初意旨包含了经济、文化、社会等的全面发展。但随着企业经济效益的成功，企业的精细化管理方式作为促进经济效益增长的先进做法被尊奉，很快被推广到各行各业，随之普及的是“效率优先”的理念。在 20 世纪 90 年代掀起的经济增长狂潮中，人们对“发展”的追求片面强调“效益”和“发展主义”。这种“发展主义”的逻辑在观念上体现为一种“发展至上”的意识形态话语，由此发展的目标、主体、过程和绩效量度都被简化为或等同于 GDP 增加、经济增长及经济尺度下的社会进步。[②] 在这种强调经济效益的宏观意识形态之下，媒体行业，尤其是都市报媒体，借鉴了企业的经营管理模式，引入了企业精细化管理方法，实行了一系列组织机制改革，通过打破媒体劳动者原有的收入及职业的稳定性，来提高生产效率。不仅如此，国家还树立了一种“个体化”和以个人能力为中心的市场意识形态，在这种意识形态之下，每个劳动者个体的劳动条件和市场地位都理所当然地仅与其个人能力和价值有关——并且这种个人能力与价值仅由市场来验证。[③] 这种“个体化”的市场意识形态与企业优先和劳动的私域化过程相匹配，建立起了一整套以“多劳多得”“能上能下”“能出能进”等为表征的市场话语，不仅瓦解着劳动者的劳动权意识，也遮蔽了国家、社会对劳动权的保障责任。

2.“一社两制”与绩效制度下的劳动权

“一社两制”是我国报业集团的独特组织架构，包括集团内部单位之间的关系，即“母

① 杨银千 . 绍兴日报——试行企业化管理 [M]// 中国新闻年鉴杂志社 . 中国新闻年鉴（1994）. 北京：中国社会科学出版社，1994：197-198.

② 西安晚报社 . 西安晚报招聘合同制新闻业务干部 [M]// 中国社会科学院新闻研究所 . 中国新闻年鉴（1986）. 北京：中国社会科学出版社，1986：93.

③ 《关于印发〈关于加快推进事业单位人事制度改革的意见〉的通知》，人发〔2000〕78 号。

报—子报”模式，以及人员之间的身份分隔，即以“编制”的配置将报业集团员工划分为处在不同保障体系中的两个群体。“一社两制”是形成母报与子报之间、在编人员与劳务派遣员工之间差异化的劳动规训制度的基础。创办子报原本就是为解决母报的财政困难，国家从制度上保证了母报对子报的所有权，子报作为母报的“摇钱树”角色从一开始就被奠定下来。《出版管理条例》和《关于出版单位的主办单位和主管单位职责的暂行规定》规定了党报与都市报之间主办、主管单位同出版单位的关系，是领导与被领导的关系，都市报在政治上、经济上以及组织人事上都受党报领导和管理。都市报在党报内部仅享有相对的经营自主权，不具有独立法人的资格，其收益归属报业集团。在这种“母报—子报”模式下，母报给子报制定盈利指标，不仅将其收益尽纳囊中，而且子报的收入分配亦由母报掌控。①

在母报—子报的关系模式下，作为盈利来源的都市报，为了保证利润最大化，必然采取压低劳动成本的管理方式。许多党报的老总都公开承认，报业集团对都市报采取了一套不同于党报的、适应市场经济的运行机制，存在着“一社两制”的情况。② 母报员工通常有事业编制，工资、福利有保障而且比较均衡，虽然许多党报也在 20 世纪 90 年代后期采取绩效考核制度，但因为基本薪酬有保障，多数只是在奖金上做文章，并没有威胁到职业安定感。而都市报则普遍采取了最能激发劳动效率、最能增加劳动强度的“计件”绩效制。计件绩效制的特点是尽可能地压低底薪，从而迫使媒体劳动者拼命争取绩效，都市报以“多劳多得”的方式正当化地增加媒体劳动者的劳动压力。这个分配制度与媒体的效益并不直接挂钩，它是一种极为有效的劳动规训制度。我国最早的都市报——《华西都市报》在成立之初就采取了计件绩效工资制，员工工资中岗位绩效工资所占比重最大，并与员工完成工作任务的数量与质量挂钩，下不保底，上不封顶，个人之间的收入差距被拉开两三倍。③《广州日报》自 1996 年成立报业集团后也迅速采取了计件绩效制。2000 年以来，计件绩效制快速在全国媒体中普及开来。《成都商报》对报社人员一律实行计分评级的量化管理方法，收入与量化计分挂钩，得分高的记者月收入可能超过总编辑，而连续三个月未完成基本分数者将被解聘。④ 同时，为激励员工的积极性，职级之间的底薪差距被大大缩小，导致职称、年资、经验在媒体中失去了实际意义。多数媒体，尤其是市场化媒体，底薪被压低到只占一般记者收入的 30% 不到，甚至低于 10%。⑤《华西都市报》以每月个人完成工作量的最高值为参照，向下依次设立 10 个等级的岗位工资作为底薪，而第十级，即完成任务量最低的一级，岗位工资为 0 元。这种计件绩效制度使媒体从业者沦为了码字挣工分的“新闻民工”，陷入了薪酬不稳定、职业不安定、高强度劳动等风险。

在集团内部，“编制”被作为劳动权差异化控制的另一个工具，造成了媒体内部同工

---

① 作者进行了调研，调研对象是《楚天都市报》《金报》的离职采编人员，调研时间是 2015 年 12 月和 2016 年 5 月。这两家报纸所属的湖北日报传媒集团专门设立财务三科和四科监管都市报财务，两家都市报的每一分进账都收归集团，而都市报的出账则必须由集团划拨。

② 梁衡 .1991 年我国报纸事业发展概况 [M]// 中国社会科学院新闻研究所 . 中国新闻年鉴（1992）. 北京：中国社会科学出版社，1992：3.

③ 郇庆治 .“发展主义”的伦理维度及其批判 [J]. 中国地质大学学报（社会科学版），2012（4）.

④ 项飙 . 全球“猎身”——世界信息产业和印度的技术劳工 [M]. 王迪，译 . 北京：北京大学出版社，2012：13–15.

⑤ 魏永征 . 论党报和“都市报”的依存关系 [J]. 新闻与传播研究，1999（6）.

不同酬的劳动权问题。所谓编制，是指由编制管理机关核定的行政机构和事业单位的人员数额和领导职数。[①]编制是与组织的人事、财政管理相匹配的，事业单位以编制的数额作为接收国家财政拨款的依据，一个编制即意味着一个“人头费”。编制首先意味着工作的稳定，在编人员获得了一份由国家制度保障的职业安定；其次，编制意味着收入的稳定，编制内人员的基本收入由财政给以保障；编制背后还蕴含着一系列的国家福利给付，包括医疗、养老等重要的福利保障。所以，编制的有无划分出了待遇差异和身份之别。为了压低人力成本，也更好地驱动员工努力工作，媒体集团会有意识地控制编制的使用，缩减编制员工，增加市场化的用工人员。

从 1986 年起，为了推进事业单位改革，国家开始对事业单位的编制总额进行控制，防止超编现象。1991 年在中发〔1991〕16 号文件中，中共中央、国务院做出了关于冻结机关、事业单位机构编制的规定。这一规定使得新闻单位实际上不可能再增加新的有编制的工作人员。[②]但在媒体的市场化进程中，媒体的扩张使劳动力需求急剧增加，因此，大批通过招聘进入媒体的劳动者都没有编制。有限的编制资源被集中配置给母报员工，而在都市报中，除了少数领导拥有编制外，其他人员都是市场化的劳动力。这就在集团内部形成了母报—子报不同的雇聘制度，也就是我们通常所说的“母报事业制，子报企业化”的制度分隔；在都市报内部，也形成了上下两种不同的人事制度——领导层有编制，属于事业性质；一线采编人员无编制，属于市场性质，由此出现了我国媒体独有的“新闻民工”现象。

这样一来，有限的编制就成了媒体组织进行劳动权控制的工具，以此实行差异化的劳动规训，造成了长期以来的“同工不同酬”现象。这个现象，不仅存在于母报与子报之间，也存在于都市报内部的上层与下层之间。由于没有编制，子报员工的福利保障及福利水平都与编制内员工相差甚远，被严重地去福利化。并且，不少无编制的媒体从业者与编制内员工从事同样的工作，甚至承担更大的工作量，但收入水平和职业安定感却远不及编制内员工。

这种由“编制”有无带来的“同工不同酬”现象在电视媒体尤为突出。20 世纪 90 年代，随着电视媒体的快速发展，各电视台纷纷扩大规模，增设频道，增开栏目，产生了巨大的媒体劳动力需求。受事业单位编制数量的限制，电视台普遍采用了保持现有编制数量基本不变的情况下，通过弹性雇聘引进大量“非正式”员工的用工方式，最大程度上节约了人力成本，提高了员工工作效率。在全国级别最高、规模最大的中央电视台，因大量使用“非正式”员工造成的“同工不同酬”问题也长期存在。央视作为国家副部级事业单位，拥有的事业编制数量一直保持在 2 500 到 3 000 个左右，而央视拥有的员工却远远超过这个数字。2003 年央视处于用工高潮，据央视内部数据，其员工总数为 9 426 人，正式在编人员为 2 500 人，非正式员工 6 926 人，非正式员工是在编人员的 2.8 倍。[③]2015 年“两会”期间，全国人大常委会法工委副主任阚珂接受媒体采访时称，他在立法调研中发现，中央电视台编制内员工仅有 2 000 多人，而劳务派遣工却多达 6 000 多人，几千名记者、主持人

---

① 周思明 . 世纪之交我国报业人事改革现状管窥与前瞻 [J]. 当代传播，2000（3）.

② 孙燕君 . 报业中国 [M]. 北京：中国三峡出版社，2006：166.

③ 夏倩芳 . “挣工分”的政治：绩效制度下的产品、劳动与新闻人 [J]. 现代传播，2013（9）.

均来自央视为适应自己发展而成立的一家派遣公司。[①] 同时，在央视内部，员工因用工制度的不同被分成不同的“等级”（在他们佩戴的出入“门卡”上分别有 A、B、C、D 的标识），由高到低依次为正式在编人员、“台聘”员工、“企聘”员工、外协人员（包括临时工）。其中，在编人员和“台聘”员工数量很少，两者待遇差别不大。而“企聘”员工实际就是劳务派遣人员，占很大一部分比重，[②] 待遇与在编人员相差很大，“同工不同酬”的问题非常突出。在编人员在享受相应福利待遇和津贴的同时拥有稳定且可观的基本工资保障（据媒体调查，其月基本工资可达到 1 万以上），而劳务派遣人员不仅没有与事业编制对应的福利待遇，其基本工资仅有 3 000 元左右，扣除保险、公积金等后仅剩 1 000 多元，因此劳务派遣人员主要靠争取更多工作量来获得绩效工资。[③]

在职业安定的保障上，编制有无也形成了明显的区分，大量无编制的媒体从业者面临着巨大的职业不稳定风险。无编制的员工，解聘机制更灵活，媒体很容易决定其去留。包括央视在内的多家媒体机构都曾出现过大量减裁、清退长期工作的无编制聘用人员的现象。最受社会关注的一次发生在 2007 年《劳动合同法》实施前期，央视将 1 800 人忽然裁掉，其中有许多人甚至已经工作了超过十年，达到了劳动法规定的常聘条件。[④] 除了这种为规避法规风险而进行的集中裁员外，媒体内无编制的从业者由于低底薪、低福利、劳动强度大、职业安定无保障等劳动权困境，在媒体经济效益上行时，他们超时劳动以获取在城市体面生活的收入；而在经济下行时，编制内员工可以转换岗位，也可以从子报回到更有保障的母报，而大量无编制员工则往往被迫离职。

都市报员工的劳动权困境在媒体“转型”时以一种更加集中和激烈的方式表现出来。媒体在裁员时，比较规范的做法是“买断”，赔偿金按通行的公式计算，一般是前三年的收入总和除以月数，得出每月平均收入额，将其乘以服务的年限，再加上 3 个月的收入（劳动法规定裁员须提前三个月通知）。由于近几年市场化媒体面临严重的经营困难，为尽快裁员以节省成本，不少媒体采取了早辞多赔的逼迫政策，一些报社规定，第一个月辞职多付 3 万，第二个月 2 万，第三个月 1 万，以此形成逼迫效应。[⑤] 不仅如此，许多媒体还采用了变相解雇的方式以规避法定补偿，通行的有几种方法：（1）媒体自办公司，将一部分人员划入这些新的公司，由公司制定新的考核和薪酬标准，变相地使这部分员工脱离原有企业，自生自灭；（2）实行竞聘上岗，落聘人员即自动离职，或通过仅给予非常低的

---

① 内容摘引自中国机构编制网。

② 2007 年央视人事办公室主任杨晓民在接受《南方周末》采访时称“企聘”员工约占总员工的三分之二。（参见程绮瑾，林怡静 .CCTV“规范用工”真相——独家专访央视电视台人事办公室主任杨晓民 [N]. 南方周末，2007-08-16.）

③ 2015 年 10 月 29 日，前央视记者因不满同工不同酬对其劳动权的侵害，向法院提起诉讼，该记者称，他与同频道同栏目中从事相似工作内容（从事记者、编导工作）和相近工作量的央视正式员工相比，税后年收入相差 15 万到 20 万。（参见徐霄桐于 2015 年 10 月 30 日发表于《财经》杂志的《央视前记者诉央视非法用工 或涉及 6 000 人利益》。）而作为根据栏目需要临时聘用的外协人员，待遇与正式员工相差更大，不仅基本工资普遍仅 1 000 元左右，甚至还存在无劳动合同、无底薪保障的情况。[参见匡小颖 . 正解央视员工薪酬 [N]. 北京青年报，2014-08-18（1）.]

④ 周翼虎 . 一个超级传媒工厂的形成：中国新闻传媒业 30 年 [M]. 台北：秀威资讯科技股份有限公司，2011：129-132.

⑤ 作者对媒体记者的访谈，时间：2016 年 7 月。还有一些媒体的办法是：以员工上年度收入的九几折为“买断”价格要求员工离职，由于如果继续在岗，随着收入分配方案的调整，“买断”金额必定会越来越低，不少媒体员工被迫选择了提前离职。

保底收入的办法，迫使其自行离职；（3）鼓励“创业”，以利益驱使媒体人自主脱离媒体，媒体给予创业员工以一次性的资金资助和媒体品牌资源使用权，但不再提供工资；若创业成功，媒体可从中获取提成，创业不成功者媒体不再给予补偿，这部分人也不再能返回原岗位；（4）直接降薪迫使采编人员离职。

五、结论与反思

借助于生产政治的视角，我们看到，我国市场化媒体从业者的劳动状况受到国家、市场、组织等多层级力量，以及政策 / 机制与意识形态等多维因素的形塑。媒体的企业化改造和用工制度改革，不仅将媒体推向市场，也使媒体从业者变身为被灵活雇聘的商品化的劳动力。母报—子报的关系模式使媒介组织内部形成了不同的劳动规训制度，促成都市报采纳计件绩效制，而同时，“编制”被作为劳动权差异化控制的工具，媒介组织内部由此形成了媒体从业者同工不同酬、低福利、高强度、高风险的劳动权状况。

在我国，劳动曾经历了一个特殊的从公域窄化到私域的过程。改革开放前的“大跃进”及社会主义实践时期，劳动价值被大力建构，劳动力被国家统一支配。[①] 此时的媒体人被纳入国家事业编制体系，他们的劳动也被纳入社会主义宣传、文化事业的范畴。

但在改革开放后，国家着力建立市场经济体制，实行承包责任制及市场化改革。为维护市场秩序，国家也开始制定保障劳动权的劳动法规。个人能力成为在灵活、多变的市场中获得成功的最主要条件，而个人劳动条件和状况的恶化也仅因个人能力与市场需求间“不匹配”或自身缺乏“卖点”。[②]

---

① 徐勇．论农民劳动的国家性建构及其成效——国家整合视角下农民劳动的变化 [J]. 山西大学学报（哲学社会科学版），2008（3）.

② 项飙．全球“猎身”——世界信息产业和印度的技术劳工 [M]. 王迪，译．北京：北京大学出版社，2012：13–15.

第四篇

新闻文化再造

数字化背景下中国新闻业转型的话语形构及其构成作用*

李艳红　陈鹏

以数字技术为核心的新兴媒体科技正在给今天的新闻业带来诸多“不确定性”。在一些学者看来，“不确定”恰恰具有其价值，因为“正是这些挑战促使我们暂时停下来，重新定位，或者继续从事我们过去的事情，也可能是转变方向”①。

但是，“不确定性”究竟能够带来什么，却并非必然。它取决于多重因素，这既可能包括结构所规定的物质环境，也可能包括拥有特定经验、知识和欲望的行动主体所行使的能动性，以及二者之间的互动。其中不可忽略的是“不确定性”所激发的言说，因为如福柯所言，社会实践尽管外在于语言而独立存在，但是它们却被语言赋予意义，也因此，它们是在话语中形成（discursively formed）或构成（constitution）的。② 如此，在这个由数字技术引发的、充满“不确定性”的场景中，新闻业者究竟如何定位，是否转变方向以及如何重新组织其行为，这些都不可避免地与他们所建构的话语相关联。

美国传播学者翟利泽（Barbie Zelizer）批判性地分析和考察了西方（尤其是美国）新闻界面对这场“不确定性”的言说，③ 她将其称为“危机话语”。通过对这个话语的批判性解剖，她指出，这样的话语可能将新闻业在新媒体兴起、公众参与、传统新闻从业常态变迁的情境下所面临的多元的挑战、条件、机遇、创新等遮蔽于同质化的表述之中。她的论述，在批判这“危机话语”的同时，也在提示了这样的可能，即“危机话语”及其建构可以是一个认知的过程，通过对它的开掘，我们可以了解新闻界人士运用哪些话语资源来诊断新闻业面临的挑战，论述这些挑战蕴含的内容、应对的原则和方法，以及他们想象的新闻业的未来是怎样的。

沿着这一路径，本文试图将今天中国新闻业界和学界围绕这一变迁与境遇所进行的言说纳入考察。与翟利泽考察的美国类似，今天的中国新闻媒体同样面临着“不确定性”的境遇，这主要体现为新兴媒体科技带来对介质的冲击，以及由此带来传统媒体所依赖之商业环境的变迁。如何看待这一境遇，并从中寻找和确定方向的问题，激发了当前中国业界

---

* 本文首发于《国际新闻界》2016 年第 9 期，第 135–153 页。

① ZELIZER B. Terms of choice：uncertainty，journalism，and crisis[J]. Journal of communication，2015（5）.

② 福柯 . 知识考古学 [M]. 2 版 . 谢强，马月，译 . 北京：生活 · 读书 · 新知三联书店，2003：50.

③ ZELIZER B. Terms of choice：uncertainty，journalism，and crisis[J]. Journal of communication，2015（5）.

领袖以及高度关注业界变迁的学界的丰富言说。从阐释学的角度，这恰是一个文本和意义呈现的“热点时刻”，可以帮助我们认知和了解话语的生成，及其对于新闻业场域中实践的构成性作用。

具体而言，本文将探讨在今天数字媒体科技对新闻业造成冲击的条件下，中国业界的领导者和实践者究竟如何言说他们所面对的“不确定性”，如何为当前的境遇做出诊断，提出回应的行动和路径选择，并阐明关于未来的愿景。本文还将阐述这一话语轮廓的形成又将如何构成和形塑新闻场域的社会实践，并且，对于中国新闻业的变迁可能产生何种深远的意涵。

一、文本、话语形构与社会实践：研究话语与社会变迁的框架

正如费尔克拉夫所言，“今天越来越多学科的学者都认识到，语言使用方式上的变迁与更广泛的社会与文化发展过程相关联，因此也越来越认识到语言分析作为一种研究社会变迁之方法的重要性”①。费尔克拉夫本人也试图将社会取向与语言学取向的话语观点整合起来，建立一种“话语的社会理论”。他将文本分析、话语实践分析以及社会实践分析整合为一个三维框架，开启了分析话语与社会变迁之关系的路径。在本文中，我们也把话语分析视为一种研究新闻业变迁的方法，力图通过考察数字化技术变迁背景下的中国新闻业场域中话语的形构和变迁来理解新闻业的变迁。

从福柯开始，话语即被视为一种“社会实践”。对福柯而言，现代社会是围绕着特定的“话语结构”和交流规则建立起来的。②所谓“社会实践”，指的是一种生产性的实践，是处在特定社会关系中的人们对他们工作中使用的原材料所采取的行动（如工作的技巧、方式以及理论）。但是它不只包括工作形式本身，还包括认同（社会身份的建构）以及对社会世界的表征等主观的维度。③它“将不同的生活元素，如特定的行为类型、时空位置、物质资源以及具有特定经验、知识、欲望和符号资源的个体等带入了一个具体的地方性关系中”④，也因此，不少社会科学研究者认为，对社会实践的分析形成了社会科学研究当中的一个理论上紧凑、方法论有效的焦点，⑤⑥其优点在于它将社会结构的分析与关于社会行动的分析关联了起来。

因此，所谓话语作为一种社会实践，指言说本身就是一种行动或工作，与其他社会实践类型一样，它也是拥有特定知识、经验和欲望的主体在特定时空和物质资源下所采取的行动或从事的工作，它往往内在于社会实践。对本文而言，检视新闻业者的话语实践即意

---

① FAIRCLOUGH N. Discourse and social change[M]. UK：Polity Press，1992：1.

② 福柯．知识考古学[M]. 2 版．谢强，马月，译．北京：生活·读书·新知三联书店，2003：32-34.

③ CHOULIARAKI L，FAIRCLOUGH N. Discourse in late modernity：rethinking critical discourse analysis[M]. Edinburgh：Edinburgh University Press，1999.

④ FAIRCLOUGH N. Discourse，social theory，and social research：the discourse of welfare reform[J]. Journal of sociolinguistics，2000（2）.

⑤ ARCHER M S. Realist social theory：the morphogenetic approach[M]. Cambridge：Cambridge University Press，1995：117.

⑥ CHOULIARAKI L，FAIRCLOUGH N. Discourse in late modernity：rethinking critical discourse analysis[M]. Edinburgh：Edinburgh University Press，1999：5.

味着，一方面检视其言说行动如何形成于特定的制度和组织环境之中，并与在这一制度环境下展开的新闻业的实践相勾连；另一方面也意味着，通过解析新闻人的言说文本，我们也得以洞察这些主体的知识、经验和欲望。

那么，如何分析话语实践？费尔克拉夫认为，文本分析是话语分析的基础。任何社会实践都有其文本“时刻”。[①]所谓文本“时刻”，意指文本是构成社会实践的要素之一，它与构成社会实践的其他要素如物理要素、社会学要素和文化心理要素等形成勾连关系。社会实践由上述多种要素构成，文本是这些要素中的一种，这些要素即构成社会实践的各种“时刻”。[②]按照这一定义，本文考察的对象即数字化技术变迁背景下新闻实践的文本“时刻”。数字化媒体技术所带来的新境遇激发了新闻场域中实践者的诸多言语行动。例如，在每年新闻媒体或相关互联网媒体召开的“年会”上，这一议题往往成为重要主题，相关的业界领袖和学界成员会就此发表演讲；在行业刊物上，众多关于新闻业危机和转型的文章被刊登或以专题的形式发表，相关人士也会就此议题接受记者采访或撰写专题文章等。本文的研究任务因而包括，考察新闻场域的实践者如何在文本“时刻”形成新的语汇，产生特定风格和样式，形成话语，对旧的传统予以问题化，建立新的类分系统和理解新闻业境遇的框架，并表征它。

“话语作为一种社会实践”的另一层含义则是，话语具有生成性的权力，它对社会实践具有构成和建构性的作用。正如费尔克拉夫对于话语分析之研究任务的界定：“话语不仅反映或表征社会实体和社会关系，也建构或构成它们……话语分析正是要分析这些话语的社会效果。”[③]比之于社会实践的其他要素，文本更具有独特的生成性权力，Ruqaiya Hasan 将其称为 semologic。[④]费尔克拉夫则将这一过程称为“文本构造”的过程。[⑤]他认为，“文本构造”作为一种社会生产模式，其创造性在于通过将符号系统中的要素进行新的组合，产生新的意义。而这种新的意义系统将对社会生活中的行为、工作、社会位置和社会关系进行定义，并形塑人们的认同。因此，文本构造正是研究话语如何构成社会实践的关键。在本文中，我们也将循此路径，检视新闻业者如何重新建构语汇，以及进行符号系统的新组合，以此来探讨话语如何影响社会变迁。

费尔克拉夫所勾勒的话语分析的另一个重要关注点是历史变迁。[⑥]他认为，在特定社会条件下，不同话语会结合起来产生新的复杂话语，这一变迁过程恰恰体现了话语的社会理论意义。受此启发，尽管追溯新闻实践者话语变迁的历史性过程超出了本文的研究目的，但本文仍尝试将新闻实践者在当下数字化技术变迁条件下所形成的言说行动和话语形构与其他时空场景进行比较，以彰显言说行动和话语形构的历史条件性。

本文所分析的文本材料广泛来自近年来（主要是 2013 年 1 月至 2016 年 8 月）业者和学者就新闻业的现状、面临的危机和应对措施等发表的公开言论。其中最为主要的文本来

---

① FAIRCLOUGH N. Discourse and social change[M]. UK：Polity Press，1992：4.

② HARVEY D，BRAUN B. Justice，nature and the geography of difference[M]. Oxford：Blackwell，1996：78–79.

③ FAIRCLOUGH N. Discourse and social change[M]. UK：Polity Press，1992：3.

④ HASAN R. The disempowerment game：Bourdieu and language in literacy[J]. Linguistics and education，1998（1）.

⑤ FAIRCLOUGH N. Discourse，social theory，and social research：the discourse of welfare reform[J]. Journal of sociolinguistics，2000（2）.

⑥ FAIRCLOUGH N. Discourse and social change[M]. UK：Polity Press，1992：4.

自：与媒体转型有关的重要年度峰会上业者的发言文稿（主要是各媒体的高层管理者，以及部分学者），新闻行业杂志以及部分学术刊物就上述话题所发表的专栏或文章，以及在一些微信公众号上得到广泛传播的重要的业界领袖或评论者的相关文章。我们所关注的峰会和论坛主要包括：中国传媒年会、中国报业新媒体发展大会、中国新媒体峰会、腾讯网媒体高峰论坛等。我们所关注的主要学术刊物包括：《南方传媒研究》《传媒》《新闻爱好者》《新闻记者》等。我们所关注的微信公众号包括："记者站""蓝媒TMT""氢媒工场""新京报传媒研究"等。我们共计收集了68位业界人士和14位学界人士的91篇文章。由于学者和业者在话语表述上并未显示出显著差异，在本文中我们并不做区分处理。除此之外，为了分析话语与实践之间的关联，笔者也采用了这一段时期以来与多位业者的访谈作为辅助资料。

本文将进行如下安排：首先，我们将致力于关注新闻业者的文本"时刻"，力图通过对这些言说文本的分析来揭示言说行动的框架化过程；其次，我们将把这一新生的话语实践置于历史和空间维度进行比较，以理解话语变迁如何与具体的社会历史条件相勾连，并以此达到批判性分析的目的；最后，我们将尝试探讨这一话语形构对于新闻业场域中的实践的构成性作用，以理解话语之变迁如何与新闻业的实践变迁发生关联。

二、"商业主义"的话语形构

当话语在较为多样的行为场域都提供了关于某一个主题的类似的谈论方式，将重复的主旨或"观念丛"聚集为"知识形态丛"之时，我们就将其称为话语形构。[①] 按照这一定义，中国新闻业者在面临数字化冲击的情况下所产制的文本已经具备了上述特征：不同的言说文本尽管来自业界不同的主体，发表于不同的场景，却有着类似的关注点、观点、概念和主题，以至于呈现出一种重复的模式，进而构成了特定的话语形构。我们尝试用"商业主义"的危机话语来阐述这一话语形构的核心。

与翟利泽对美国新闻业界之话语的检视相似，在面临这一境遇时，"危机"也成为中国新闻业界频繁使用来描述其现状的概念。因此，危机话语也构成了中国业者基本的话语轮廓。不过，在中国语境下，我们发现，与西方业者从多面向来审视这一危机不同，今天中国业者的言说显著地表现出商业主义倾向，他们在阐述其所面临的数字科技环境时，以如何实现商业价值作为主旨和出发点，并且反复使用商业的观念来组织他们的谈论，体现出一个内在高度统一的"商业主义"的认知框架。商业主义构成了支配业者在这一历史条件下概念化其境遇的基本框架，成为其讨论的出发点和终点。

下文尝试采用恩特曼（Entman）的"框架"概念来对这一话语进行解析。恩特曼曾提出，话语框架一般由四个成分或环节构成：对问题的定义、因果诠释、道德评价以及应对措施的建议。这些成分之间彼此关联和呼应，构成话语包。[②] 我们从众多文本中提炼出的商业主义框架恰恰可以通过这四个维度得到全面阐述。

首先，这些言说文本大多将当前新闻界的境遇"诊断"为危机。我们梳理言说文本发

---

① BARKER C. Cultural studies：theory and practices[M]. New York：Sage Publications，1999：78.

② ENTMAN R M. Framing：toward clarification of a fractured paradigm[J]. Journal of communication，1993（4）.

现，当前中国新闻业的境遇主要被表述为一种“盈利”的危机和“商业模式”的危机。所谓“盈利”的危机，指的是在新媒体冲击下，传统媒体受众迅速流失进而导致传统媒体的广告收入和经营收入下降的危机，其典型的表述为“读者流失”“利润下降”“经营陷入困境”等。我们观察到，尽管极少有业者采用数据列举，但在诸多的言说中，传统媒体衰落并陷入商业危机被当作一种必然或“命定的结果”，并被预设为媒体转型的前提。例如，“‘不转等死’的论调在传媒圈里颇为常见”①。更多的言论集中探讨媒体所代表的“商业模式的危机”，即认为传统媒体所依赖的、主要依靠广告来获取收入的盈利模式已经过时，不应该再构成新媒体时代下的主导商业模式。例如，谭天认为，“当今新闻业式微既不在于新闻生产，也不在于新闻运营，而在于独木难支，缺少盈利的产品和商业模式的新闻业走向没落是必然的”②。喻国明的观点与此类似，“传统媒体转型到互联网平台有三部曲，第一要解决渠道问题，第二解决内容产品服务模式问题，第三解决盈利模式问题”③。对商业模式危机进行最直接和尖锐表达的是魏武挥，他认为“新闻业作为一门生意已经死掉”④。

技术革新被表述为是造成这场商业危机的主要原因。新媒体技术被认为正在重新定义媒体，由于其掌握了到达受众的渠道，因此其被认为超越传统媒体占据了影响力和营销能力的先机。相应之下，传统媒体则在冲击下失去了对读者的吸引力。例如，业者认为技术重构了信息传播模式，传统媒体机构式的信息传播渠道已然失效。⑤进一步的归因则指向传统媒体自身，它们被认为采纳新技术过慢或缺乏技术创新能力因而导致衰落的命运。而不能胜任技术创新的原因，则被诸多业者归纳为业者思维和意识方面的缺失，如认为传统媒体缺乏“互联网思维”或“技术思维”等。⑥⑦⑧有趣的是，在业者的言说当中，关于传统媒体缺乏技术思维的归因往往与“欠缺产品和用户意识”和“服务理念有待提高”等市场意识的归因混淆在一起。⑨⑩⑪因此，对业者而言，导致危机产生的原因表面上是新媒体技术，深层原因却是新媒体技术所暴露出的业者之市场和服务意识的缺乏。

与上述归因关联的，是关于这场危机的道德判断以及它所勾连的“情感结构”。我们发现，这一危机并未使新媒体技术受到责备和“诅咒”，今天中国的业者和学者并未陷入一种“命定的绝望”，而是对此抱以足够的接纳和拥抱的姿态，表现出一种接受挑战的勇气，他们倾向于认为这场科技变迁是必然的并且对此持乐观态度。在媒体人的表述中，虽

---

① 参见范以锦 2014 年 1 月发表于《中国记者》的《纸媒以正确的思路找到出路》这篇文章。

② 参见谭天和王俊 2014 年 12 月发表于《新闻爱好者》的《新闻不死，新闻业会死去》这篇文章。

③ 参见喻国明 2015 年 6 月在金沙讲坛上的题为“传统媒体转型到互联网平台的三部曲”的讲话内容。

④ 魏武挥，上海交通大学媒体与设计学院讲师，参见其 2014 年发表的文章《新闻究竟是什么》。

⑤ 喻国明，中国人民大学新闻学院副院长，参见其 2015 年 12 月在“2015 新媒体大会”上的讲话内容。

⑥ 高亢，河南日报报业集团大河网总经理，参见其 2014 年 1 月在首届中国报业新媒体发展大会上的讲话内容。

⑦ 赵兵，河北日报报业集团副总编辑，参见其 2014 年 1 月在首届中国报业新媒体发展大会上的讲话内容。

⑧ 钟顺虎，陕西日报传媒集团总经理、陕西日报社社长，参见其 2014 年 11 月在中国首届报业集团高层座谈会上的讲话内容。

⑨ 高渊，上海观察主编，参见其 2014 年 11 月在中国新媒体峰会上的讲话内容。

⑩ 黄琼，《新闻晨报》总编辑、总经理，参见其于 2013 年 12 月发表在《传媒》上的文章《从读者到用户：〈新闻晨报〉的转型思路与做法》。

⑪ 黎斌，中央电视台发展研究中心产业与新媒体研究部主任，参见其 2015 年 4 月在第十届中国传媒年会上的讲话内容。

然在某些时刻表现出某种无力感，但是这场危机总体而言被表述为一场必须去接受和值得去面对的挑战。在情感上，继“压力”之后是“有希望的焦虑”，因为只要传统新闻人学习到和适应了互联网精神，这场危机就将被化解。例如，从《南方都市报》辞职后创办新媒体的苟骅的表达比较典型，他认为“媒体人有很强的可塑性……而一旦媒体人具备了使用互联网的能力，就可能得到解救”①。

支撑这一商业主义框架的最丰富的论述来自面对危机和转型所开出的“药方”。在商业主义框架下开出的转型“药方”往往也主要是商业主义的，它表现为种种直接或间接的商业策略，其目的是实现盈利或商业价值，这包括：（1）进行新的战略定位以获取融资，如放弃传统新闻报道转向提供服务性信息，创办门户社区、垂直网站和聚合模式（而非原创）的新闻网站，②甚至是转向游戏或其他盈利能力更强的产业；③（2）寻找或拓展广告之外新的商业模式，以“挖掘广告销售以外的商业价值”④，如与服务性部门合作，提炼更多产品，以服务替代广告，以数据进行营销等；⑤（3）探索用户的规律，如用大数据挖掘技术来分析用户的实时内容需求，精准识别用户，增加用户黏性，将“粉丝”转化为用户；⑥（4）改变“内容为王的传统观念”等。⑦⑧⑨在这一轮转型中相当活跃的评论者魏武挥的“点子”可能最具“创造性”，他彻底否定了通过售卖内容来获取广告的商业模式，即便小打小闹的商业模式创新也意义不大，他认为（现代）媒体是以金融为核心，而新闻只是也应该只成为媒体的公关部门，其作用是为媒体获取声誉而已，媒体的商业价值需要通过资本运作来实现。⑩他的分析也许揭示的是事实的一部分，但对此立场的倡导很显然是基于以商业主义作为唯一的出发点。

这一关于危机的话语与关于转型的话语相伴随。面对危机，今天中国的业者并未显露出悲观，危机话语也悄然转换成了“转型话语”。我们可以对这一转型话语进行如下概括：在主体层面，转型的主体被界定为新闻媒体（机构）和新闻人（工作者），尤其是作为商业主体的新闻机构，其运作于市场，并以向用户提供有偿服务赚取收益。值得注意的是，这里的转型主体并不是作为“社会公器”以及社会民主生活之有机组成部分的新闻业（专业）。在目的和价值层面，转型的目的尽管从未被清晰阐明，但它大体被表述为“找到盈利模式”“拿到风险投资”“重新占有市场”“实现商业成功”等。在技术层面，转型策略主要是种种能够在短期内实现直接或间接商业价值的手段，如“提供满足用户需求的产

---

① 苟骅，南友圈创始人、CEO，参见其发表的《在传统媒体跟互联网的鸿沟在加大》一文。

② 戎明昌，南方日报社行政部主任，参见其2016年4月在中国报业发展大会上的讲话内容。

③ 参见张德君、张宇宜于2013年3月发表在《传媒》上的《从全媒体元年看浙报集团全媒体转型实践》。

④ 黄琼，《新闻晨报》总编辑、总经理，参见其2013年12月发表在《传媒》上的《从读者到用户：〈新闻晨报〉的转型思路与做法》。

⑤ 陆先高，《光明日报》副总编辑、融媒体中心主任，参见其2015年9月在第二届中国报业新媒体发展大会上的讲话内容。

⑥ 参见张德君、张宇宜于2013年3月发表在《传媒》上的《从全媒体元年看浙报集团全媒体转型实践》。

⑦ 苗晨波，广州日报新媒体有限公司总经理、大洋网总裁，参见其2014年1月在首届中国报业新媒体发展大会上的讲话内容。

⑧ 蔡小伟，福建日报报业集团党委书记、社长，参见其2015年9月在第二届中国报业新媒体发展大会上的讲话内容。

⑨ 参见张志安、张小瑞2015年1月发表在《传媒》上的《都市报融合转型：观念、策略和体制》。

⑩ 魏武挥，上海交通大学媒体与设计学院讲师，参见其2014年发表的文章《新闻究竟是什么》。

品”“延伸服务”等，而这一面的反面，如“缺乏互联网意识”、“缺乏对用户的关注”、坚持所谓“情怀”等则被界定为转型的阻力。在道德和情感结构层面，转型必然不是无望的，而是一种值得面对的挑战，它所召唤的是一种“有希望的焦虑”。

在商业主义这一框架下，在商业实践（而非在专业实践）上有着丰富经验的媒体则被视为成功转型的典范。例如，在诸多业者的言说中，浙江日报报业集团因为其商业上的成功（如投资游戏的成功）而被屡屡提及，浙报集团的经验也被一些学者总结为转型的浙报模式，是其他媒体应该仿效的对象。[①②③④⑤]

三、“商业主义”统合与“专业理念”离场：话语实践的时空变迁

如费尔克拉夫所言，当生产者和阐释者将话语传统、符码以及要素以新的方式在富有创造性的话语事件中组合起来，他们当然就在“话语秩序”中生产出了结构性变迁。[⑥]上文的分析表明，“商业主义”已经成为今天主控和统合有关新闻业危机之言说的主要框架，相对于过去的话语结构而言，正在形成新的“话语秩序”。

但是，这种结构性变迁不仅表现为新秩序的建立，而且表现为对既有话语的“去勾连”过程“为重新阐述新的话语秩序和新的话语霸权，(他们)需要‘去勾连’既有的话语秩序。”[⑦]我们发现，本文所检视的商业主义话语秩序的形成过程，恰恰是专业理念和其他另类话语资源被排除和替代的过程。

在我们检视的文本中，对专业理念话语的“去勾连”主要体现在如下三方面：首先，它表现为对专业理念相关语汇以及相关讨论的边缘化。商业主义的关键词是：商业模式、盈利模式、产品、用户需求、用户服务和可持续利润等。这迥异于专业理念的关键词如“准确”“客观”“公正”“深入”“监督”“社会责任”等。在商业主义关键词日渐活跃的同时，专业理念的关键词则被“遗忘”。我们所检视的文本充分体现了这一点，专业理念的关键词只是偶尔才被提及。与关于危机的商业表述相比较，关于新闻报道品质下降、记者的专业规范模糊以及新媒体影响新闻专业理念等的讨论也始终游离于有关“危机”讨论的核心议题之外。在我们所检视的文本材料中，关于“专业”本身及其带来的“公共性”的危机则极少被提及，提及“公共性”的文本屈指可数，以至于胡舒立有关“新闻媒体不变的灵魂仍是新闻专业”[⑧]的发言在众多有关新闻业危机与转型的话语中显得边缘。极少数对“公共”的提及也主要集中在媒体的“公共文化服务”功能上，与专业理念所面向的政治生活中的“公共性”相去甚远。[⑨]

---

① 参见张德君、张宇宜于2013年3月发表在《传媒》上的《从全媒体元年看浙报集团全媒体转型实践》。

② 檀梅，浙江日报总编助理、浙江新闻客户端总编辑，参见其2015年4月在中国全媒体高峰论坛上的讲话内容。

③ 李庆，浙报传媒集团股份有限公司副总经理，参见其2014年11月在新媒体峰会上的讲话内容。

④ 蒋国兴，浙报集团副社长，浙报集团总经理，参见其2013年7月在中国新媒体峰会上的讲话内容。

⑤ 黄楚新，中国社会科学院新闻与传播研究所传媒发展研究中心主任，参见其2015年9月在第二届中国报业新媒体发展大会上的讲话内容。

⑥ FAIRCLOUGHN.Discourse and social change[M].UK：Polity Press，1992：96.

⑦ FAIRCLOUGHN.Discourse and social change[M].UK：Polity Press，1992：97.

⑧ 胡舒立，财新传媒总发行人兼总编辑，参见其2014年4月在全媒体高峰论坛上的讲话内容。

⑨ 储国强，新华社陕西分社副总编辑，参见其2014年2月在第九届中国传媒年会上的讲话内容。

其次，表现为将传统专业理念“问题化”，例如，不少文本都质疑或默认“内容为王”的理念已经跟不上时代需要了，不能适应新的传播环境和商业环境，“过分看重内容”甚至被归纳为媒体发展的掣肘。①② 有业者直接对专业理念的价值观予以批判，为媒体的商业探索打开空间，如魏武挥说，“不要以为你们铁肩担道义，这件事情没有什么了不起的，媒体本身成为另外一个商业模式的手段以后，你的想象力就一下子被打开了”③。除此之外，这一“去勾连”过程也伴随着对原有词汇的重新解释或发明新的语汇来替代原来有关专业理念的核心语汇，如在大多数文本中，“消费者”和“用户”等概念被替换为读者的概念，“新闻”被阐释为“产品”，“服务”则取代了“告知”成为阐释新闻业社会功能的概念。

尽管从来没有系统和全面地得到阐述，而总是碎片式地呈现，新闻专业理念自 20 世纪 90 年代媒介市场化之后逐渐兴起，曾经成为替代性的话语资源来叙述新闻业改革的一种可能。④ 这一话语甚至曾经释放了新闻界改革的潜能，于 20 世纪 90 年代以来催生了一批拓展新闻专业角色的实践努力。然而，对照这一刚刚过去的历史境遇，如果说专业理念话语曾经以若隐若现之方式出场的话，在今天新闻业面临新的危机、挑战和机遇的历史条件下，专业理念话语则已经悄然离场。关于新闻业如何在危机和挑战中继续承担社会责任并维护公共利益，关于新闻业如何通过商业转型这一工具理性完成社会使命，这些都在商业主义统合的、高度“文本间性”的语境中消失了。

专业理念话语的离场折射了作为行动者之中国业者在这一环境下的经验和欲望，在新闻业面对新媒体冲击之时，商业上的焦虑已经成了这个群体的支配性情感经验。之所以如此，可能与当下中国新闻业的结构性因素变迁相关。在市场化的初期，市场化所带来的丰厚利润确实曾经支撑了中国新闻业者对专业理念话语实践的追求，也曾经带来业者的“从容”，然而数字化对于媒体市场利润的冲击则摧毁了这种“从容”所立基的经济基础。然而，经济基础是否必然导致业者对商业主义的拥抱呢？如果我们转换空间维度，将视线投向与中国业者面临相似境遇的英美，会发现经济基础可能不会必然导致业者对商业主义的拥抱。

同样遭遇经济上的挑战，同样采用“危机话语”，但美国业者体现了更明确的专业自觉，他们在更多元的维度阐述他们所面对的危机。例如，在美国业者的言说中，危机既是媒体介质和平台的危机，如纸媒的消亡论，⑤ 也是商业和经济的危机，⑥ 同时它还是专业的危机和政治、公共性的危机，因为它将给新闻的民主带来挑战。⑦⑧ 诸多讨论是围绕新

① 姚林，央视市场研究股份有限公司（CTR）资深研究顾问，参见其 2014 年 6 月发表在《传媒》上的文章《传统媒体转型要找准方向》。

② 郭全中，国家行政学院社会和文化教研部高级经济师，参见其 2014 年 5 月发表在《南方传媒研究》上的《传媒运营中的四种思维》。

③ 魏武挥，上海交通大学媒体与设计学院讲师，参见其 2014 年发表的文章《新闻究竟是什么》。

④ 陆晔，潘忠党 . 成名的想象：社会转型过程中新闻从业者的专业主义话语建构 [J]. 新闻学研究，2002（4）.

⑤ MEYER P. The vanishing newspaper：saving journalism in the information age[M]. Columbia：University of Missouri Press，2009；ZELIZER B. Terms of choice：uncertainty，journalism，and crisis[J]. Journal of communication，2015（5）.

⑥ GEORGE P. The real crisis of journalism[EB/OL].（2016-07-17）[2016-07-17]. http：//www. newyorker. com/news/daily-comment/real-crisis-journalism-new-republic.

⑦ BARNETT S. Will a crisis in journalism provoke a crisis in democracy？[J]. The political quarterly，2002（4）.

⑧ DAHLGREN P. Professional and citizen journalism：tensions and complements[M]//LUENGO M T L，BREESE E B，ALEXANDER J C .The crisis of journalism reconsidered：democratic culture，professional codes，digital future. Cambridge：Cambridge University Press，2016：247.

闻业的公共性展开的。因此，如果说“多元的危机”构成了英美新闻业者对数字化境遇的想象之核心的话，如前所述，“商业的危机”则构成了今天中国业者想象的核心。在今天中国业界的相关言说中，这场危机主要被表述为一场商业危机。

两地对深度调查报道的讨论进一步凸显不同时空下业者之能动性的差异。由于深度报道体现了高度的职业性和分工原则，往往被认为是表达新闻业之公共性的重要文体，承载了“高度现代性”的专业理念。①对于这一新闻体裁在数字化技术条件下的命运的讨论，两国大相径庭。据全球深度报道网数据统计，从 2013 年至今，在美国召开的较大规模的与深度调查报道有关的谈论会、课程班、工作坊等超过 20 场次，多数议题集中讨论如何利用数据库、搜索引擎、社交网络等新工具推进深度调查。在中国，话题主要集中在深度报道的价值上。无论是“坚守派”还是“转型派”都从深度报道能否盈利的商业视角为各自进行辩护，“坚守派”认为优质内容能增加广告和营收，②与之相反的观点则认为深度报道也是一种“产品”，要转向“小而美”，③但无论两方观点怎样，如何利用新技术发展深度报道的讨论则始终未能进入讨论的中心。

上述分析让我们看到，在今天技术和社会条件变迁的环境下，遭受种种矛盾和冲突挤压的中国新闻实践者主动引进并接受了“商业主义”话语对这一场域的“殖民”。

四、话语形构如何构成社会实践：话语变迁与新闻业变迁

话语不仅内嵌于社会实践，而且对于社会实践具有生成性作用，这恰是话语的权力所在。④⑤话语通过语言进行知识生产，它赋予特定的物质实体和社会实践以意义。一方面，它能够建构、定义和生产特定的知识客体，将其定义为“明智的”，与此同时它也可能排除其他的推理形式，将其定义为“不明智的”。⑥在这一部分，我们将尝试从话语如何构成社会实践，进而推动结构性变迁的角度来考察商业主义究竟将如何形塑新闻实践者的社会关系、身份认同以及他们的工作。

商业主义话语将帮助媒体机构实现商业价值的一切行为定义为“明智的”，进而可能将其合法化并催生、激发商业主义的工作形式、“位置”和社会关系。首要的表现是，与商业主义话语之活跃相伴随的，是媒体的商业分支变得更加发达。今天，媒体涉足更广义的商业活动（如游戏、文化产业、房地产等）已经成为常态，而且这些活动正在逐渐成为媒体机构运作的重要组成部分。这些场域的工作形式和工作关系也随之多样和活跃起来，成为今天媒体活动的主要部分。可以说，这些商业属性之行为之所以活跃，是因为在商业主义的话语脉络下这些行为获得了正当性并被激励。媒体的商业部门造就了大量商业取向

---

① HALLIN D C.Commercialism and professionalism in the American news media[M]//CURRAN J，GUREVITCH M. Mass media and society. London：Hodder Arnold，2000.

② 资料来源：博雅传媒副总裁郭光东 2014 年 7 月在第五届全国深度报道研讨会上的讲话。

③ 资料来源：姜贤正在 2014 年 7 月召开的第五届全国深度报道研讨会上的讲话。

④ FAIRCLOUGH N. Discourse，social theory，and social research：the discourse of welfare reform[J]. Journal of sociolinguistics，2000（2）.

⑤ HASAN R. The disempowerment game：Bourdieu and language in literacy[J]. Linguistics and education，1998（1）.

⑥ FAIRCLOUGH N. Discourse and social change[M]. UK：Polity Press，1992：97.

的“位置”，即便有些“位置”看起来与传统的采编有相似之处。如当前一些报社都设立了“舆情调查或研究”的分支，涉足对“舆情”的数据收集，并探索将其售卖给企业和政府部门的新兴商业模式，其中所催生的新兴“位置”，部分工作由传统的记者兼任，然而他们的工作内容和基本工作原则却已经与被要求坚持专业理念的记者迥然不同。[①] 这些工作和位置所蕴含的社会关系因此也只是商业关系，而非围绕专业理念所生长的职业共同体。

上述的变化不仅发生在媒体的商业部门（分支），而且也发生在采编（内容生产）部门。对各报而言，其所成立的各种新媒体部门，如微博、微信平台等，大多数都以完全商业导向的“涨粉丝”和“吸引眼球”作为编辑原则，给用户想要的，而不再遵从专业理念，给读者需要的。这些新生的工作岗位显然都是商业主义直接孵化的产品。一些报社则开始尝试有意识地重新定义传统的采编工作，将经营纳入采编人员的工作考核当中。例如，南方日报社自 2016 年 7 月开始对薪酬考核制度进行改革，从原来单一的“稿分”的考核改为包括内容策划、内容统筹、产品创新、项目执行、团队管理等类目在内的 KPI 绩效考核。[②]传统上在一般性的工业和商业管理中出现的位置如产品经理开始在媒体出现，并获得重视。处在这一位置的人的主要职责是将媒体出产的内容视为产品，从用户需求角度，进行项目管理，帮助媒体改善服务，满足更多用户的需求，提供超越于信息内容的服务和体验。与此相伴随的，旧的位置被认为应该被重新定义，如传统意义的新闻部主任，被认为需要转型为“产品经理”。[③④] 与内容有关的运营工作因能够帮助实现商业目标而受到鼓励和重视，如准确鉴别用户、根据用户习惯和偏好进行内容的生产和组织，增强对用户的服务等成为内容生产部门最热闹的“提法”，对此，常见的表达是，“没有运营的内容是没有任何价值的”[⑤]。

商业主义的工作和行为正在今天中国的新闻业场域勃兴，而这一现象的另一面则是，围绕专业理念的工作或实践类型在这一波转型潮流中被边缘化或被抑制。商业主义话语倾向于将那些不能够帮助媒体机构实现商业利润或未必能为媒体机构带来明朗商业前景的一切行为定义为“不明智的”。也因此，围绕实现新闻业之社会公器角色的“业务实践”—— 如探索新闻采访和突破的技能，磨砺新闻写作文本以更简洁地传达意义，避免受其他因素影响，独立、深入地开展调查报道，通过专题编辑来呈现观点的多元性等，一旦它们不能够与商业价值发生勾连，即被定义为“不明智”、“过时”和“需要改进”。[⑥⑦]今天可以观察到的是，针对重大突发事件，愿意投入人力和物力参与报道的媒体非常之少，大部分媒体并不愿意投入原创性报道。财新传媒的张继伟曾对此感叹，“现在一个

---

① 此段材料来自研究者对南方报业集团员工和广州日报报业集团员工的访谈。

② 此处观点得到中山大学传播与设计学院 2013 级博士生吴涛佐证。其正在撰写与此内容相关的博士毕业论文。

③ 周晓鹏，新浪网副总裁、新闻总编辑，参见其 2015 年 11 月在新浪新媒体峰会上的讲话内容。

④ 黄琼，《新闻晨报》总编辑、总经理，参见其于 2013 年 12 月发表在《传媒》上的文章《从读者到用户：〈新闻晨报〉的转型思路与做法》。

⑤ 苗晨波，广州日报新媒体有限公司总经理、大洋网总裁，参见其 2014 年 1 月在首届中国报业新媒体发展大会上的讲话内容。

⑥ 张寒，新京报深度部副主任、人物工作室负责人，参见其 2015 年 5 月发表在《南方传媒研究》上的文章《剥洋葱：传统媒体人的一场“裸奔”实验》。

⑦ 刘胜义，腾讯网络媒体事业群总裁，参见其 2013 年 11 月在腾讯网媒体高峰论坛上的讲话内容。

重大的突发事件发生了，真正过去做报道的不超过 5 家，剩下的人在那里等着抄”[①]。而这并非一己之见，我们在与一些关注新闻业的业者的正式和非正式访谈中均听到过类似的感叹。2015 年以来，《中国青年报》《北京青年报》《京华时报》《华商报》等多家媒体的深度报道部门被改组，甚至撤销。[②] 这些都折射了今天新闻业的工作实践正在悄然发生着巨大变化。

商业主义话语也正在改变业者的身份认同。从目前来看，我们尚难以确定以上提及的、在媒体的商业价值链上从事商业价值开发的“行动者”们是否正在生成或固化其内部指向的身份认同，但是可以观察到的是这一现象的另一面，原先在市场化初期和专业理念语境下生成的、基于专业的身份认同正在面临商业主义话语的侵蚀和解构。例如，“南方系”曾经在市场化初期被视为“英雄”，而在南方文化中成长的记者们和这个媒体的领袖们也都有着强烈的身份认同，他们认同的媒体监督、倡导社会正义、为弱势群体代言、通过报道来推动政府决策的革新以及为民众提供思想启蒙等使命，被自己和外界视为“理想主义”和“专业理念”的代表。[③] 然而，他们的强烈的身份认同显然在今天商业主义的历史条件下正遭受挑战。近年来“南方系”记者的大规模离职也许可以佐证此境遇，据南方日报社内部报纸《南方报人》（2014 年 12 期）公布的数据，2012 年离职的员工数为 141 人，2013 年为 176 人，2014 年为 202 人，其中以采编人员为主。2015 年和 2016 年的数据尚未收集，但根据非正式了解，数字可能更多。曾经认同“理想主义”的业者选择离开这一职业，放弃专业追求，转而追求商业上的成功，这一现象也从侧面说明商业主义话语对专业理念身份认同的消解作用。不少记者编辑在离职时发表文章均表达这种“理想主义”的挫折，如“理想主义？传媒情结？道义和承诺？饭碗？这些动力一夜之间消失了”[④]。而那句广为流传的“去你 ** 理想，姐赚钱去了”[⑤]，则表明了业者之身份认同受到政治监督与商业主义双重围攻之时的无奈与决绝。而在传统媒体朝向新媒体转型的过程中，曾经“铁肩担道义、辣手著文章”的“情怀”则进一步被商业主义话语框架“讥讽”为转型的负担，是亟待抛弃的东西，而不是可以继续挖掘的资源。在新闻生态变化和新媒体的挑战下，“理想主义”成为媒体“黄金时代”的元素，停留在媒体人的怀旧感念之中。[⑥]

上述以商业价值为导向的工作、位置和身份认同之间往往具有内在的价值上的整合连贯性，因而正在形成费尔克拉夫所说的社会实践之网。[⑦] 这一实践网络进而可能改造了原来新闻场域中相对多元的实践样态，如既包含商业导向也包含专业导向的实践样态。上述的分析因此说明，话语事件通过对社会实践的塑造而构成结构性变迁，新闻业的结构性变迁蕴含于话语变迁之中。

---

① 张继伟，财新网执行总编辑，参见其 2014 年 7 月在第五届深度报道研讨会上的讲话内容。

② 范占英 . 深度报道部，亡焉，兴焉？ [N] 中国新闻出版报，2016-01-19.

③ 林楚方 . 南方周末记者林楚方致张东明总编的公开信 [EB/OL].（2003-10-13）[2016-06-25].http：//bbs.tianya.cn/post-no01-71113-1.shtml.

④ 胡赳赳，《新周刊》副主编，参见其 2015 年 9 月发表的文章《我为什么离开〈新周刊〉》。

⑤ 田颖，原《新京报》记者，参见其 2014 年 9 月发表在微信公众号“记者站”上的文章《我为什么离开〈新京报〉》。

⑥ 李红涛 . 点燃理想的日子——新闻界怀旧中的 “黄金时代” 神话 [J]. 国际新闻界，2016（5）.

⑦ FAIRCLOUGH N. Discourse and social change[M]. UK：Polity Press ，1992：192.

五、结语

数字化技术正在深刻地影响着新闻场域的变迁。这种变迁不仅表现在物质维度，如制度、组织和结构方式的变迁，而且表现在话语层面。以话语的社会理论作为研究取径，本文考察了数字化和技术变迁条件下中国新闻业者面对数字化挑战的言说，旨在一方面为理解今天中国新闻业的变迁提供话语维度的分析，另一方面则力图勾勒这一话语维度的变迁与新闻业之实践和结构性变迁之间可能的关联。

本文以我国新闻界人士——包括业界和学界——在这一时期针对数字化挑战和应对策略所发表的言说文本为基本素材，由此检视今天新闻场域中的实践者如何重构和概念化他们的行为。基本发现是，当代中国的新闻实践者们主要转向了市场话语，开始采纳商业主义作为支配其言说的主要框架，来界定其所面对的危机，并提出因果解释，做出道德判断和提出解决方案。商业主义成为当下中国新闻业者在面对数字化技术变迁所带来的挑战时所形构的话语的核心。

这一新生话语形构的出现同时意味着对旧的话语形构或秩序的替代和排除。在新闻改革上升阶段的 20 世纪 90 年代，随着媒介市场化改革的兴起，尽管商业主义（市场话语）也构成了一种颇为显著的话语形构，但除此之外也存在其他多种话语资源的交织，其中尤为值得注意的是，新闻专业理念曾成为替代性的话语资源叙述新闻业改革的可能。然而，在本文所检视的时间段，上述的多种话语资源交织的现状已经逐渐让位于商业主义，后者成为统合性的话语形构。因此，本文所检视的商业主义话语秩序的形成过程，恰恰是专业理念和其他另类的话语资源被替代和排除的过程，“专业理念”在今天数字化技术冲击下已悄然离场。与当代西方业者面对类似的技术变迁所进行的多元“危机话语”的表述不同，商业危机构成了今天中国业者想象的核心。时空维度的比较均凸显了当下中国新闻业者在局促的结构性条件下所展现出的经验、欲望和焦虑，也凸显了他们作为能动的“行动者”专业自觉的缺失。

商业主义的统合与专业理念的离场正在也将会对中国的新闻业变迁产生重大而深远的影响。言说不仅内在于商业主义的社会实践，而且为后者提供了合理化的依据，进而也参与建构新兴的、以商业价值为主导的种种工作、社会关系和社会认同。也因此，在这个数字化变迁的过程中，与商业价值关联的种种实践被催生出来并得以勃兴，但这一勃兴未必带来以专业价值和公共性为导向的新闻专业实践的发展；相反，商业主义作为唯一重要的价值主旨不断在消解新闻业者对于专业的身份认同以及他们基于认同所从事的事业。新闻业的结构性变迁因而蕴含于话语变迁之中。

翟利泽曾在分析美国新闻业危机话语的文章的开篇引用美国诗人爱默生的话：“坏的时代往往具有一种科学的价值，因为对优秀的学习者而言这恰恰成了他们不会错失的学习机会。”[①] 她自己也认为，“作为连续体的断裂，‘挑战’总是会提供机会，让我们得以重新组织以及重新铸造我们的行为”。按照这样的说法，今天中国的新闻业也同样面临转折时期，当下的挑战既可能是断裂，也意味着重生的机会，新闻业的命运仍然存在多样可能。不过，本文的检视则说明，在当下的中国，当新闻业面对数字化技术挑战时，业者采取高度一致、

① ZELIZER B. Terms of choice：uncertainty，journalism，and crisis[J]. Journal of communication，2015（5）.

简化的商业主义危机概念来解释新闻业的命运，这可能会使我们失去认识新闻业作为一个专业以及作为一个具有公共性特征的行业的机会和可能。

专业理念话语的离场已然限定、排除和“去合法化”了很多指向专业建设的实践，对中国的新闻业而言，由此也失去了将专业理念作为一种话语资源来整合和释放能动性，实现新闻业之重新起步的机会。当然，本文并非完全否定新闻业重新赢取“公共性”的可能，未来结构的内在变迁力量以及业者的能动性，可能会将专业理念或其他关注新闻业之公共性的话语重新带回到这一场域。但是，作为一个批判性的分析，本文的任务是通过对话语形构过程的批判性检视，来反思今天市场话语对新闻业场域的“殖民”，以及当我们用商业主义危机概念来唯一地解释新闻业的命运之时，可能会失去什么。

从“客观性”到“透明性”：新闻专业权威演进的历史与逻辑*

夏倩芳 王艳

作为维系新闻业专业权威的核心实践原则，自“新闻客观性”产生之日起，其就一直是学界、业界和公众议论最多的核心命题，“新闻业中从没有任何一个概念如客观性这样引发如此多的讨论和争议”①。朱迪丝·李钦伯格（Judith Lichtenberg）曾感慨，对客观性的攻击“能够结交千奇百怪的盟友，能够把来自左的和‘右’的批评家联合在一起，能够把最玄奥的学究和世界各地的各种政治家、辩护士以及新闻记者扯到一起”②。作为实践性原则，新闻客观性的实质争议存在于其实践的“方法”上，这也决定了客观性伴随社会需要和传播技术革新而不断演变的状态，客观性因而是过程性的。

在当下，新媒体技术全面改造了传播环境，对新闻机构专业权威的挑战又一次将客观性推上了风口浪尖，“透明性”被作为替代性概念和实践方法提出来。那么，“透明性”在何种意义上能取代客观性？客观性能否又一次在危机中重生？新闻业的专业权威能寻找到其他的替代性来源吗？对这些问题的回答，将把我们引向一个更根本也更原初的问题，即客观性对于社会的民主参与和对话仍有必要吗？

一、当我们在谈论客观性时，我们在谈论什么？

针对客观性的批评大多围绕在新闻报道是否客观、能否客观以及应否客观三个问题上。第一类批判性观点，从社会建构论的角度，采取内容分析、话语分析等研究方法，检视媒体进行倾向性报道的表现，包括信源结构、议题选择、新闻主题、新闻框架、归因处理等，经典研究是 20 世纪 70 年代以来格拉斯哥大学媒介研究小组对英国电视新闻表现的考察。

第二类批判性观点，多从新闻工作者的主观局限、文化和意识形态、新闻生产组织结构、媒介惯例、文化与制度环境等方面，阐释媒体无法做到客观公正的原因。客观性形成

* 本文首发于《南京社会科学》2016 年第 7 期，第 97-108 页。

① DONSBACH W，KLETT B. Subjective objectivity：how journalists in four continents define a key term of their profession[J]. Gazette，1993（1）.

② 李钦伯格 . 为客观性辩护 [M]// 库兰，古尔维奇 . 大众媒介与社会 . 北京：华夏出版社，2006：228.

的决定因素主要体现在四个方面，一是报道者和编辑的政治态度、文化背景、意识形态、既有偏见等；二是组织或结构性因素，包括媒体的编辑方针、新闻价值观、技术性特征，所受到的时间、空间、后勤、财务、法律等方面的约束，所选择的消息来源是否可得等；三是记者所处的社会环境；四是语言修辞。[①]

第三类批评是从传播与民主的关系，从对威权主义批判的角度，反思新闻客观性对公共领域和民主参与的负面影响。主要看法认为，客观性要求记者不对事实进行价值判断，只罗列双方观点不做评论，事实上是记者偷懒和推卸责任的做法，它让公众成为新闻的被动接受者，妨碍了其对真相的获得。同时，"客观性"要求获取确证的事实和权威消息来源，这将更多话语权赋予了权力部门和政府官员，淹没了来自普通民众和弱势人群的声音，限制了信息的多元性，维护的是各种既有权力和体制的合法性，并使霸权性的意识形态源源不断地再生产出来。新闻客观性因此被指责为媒体抵御批评、获得商业成功的"防卫性常规"[②]、"策略性仪式"[③]、"维持现状的符码"[④]、"操作霸权的工具"[⑤]、"修辞性装置"[⑥]等。

一方面，没有人会否认新闻业应以报道真相为己任，而另一方面"新闻客观性"总是受到无休止的质疑，如何理解这一悖论？穆尼奥斯－托雷斯（Muñoz-Torres）在回顾历史上对新闻客观性的诸多争论后认为，这与"新闻客观性"概念本身的松散、模糊、弹性和多义有关。作为新闻业的核心概念，新闻客观性是一个与其他议题关联紧密的复杂命题，以至于可以从许多不同方面进行阐释；再者，在新闻业的发展过程中，客观性的内涵并不是一成不变的，而是包含许多互有分歧甚至彼此冲突的含义；另外，客观性问题有其哲学起源，其核心内涵与其他更深层次的、理解起来比较困难的哲学概念如"真相"相关联。[⑦]

首先，新闻客观性既是一种客观范畴，也是一种主观范畴。在本体论上，客观性意指某事物不以人的意志为转移的真实存在（即"何为真"），这是新闻客观性的逻辑起点。在认识论上，客观性关心的是新闻的主观认识形式如新闻报道与社会事实的客观内容是否相符合及其符合的程度（即"如何知道这是真的"），包含事实的准确性和解释的合理性两个方面。在方法论上，客观性代表是否可以设计出一套建立在被正确核实的证据基础之上的、不带偏见的调查方法，来保证在实践中所做的决定满足一系列相关标准，从而减少其他不相关的考量和偏见的影响（即"如何保证这是真的"）。[⑧]新闻报道作为人类的主观性认识活动，受到报道者主观认知能力、意识形态、新闻机构制度环境等的制约，认识

---

① BOUDANA S. A definition of journalistic objectivity as a performance[J]. Media culture society，2011（3）.

② ALTHEIDE D L. Media hegemony：a failure of perspective[J]. Public opinion quarterly，1984（2）.

③ TUCHMAN G. Objectivity as strategic ritual：an examination of newsmen' s notions of objectivity[J]. American journal of sociology，1972（4）.

④ ALTSCHULL J H. Agents of power：the media and public policy[M]. New York：Longman，1995.

⑤ BOUDANA S. A definition of journalistic objectivity as a performance[J]. Media，culture&society，2011（3）.

⑥ SIGAL L V. "Sources make the news" [M]//MANOFF R K，SHUDSON M. Reading the news. New York：Pantheon Books，1986：12–22.

⑦ MUÑOZ-TORRES J R. Truth and objectivity in journalism：anatomy of an endless misunderstanding[J]. Journalism studies，2012（4）.

⑧ WARD S J. The invention of journalism ethics：the path to objectivity and beyond[M]. Montreal：McGill-Queen' s University Press，2006.

论意义及方法论意义上的客观性因而无法得到完全实现。正是由于无法做到真正的客观并从有利于操作方面考虑，人们转而追求在方法或语气上做到客观，诸如中立、平衡、准确、公平等。永远无法达到的客观性目标与不完美的客观性新闻实践之间难以填补的沟壑，是新闻客观性争议不断的根源。

其次，新闻客观性是实质客观与形式客观的统一，它既是一种道德理想，又是一种报道、编辑实践，以及清晰可见的写作样式。道德理想层面上的新闻客观性，即实质客观，指的是新闻事业及新闻工作者以崇尚事实为己任，排除个人价值观和偏见如实报道事实，包含真实性、公平性、公正性、独立性、中立性、相关性、完整性以及超然性等理念；① 操作层面上的新闻客观性，即形式客观，指的是用来防止新闻从业者主观性介入的新闻常规和操作，一般包括采用倒金字塔结构写作，采用中性语言，使用引语交代和说明信源，平衡处理信息等；文本层面上的新闻客观性，指的是一种名为“客观报道”的写作样式，具备以下特质：可以提供完整且可供检验的事实信息，将事实与意见或解释区隔，具有可靠的消息来源，实时传递最新信息，以中立的叙事和形式去呈现报道，同时对于争议性事件采用独立、不涉及利益的立场，扬弃个人对广告商或第三者的偏私。第一层意义的客观性可称为“作为理念的客观性”，后两层意义的客观性可称为“作为方法的客观性”。②

因此，新闻客观性随着新闻事业的发展并不只是一个孤零零的概念，还包含了诸多层面、程度以及多重含义。一些人在谈论客观性时常常谈到的并非同一个批判对象，或者将客观性不同层面上的含义混作一团进行批评，如通过批评超然中立、不偏不倚这种形式客观的操作方法和写作风格来否定客观性目标本身。

李钦伯格检视目前各种对新闻客观性的指控后进一步认为，反对者们的理由尽管五花八门，但他们真实的靶子其实并不是客观性本身，而是一种与客观性有联系但又区别于客观性的东西。实际上，他们与客观性的支持者享有同一个逻辑前提——真正的客观性是可能实现的，更客观的报道方式也是可能的，否则何苦去抱怨一个根本不会存在的空中楼阁？同时，这些反对的声音始终无法摧毁客观性的另一个原因在于，它们抽离了重要的前置逻辑——尽管经验因不同人不同文化而异，人类仍然存在着普遍知识和普适视角。怀疑某一种或某一套具体的描述是否客观，并不能就此否认讲述一个客观的至少是一个更加客观些的故事的可能性，我们至少可以区分较好的和较坏的、较准确的和较不准确的描述。③

综上所述，目前对于客观性的各类批判实际上指向的都是新闻实践的操作手法和表现形式，目的是探讨“客观性”实践进一步完善的途径，而并没有否定也无法否定媒体应排除偏见报道真相的客观性理想。换句话说，对客观性的所有批判都是针对客观性“方法论”的批判，而非针对客观性理念本身，这些批评反映出的恰恰是人们想实现真正客观性的愿望。坚持客观性当然要去认识自身的偏见和局限性，而对这些偏见和局限性的认识反过来更加凸显了客观性理想的规范性作用：“只要我们试图掌握理解世界的途径，我们就必须采纳这种理想典范，哪怕这种典范是有局限性的”④。正如比尔·科瓦奇（Bill Kovach）

---

① WESTERSTÅHL J. Objective news reporting：general premises[J]. Communication research，1983（3）.

② 李钦伯格 . 为客观性辩护 [M]// 库兰，古尔维奇 . 大众媒介与社会 . 杨击，译 . 北京：华夏出版社，2006：242.

③ 李钦伯格 . 为客观性辩护 [M]// 库兰，古尔维奇 . 大众媒介与社会 . 杨击，译 . 北京：华夏出版社，2006：227-230.

④ 李钦伯格 . 为客观性辩护 [M]// 库兰，古尔维奇 . 大众媒介与社会 . 杨击，译 . 北京：华夏出版社，2006：239.

与汤姆·罗森斯蒂尔（Tom Rosentiel）在《新闻的十大基本原则》一书中所澄清的，客观性观念最早引入新闻工作的逻辑在于新闻工作者无法做到客观，但是在方法上可以做到客观。这一原始而深刻的意义现在已经彻底被误解并且基本上被抛弃。客观性争议的关键应放在规范和约束新闻生产方式上。①

二、作为专业管辖工具的客观性

新闻客观性是新闻专业理念的核心原则，理解和讨论客观性的不可取代性必须回到“新闻业是否以及如何成为一门专业”的问题上来。总体上说，已有的关于“专业化”问题的研究大致分为以下几种取向：第一类是以某些客观特征为标准和参照系检视、评价、描述、界定某一职业能否成为专业，此为“专业特征”的研究取向。这类研究因循结构功能学派的观点，认为所谓“专业”就成了满足某些特征的职业，所谓“专业化”就是这些职业获得这些特征的过程，这些特征和要素通常包括：工作以科学或系统知识为基础，专业成员受到正式教育，存在自我管理的专业协会，设有道德规范，专业成员与客户之间存在信托关系，有专业准入门槛，被广泛认可的社会地位或声望等。②

“专业特征”的取向存在着生搬硬套、倒果为因的缺陷，20世纪60—70年代以后，一些学者受到马克斯·韦伯（Max Weber）的关于权力的论述以及埃弗里特·休斯（Everett Hughes）所代表的芝加哥学派象征互动论的启发，提出“什么样的条件促使人们使职业成为专业，让自己成为专业人员”比“什么是专业”的问题更重要。此为侧重专业化过程的“专业条件”取向。从该研究取向看，专业化不是简单的“有无”专业特质的问题，而是一个不断与外部政治、经济和社会力量互动的动态过程，它进而凝聚成员间的共识，提升他们对自身所承担责任和规范的认同，并逐步使他们取得专业声望与地位。为此需具备一些必要条件，如建立系统和科学化的知识结构、建立专门的教育训练体制、吸引有才能的人员进入学习、建立授予证书的标准等。③

“专业条件”取向的研究虽并不强调“什么是专业”的问题，但对专业与社会互动如何产生关联的具体过程也并未明确说明，隐含着专业的最终状态，实际上和“特征取向”殊途同归，而这两种取向所列出的特征和条件基于律师、医生等典型专业，并非所有专业都适用。芭比·泽利泽（Barbie Zelizer）就指出，与那些典型专业不同，新闻业并不需要受到专业化条件的限制，许多新闻工作者并不乐意阅读新闻工作手册或者接受相关的学院教育和培训项目。在很多新闻组织里并没有成文的职业行为规范，道德准则也始终没有得到确立，大多数新闻工作者习惯性地拒绝执照授予程序，并对专业协会不感兴趣。④

20世纪70年代末期以后，受到韦伯的“地位群体”概念的启发，一些职业社会学者

---

① 科瓦奇，罗森斯蒂尔.新闻的十大基本原则：新闻从业者须知和公众的期待[M].刘海龙，连晓东，译.北京：北京大学出版社，2011：99.

② SCHUDSON M，ANDERSON C. Objectivity，professionalism，and truthseeking in journalism[M]//WAHL-JORGENSEN K，HANITZSCH T. The handbook of journalism studies. New York：Routledge，2009：88-101.

③ HUGHES E. The sociological eye：selectedpapers[M]. Chicago：Aldine-Atherton，1984.

④ ZELIZER B. Covering the body：the Kennedy assassination，the media，and the shaping of collectivememory[M]. Chicago：University of Chicago Press，1992.

开始关心某些职业持续保持专业的原因。麦格丽·拉森（Magali Larson）指出，“对理想范型的建构并不能说明何为专业，而仅仅能表明专业假装成为什么”。更有意义的问题在于，“在日常生活中专业是如何协商或者保持它们特殊的地位的”。专业化问题于是转化为：社会行动者如何将他们独占的稀缺资源如特殊的知识和技能转化为社会和经济上的报酬，进而确立起特殊的服务市场，保障自身独特的社会地位和市场价值的？①这构成了关于专业化问题的另一研究取向——侧重专业区隔与控制的“垄断学派”。

到了20世纪80年代，安德鲁·阿伯特（Andrew Abbott）指出，过往有关专业问题的研究虽然能够显示某些行业对其知识的控制和应用，却无法解释为什么这些形态得以形成，也忽视了不同专业之间的竞争，其应将关注焦点从孤立的专业群体转移到专业工作本身上来，事实上，各个职业并不单独经历所谓的“专业化”过程，而是共同构成了一个相互依赖的生态系统，通过彼此之间的互动而发展，它们之间通过对专业的“管辖权”建立联系。而这种管辖权往往具有排他性，一个专业控制了某项工作，其他专业就不能再合法地从事这项工作，从而形成“管辖权冲突”。所谓“专业化”即处在同一工作领域的各项职业对专业知识展开管辖权的主张与争夺，获得社会对其排他性权力认可的过程，“专业”正是在处于同一工作领域的不同职业发生管辖权边界冲突时形成的。②职业之间管辖权争夺的具体过程和本质被托马斯·基恩（Thomas Gieryn）概括成“边界工作”（boundary work），即专业群体通过扩张、垄断、驱逐等话语建构的方式，对内划分出专业成员及其服务的优劣程度，对外可将那些能提供类似服务的闯入者排除在专业领域之外，从而主张和重申自身的正统性。③

在专业管辖理论的观照下，一种职业的专业性在于它能否获得对其工作的排他性管辖权，专业化过程于是成为一个行业的职业自主性与从业者所享有的声望在社会中获得合法性的过程。翟利泽有关“新闻权威”和“阐释共同体”的论述沿袭了管辖权控制理论的研究。“新闻权威”指的是一种新闻业作为具有权威性和可信度的真实事件的发言人的能力。她研究美国新闻界对“麦卡锡事件”的评论发现，记者们将“麦卡锡事件”报道从新闻界“犯下的错误”扭转为“从中吸取教训”，从而弥补了失误，挽回了声誉，巩固了他们所仰赖的对新闻事件收集和评价的权威性。④

新闻本质上是一种知识资源，新闻职业要获得专业地位，必须取得对事件信息进行收集和传播的排他性管辖权。由于新闻业对专业知识的管辖控制并未如医生、律师那样受到政府的保护（如职业资格准入制度、法律法规等），新闻记者正是通过对新闻客观性的崇尚部分地获得了这种权力，以不受外界势力影响的真实性、准确性、公正性与公关界、政府宣传等相近职业和局外人隔离、区别开来。因此可以说，与医生、律师等典型专业不同，新闻工作者的社会地位很大程度上是一种自我赋予，取决于他们如何对待事实，如何更好地实现客观性。而对于新闻业来说，“新闻客观性”不仅是一套新闻业自身加强团结、形

① LARSON M. The rise of professionalism：a sociological analysis[M]. Berkeley：University of California Press，1977.

② ABBOTT A. The systems of professions：an essay on the division of expert labor[M]. Chicago：University of Chicago Press，1988.

③ GIERYN T F. Boundary-work and the demarcation of science from non-science：strains and interests in professional ideologies of scientists[J]. American sociological review，1983（6）.

④ ZELIZER B. Journalists as interpretive communities[J]. Critical studies in media communication，1983（3）.

塑特征的职业规范，也是一种拥有某种专业知识的集体宣示，作为主张专业地位、与其他职业争夺专业管辖权的策略性工具发挥作用。①

三、客观性演进中变幻的脸谱

正是由于新闻客观性在实践上的不完美及其对于新闻业保持专业地位上的重要性，历史上新闻界发起的针对客观报道形式进行的修正运动从未停止过，客观性原则及实践形式在被论述、被挑战、被捍卫的历史过程中得到不断丰富和演化。赫伯特·阿特休尔（Herber Altschull）总结出以下九种“二战”后美国出现的新闻革新体裁：调查性新闻、进取性新闻、解释性新闻、新新闻主义、地下新闻、提倡式新闻、敌对新闻、精确新闻、名流新闻。②

在这些形式中，进取性新闻、新新闻主义、地下新闻、提倡式新闻、敌对新闻皆因过于主观化导致破坏新闻真实性而昙花一现。而调查性新闻、解释性新闻和精确新闻这三种报道形式则沿袭下来成为媒体固定的报道体裁，丰富着新闻客观性的内涵和实践形式。传统的客观报道要求事实与价值分离，相信事实本身会说话，记者不应加入任何个人的评论和分析。解释性新闻和调查性新闻将“客观的解释”“客观的判断”纳入客观新闻学的范畴，新闻工作者因此有了更多能动性，主观意见以一种客观的、经验性的形式呈现出来，新闻客观性由“以事实为基础的客观”修正为“以真相为基础的客观”。凯瑟琳·芬克（Katherine Fink）与迈克尔·舒德森（Michael Schudson）对《纽约时报》《华盛顿邮报》《密尔沃基哨兵报》的内容分析后发现，20世纪50年代以后报业最显著的变化是长于分析和解释的“情境新闻”的崛起，从1955年不到10%增长到2003年占40%，而传统上的纯粹的事实性报道的比例则从80%~90%跌到约50%，因此批评媒体充斥着“他说她说”式的罗列事实的报道并不恰当。③

传统客观性报道一般停留在经验性的、非系统的观察上，追逐具体的、个别的碎片化事实，信息采集和核实上极度依赖官方机构和个体消息来源，这使得新闻报道无法完整地反映现实世界的面貌，其对真相的表述也无法得到有效检验。20世纪60年代兴起的“精确新闻报道”主张采用社会科学和行为科学的研究方法，要求记者以科学的精神、借鉴科学研究方法对社会事实进行直接、系统性的观察，依照这些观点在社会中的分布比例来选择和呈现消息来源，使报道中的陈述和假设可以得到检验，从而将传统客观报道中“零碎的真实”“经验的真实”提升为“整体的真实”“科学的真实”。

与“客观新闻学”强调独立于公众、作为旁观者冷静记录不同，“对话新闻学”主张新闻传播应致力于建构公共对话，反映多元声音，促进各阶层、社团和文化间的交流与理解。对话新闻观最有成效的实践是20世纪90年代左右兴起的“公共新闻运动”，它主张记者不仅要报道新闻，更要以积极主动的姿态介入公共事务，包括发起和组织公众讨论、交流和引导公众意见，共同解决公共问题。然而，这场革新始终得不到大范围推广，特别

① SCHUDSON M，ANDERSON C.Objectivity，professionalism，and truthseeking in journalism[M]//WAHL-JORGENSEN K，HANITZSCH T. The handbook of journalism studies. New York：Routledge，2009：88-101.

② 阿特休尔．权力的媒介：新闻媒介在人类事务中的作用[M].黄煜，裘志康，译．北京：华夏出版社，1989.

③ FINK K，SCHUDSON M. The rise of contextual journalism，1950s - 2000s[J]. Journalism，2014（1）.

是全国性主流媒体的响应。反对者的核心看法是，公共新闻要求于记者的是政府机构、社会团体或者慈善组织应该做的，而媒体从业人员必须超然中立。除此之外，在传统的媒体体制和技术结构下，新闻生产周期长，需要大量资金投入，公共新闻的运作方式无法常规化，也不能充分平衡信息告知和组织公众、新闻角色与政治角色之间的冲突，冲击到了媒体对专业知识的独有“管辖权”以及独立于公众的专业理念，注定其在当时无法撼动主流新闻模式。

各式各样的新闻思潮和报道体裁在客观性演进中纷呈迭出，只有那些遵循客观与真实的新闻形式才能留存下来，解释性新闻、调查性报道和精确新闻分别从不同方面提高了人们认识和理解社会真实的程度，仍然属于客观新闻学的范畴。经由这些探索和修复，客观性的方法论得以改进，新闻报道反映客观世界的准确性得以提升。同时，客观性的实现程度还受到一定技术条件和制度环境的制约，公共新闻试图修正传统客观性报道过于被动的方面并引入公众参与，但在当时并未能得到广泛推广，其理念在新媒体时代来临后被公共新闻、“用户生成内容”（User-Generated Content，UGC）等继承下来。

四、来自新媒体的挑战

进入新媒体时代以后，新闻业对专业知识的垄断遭遇前所未有的冲击。首先，新闻业面临“去专业化”（de-professionalization）的冲击。“新闻场域”里的行动者不再限于有正式资格获准从事新闻工作的个体和组织，那些业余人士、“类专业团体”（quasi-journalistic group）等也加入进来，包括民间记者、“用户生成内容”的生产者、社会化媒体、非营利机构等，组织化程度较低，新闻生产更大幅度向社会开放，资金来源和经营模式更多元，在新闻报道的质量上不遑多让，作为专业媒体机构主导性意识形态的新闻客观性面临冲击。

在专业新闻业内部，独尊客观性的新闻文化随着阅听人参与新闻生产的深度增加而日趋复杂，参与性文化正在崛起。例如，在澳大利亚公共广播中，引入公共新闻内容的“参与式新闻”（participatory journalism）正在成为新闻编辑室文化中的一股新生力量——虽然编辑们仍以客观性原则对公共新闻进行筛选——促进了主张透明、合作、对话、多元声音的参与性文化的崛起。客观性和参与性在记者的职业话语中并存、融合，新闻实践朝向融合两种价值观的方向发展。①

而在其他类型新闻业中，观点新闻因带给人们高目击感、高卷入度的“感知真实”而受到推崇。维鄂·伊丽莎白（Viall Elizabeth）比较“超本地化市民新闻网站”与传统媒体网站在主题内容、客观性和监督功能上的差异，发现前者比后者包含更多“观点主导型的新闻”（opinion-oriented news）。②安德烈·亨特（Andrea Hunter）采访参与“新闻众筹”的12位自由记者（freelance journalist）后发现，他们与专业记者一样声称追求新闻的准确性，但试图将事实和观点嫁接在一起，大部分人并不避讳报道里的观点和倾向，认为客观性并

---

① HUJANEN J. At the crossroads of participation and objectivity：reinventing citizen engagement in the SBS newsroom[J]. New media&society，2012（6）.

② ELIZABETH V.New journalism on the web：a comparison of hyper-local citizen sites to traditional media sites，paper presented at the annual meeting of the international communication association[M]. Chicago，USA，2009.

不必要，甚至直接视自己为“倡导式的记者”。[①]

其次，在传统专业理念的逻辑下，新闻工作者要求与外界保持一定距离，以便维护其工作自主性，公众很难看到新闻生产过程，由于在信息通路上具有独占性，新闻工作者对真相的主张很难被公众质疑。新闻业也因此成为一些学者和公众所批评的“最不透明”“最模糊不清”的行业之一，报道内容看上去像从“黑箱”里冒出来的。而新媒体传播环境打破了新闻生产前台和后台之间的界限，传播的实时性要求媒体不断更新情况、更正先前报道，报道的过程以及不同版本得以直观地呈现在公众面前，新闻生产后台“前台化”。同时技术进步也使得公众与大众传媒之间的互动越来越方便，用户生成内容被媒体广泛采纳，公众不仅是新闻产品的消费者，也是直接参与者。传统新闻业的生产过程由封闭走向开放，新闻事实从“作为产品的知识”（knowledge-as-product）转变为“作为过程的知识”（knowledge-as-process）。[②]媒体公信力不是理所当然地自动获得的而是话语互动的结果，其建构真相的策略和原则自然面临着更新和改变。

最后，借助社交媒体，新闻媒体和从业者的个人特质、情感、态度，以及围绕具体的新闻事件、报道所进行的专业话语阐释日益频繁地展现在公众面前，新闻工作者个人倾向与职业规范之间的矛盾被凸显和放大。许多媒体出台了专门的行为准则，规范员工的社交媒体使用，大多要求记者时刻牢记准确、公正、独立、不偏不倚的新闻标准，对有争议性的公共话题谨慎发言，保持中立，并不惜采取警告、开除、解雇等方式强化客观性的约束。然而这些措施非但不能缓和两者的冲突，反而让公众更清楚地看到媒体在客观报道中要求记者假装没有自己看法的虚假性和欺骗性。新闻生产的开放性使得公众对新闻产品的检视更加方便和直接，建立在客观性基础上的专业媒体的权威更容易被挑战。

五、新闻透明性：一种新的客观性？

正当客观性在互联网时代遭遇上述挑战之时，“透明性”作为替代性概念被提了出来并受到推崇，被普遍地看作新闻业医治沉疴、回应公众关切、提升公信力的灵丹妙药。

一方面，在如今开放的新闻生产环境中机构性媒体的新闻权威建构方式面临重塑和转变，如同《新闻的十大基本原则》一书中强调的，“如果你首先不对阅听人诚实，你又怎么能声称你在寻求传递真相呢？”[③]互联网时代要应对公众批评，仅仅宣示客观性已不足够，还要让他们了解新闻生产、调查和判断的过程，坦然承认和展示新闻原则与实际作为之间的差距，公众方能理解新闻决策是如何做出来的，媒体的公信力才能得以提升。

另一方面，对于社交媒体、自媒体、众筹新闻这些体制化程度较低、较为缺少自律机制和外部管制的媒体形态来说，对外透明和开放本身就是其安身立命之本，对外透明和开放也是保障公众传播权利的必要。今年5月，社交媒体巨头脸谱网（Facebook）爆发“偏见门”，

---

① HUNTER A. Crowdfunding independent and freelance journalism：negotiating journalistic norms of autonomy and objectivity[J]. New media&society，2015（2）.

② MATHESON D. Weblogs and the epistemology of the news：some trends in online journalism[J]. New media&society，2004（4）.

③ 科瓦奇，罗森斯蒂尔．新闻的十大基本原则：新闻从业者须知和公众的期待[M]. 刘海龙，连晓东，译．北京：北京大学出版社，2011：110.

人们惊讶于他们看到的文章及文章的排列顺序并非仅仅基于技术的中立性筛选出来的，而是编辑团队人工干预的结果，这引发公众和批评家要求脸谱网做出公开算法的改革。2009年美国公共评论家大卫·温伯格（David Weinberger）在博客上发表了一篇引人注目的文章，提出“透明性”是一种“新的客观性”（the new objectivity），认为记者“如果不告诉人们他的倾向，又怎么能让我们相信呢？”[①] 网络媒体以自己的方式重新定义了何为客观——既然主观偏见不可避免，倒不如公开地、诚实地承认它，并自我揭露这些偏见的来源，报道的可信度由此生成，这也进一步倒逼、推动了专业媒体机构公开原来对于公众来说处在“黑箱状态”、秘不可宣的新闻生产环节。

“透明性”作为互联网的时代精神在诸多社会领域受到推崇，它在新闻传播中的确切含义一般指的是新闻采集、组织和传播对公众公开，新闻编辑室的内部和外部都有机会监测、检查、批评，甚至介入新闻生产过程。[②] 迈克尔·卡尔森（Michael Karlsson）[③]、李·赫尔姆勒（Lea Hellmueller）[④] 等人对“透明性”原则首次做出了具体且富操作性的定义：“透明性”包括“公开的透明性”（disclosure transparency）以及“参与的透明性”（participatory transparency），前者指的是新闻生产者是否对新闻制作过程保持公开，包括告诉公众事实来源，向公众展示已经在报道中囊括的一切有关利益团体，而后者指的是使公众参与到新闻生产过程中来，包括允许公众对报道内容有所贡献，使用“用户生成内容”等。从“透明性”含义本身来看，它要求将公众纳入建构新闻真实的环节，矫正和对抗报道者自身的主观偏见，实际上并没有否定客观性的理念和原则。它向客观性注入对话性元素，真相并非一种预先的假定，而是与公众共享、对话的集体知识。

市民新闻业较早地实践了透明性原则。在2002年出版的最早系统性地介绍博客现象的著作之一《网络博客手册》中，作者所提出的博客新闻六大操作原则中几乎每条都涉及“透明性”。博客记者、自媒体中通常采用的六种“透明性”操作策略包括：（1）对特殊行为保持开放而不是固守客观性制度；（2）对使用的原始资料和消息来源附上网络链接；（3）犯错时坦率地承认错误并在原始报道旁补上更正后的信息；（4）就报道中的考虑因素进行公开讨论；（5）按照维基百科的方式为其他人更正报道错误或加入他们自己的补充内容提供机会；（6）公布报道的原始稿并允许被修订。近年来许多博客记者、民间记者还流行向公众说明自己的身份、背景、利益关联、经济收入来源以及对社会主要议题的看法。

在专业新闻机构中，“透明性”实践早已是推动多年的“公信力运动”的一部分。“美国报纸编辑协会”（The American Society of Newspaper Editors，ASNE）于1997年至1999年间开展“报纸公信力调查”，向新闻界提出一项重要建议和倡议：报纸可以通过将公

---

① WEINBERGE D.Transparency is the new objectivity[EB/OL].（2009-07-19）[2015-10-11]. http：//www. hyperorg.com/blogger/2009/07/19/transparency-is-the-new-objectivity/.

② DEUZE M. The web and its journalism：considering the consequences of different type of news media online[J]. New media&society，2003（2）.

③ KARLSSON M. Rituals of transparency：evaluating online news outlets' uses of transparency rituals in the United States，United Kingdom and Sweden[J]. Journalism studies，2010（4）.

④ HELLMUELLER L，VOS T P，POEPSE M A. Shifting journalistic capital？ transparency and objectivity in the twenty-first century[J]. Journalism studies，2013（3）.

众纳入关于新闻业的对话中，向他们解释新闻价值标准以及决策制定过程来重建公信力。[①]而20世纪90年代盛极一时的公共新闻运动中也包含不少开放编辑室的“透明性”尝试，如邀请读者直接参加报道选题讨论，聘请普通民众审查和评判报纸内容等，然而当时由于技术条件的限制，这些尝试并没有成为常规化的操作。

进入21世纪后，自2001年比尔·科瓦奇与汤姆·罗森斯蒂尔在《新闻的十大基本原则》中正式提出“透明性”原则开始，西方新闻学界、媒体机构以及公众对“透明性”的主张和呼吁越发急迫，相关实践更加频繁更加制度化。2004年，24位新闻记者和咨询业者齐聚美国“阿斯彭研究所第八届新闻与社会年会”，在会后发表的总结报告《新闻业：透明性与公众信任》（*Journalism,Transparency and the Public Trust*）里呼吁，鉴于公众对媒体不信任感加重、新技术环境下“透明性文化”在各行各业兴起以及年轻阅听人的需求，新闻界应该“在新闻实践中尽可能地透明”，并提出增强透明性的四大举措：在网站上提供新闻编辑室的影像导览；每周公开一次编辑对报道的评论；对新闻更正程序进行改进；增进消息来源的透明性。[②]在欧洲，2010年欧盟开始资助学者与非营利组织联合开展名为“欧洲媒体公信力与透明性”（Media Accountability and Transparency in Europe，MediaAcT）的大型调查与研究项目，旨在检视和评价欧盟各国媒体公信力体系和其透明性，极大地推动了欧盟各国媒体在数字时代开展各种形式的透明性实践。而2016年4月“美国新闻学会”对媒体公信力的调查显示，在互联网环境下，“透明性”已经成为影响公众对新闻的信任度的第三大因素，居于“准确性”和“完整性”之后，而超过“平衡性”和“表达细致”，高达68%的美国民众认为报道的透明程度对于他们信任新闻非常重要，尤其是在突发新闻中。[③]

2010年左右，“透明性”开始陆续被写入一些新闻伦理教科书和行业规范中。2009年在帕特里克·普拉森斯（Patrick Plaisance）著的《媒介道德：负责任行为的关键原则》（*Media Ethic: Key Principles for Responsible Practice*）一书中，“客观性”并没有被囊括在内，而“透明性”成为居于首位的原则。2011年，加拿大新闻记者协会就将“透明性”与“准确”“公正”“保护隐私”“独立”“正确处理利益冲突”“信守对消息来源的承诺”并列为职业道德原则。该机构除了主张记者说明消息来源，及时承认和更正错误之外，还特别要求：“对公众公开任何被认为会影响报道的自己的偏见；当其他组织支付我们花费时，或者相反，当我们通过付费获取信息时，诚实地告诉我们的阅听人。”[④]

2014年9月6日，美国“职业新闻工作者协会”公布了新修订的《职业道德规范》。相较1996年版本，这一版最明显的修订是将“新闻工作者应该诚实可信”扩展为“新闻工作者应该诚实可信以及透明”，在该条规范底下的具体细则也增加了：“新闻工作者应当向公众说明新闻报道过程以及自身所面临并做出的道德选择。鼓励公众参与讨论新闻报

① SMITH S A. A newsroom's fortress walls collapse[J]. Nieman reports，2005（3）.

② ZIOMEK J. Journalism，transparency and the public trust，a report of the eighth Annual Aspen Institute conference on journalism and society[M]. Washington D.C：The Aspen Institute，2005.

③ American Press Institute.A new understanding：what makes people trust and relay on news[EB/OL].（2016-04-20）[2016-05-03]. https：//www. americanpressinstitute.org/publications/reports/survey-research/trust-news/.

④ The Canadian association of journalists：ethics guidelines[EB/OL].（2011-06-21）[2015-12-10]. http：//www.caj.ca/ethics-guidelines/.

道的实践标准；迅速回应有关报道准确性、清晰性和公正性的质疑；承认新闻报道中的错误并做出及时、明显的修正，向公众认真、清楚地解释和澄清错误。”[①]“透明性”作为一项独立的职业道德规范正式得到新闻专业社群的承认。此外，《华盛顿邮报》的《数字出版准则》、阿拉伯半岛电视台制定的内部“道德规范”中也都明确提出了要“追求透明性”。

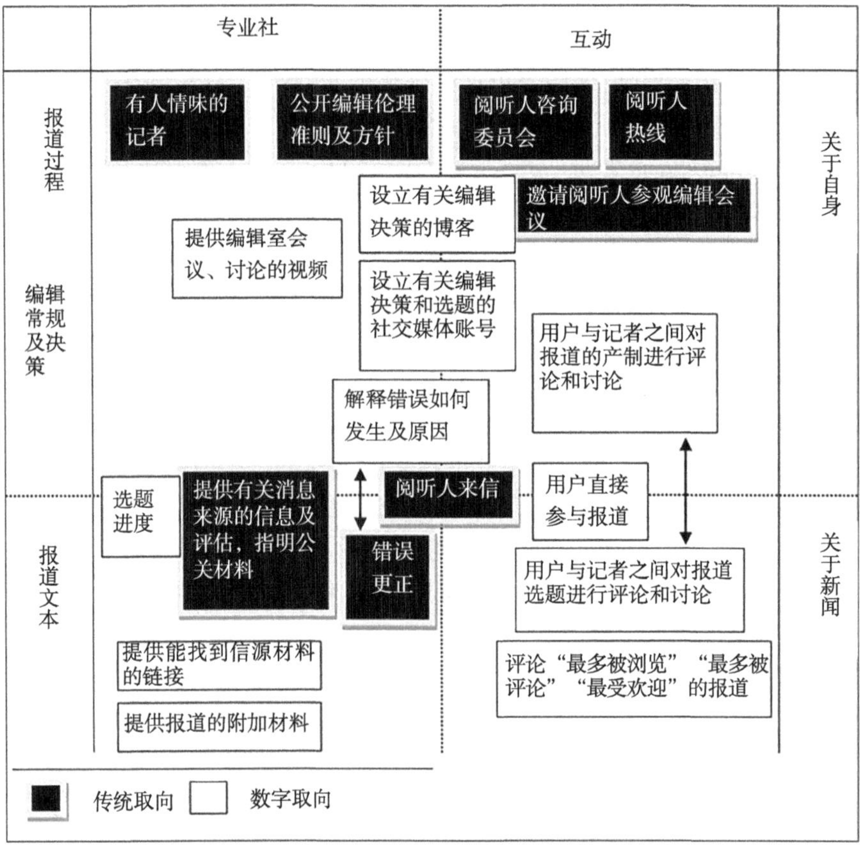

图 4-1　“透明性”实践三维矩阵

克劳斯·梅尔（Klaus Meier）从“过程—文本”“单向—互动”“对自身的覆盖—对新闻的覆盖”三个维度汇总了目前新闻组织常见的“透明性”实践形式，并按照“传统取向”及新媒体环境中产生的“数字化取向”两方面对这些实践做出标注和区分（如图 4-1 所示）。“传统取向”的透明性实践大多源自“新闻公信力运动”和“公共新闻运动”中的探索。例如，公布编辑道德规范与准则，成立阅听人咨询委员会，设立阅听人热线，邀请公众参观编辑会议，设立公评人、阅听人热线，制定错误更正制度，提供消息来源信息，对消息来源进行评估，指明公关材料等。技术进步所带来的新的“透明性”实践形式包括：提供编辑室开会、讨论的视频，开通说明编辑决策的博客、社交媒体账号，解释错误发生的原因，用户与记者之间对报道选题及其产制进行评论和讨论，用户直接参与报道，评选出“最多被浏览”“最多被评论”“最受欢迎”的报道，公开报道选题的进度，提供能找到信源

① Society of professional journalists：SPJ code of ethics[EB/OL].（2014-09-06）[2015-09-20]. http：//www.spj.org/ethicscode.asp.

材料的链接、报道的附加材料（完整的访问、档案等）。①

美国华盛顿州斯波坎（Spokane）市的地方报纸《发言人评论》（*The Spokesman-Review*）专门开设网络专栏“透明新闻室”（The Transparent Newsroom），该透明新闻室除了收集读者意见、说明报道决策、刊登总编辑日记、制作编辑部会议简报等外，每天上午十点、下午四点半向公众线上直播编辑部晨会和下午会议，公众还可以通过网络聊天的方式随时加入编辑部的讨论，高峰时期最多有40—50名网民同时在线观看。2008年，瑞典新闻广播Aktuellt启动“开放新闻室”（Öppen Redaktion）的新闻改革项目，定期将记者们的开会情况以及对新闻业务的讨论拍成视频上传到网站供人们观看。《纽约时报》自传统媒体时代起，就有通过“编辑的话”（Editor’s Notes）专栏向公众解释、说明、检讨新闻决策的传统。进入数字时代，2006年《纽约时报》推出“与编辑部对话”（Talk to the Newsroom）的网络专栏，该专栏从时报网站上收集读者提问后邀请高级编辑们回答，2010年该报顺应潮流在自己网站推出Timescast板块，每天向公众播出关于头版报道以及社论选题会的影像，编辑和记者在镜头面前回答读者就有关报道背景、内幕、考虑因素等方面所提出的问题，这一举措将该报组织层面上的透明性推向了新高度。

然而就实施的广泛性和普遍性而言，透明性规范整体上的落实情况并非看上去这般热闹。开展“欧洲媒体公信力与透明性”项目的学者海基·海克拉（Heikki Heikkilä）结合新媒体环境中新闻生产发生的变化以及新的实践工具的产生，对应新闻生产前、新闻生产中、新闻生产后三个过程，从行动者透明性、过程透明性、媒体回应性三个方面对目前各国媒体在网上常见的透明性实践进行了分类（如图4-2所示），并观察欧洲、中东地区以及美国媒体的实施情况。该研究列出的实践形式包括，公开媒体所有权信息、公开使命宣言、公开伦理准则，提供记者档案；提供报道者身份及署名信息，对信源做精确链接，开设编辑室博客，与公众合作完成报道；在网站上设置“纠错”按钮，使用户能及时指出和更正报道中的错误信息，设立公评人，允许在线评论，使用社交媒体与公众交流等。研究发现，透明性实践目前仅仅是在美国和英国、法国、德国、荷兰等媒体发达国家有些许开展，普遍做法集中在公布媒体所有权、报道署名、开放对报道的在线评论功能、开通社交媒体账号等，而其他形式也都只是在这些国家的部分媒体中得到实施。

值得注意的是，近几年透明性观念的深入仍然使得主流媒体一向恪守的超然中立开始出现一丝松动。2013年1月5日，《纽约时报》报道了一则前中央情报局官员约翰·基里亚库（John Kiriakou）因向记者透露参与对囚犯严刑逼供的中央情报局工作人员身份而面临刑事起诉的新闻。报道罕见地采用了第一人称叙述，而该则新闻里那位从约翰处得到信息的记者正是报道的作者斯科特·希恩（Scott Shane）。报道刊登后引起巨大争议，批评者们认为希恩有利益涉入，不应该由他来报道此事，这违背了《纽约时报》一直奉行的记者应不涉入新闻事件的准则。而该报公评人玛格丽特·苏利文（Margaret Sullivan）坚持认为，这一报道方式有其正当性，希恩的报道能让公众比从传统的第三者的平衡报道中获

① MEIER K. Transparency in journalism：credibility and trustworthyness in the digital future，paperpresented at the conference the future of journalism：journalism studies and journalism practice[M]. University Cardiff，UK，2009.

知更多，“只要报道者的利益涉入是公开的，读者自然可以得出他们自己的判断”①。

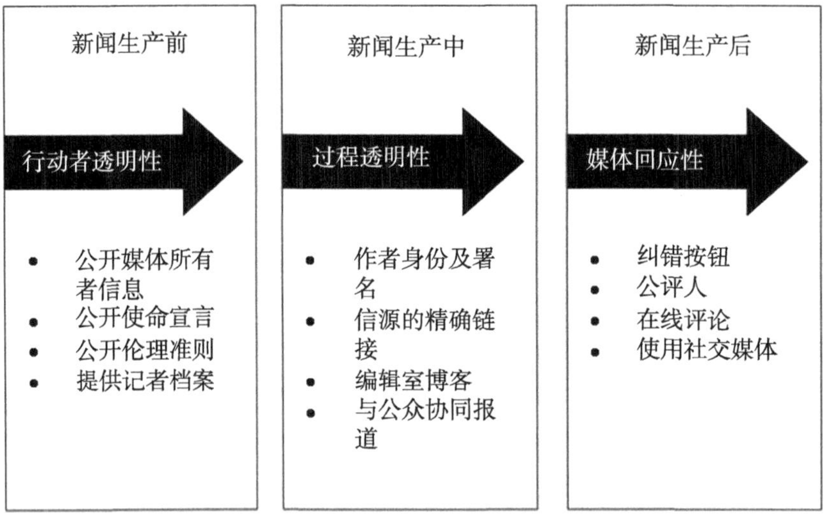

图 4-2　媒体“透明性”实践过程及工具②

然而，与热情拥抱透明性的自媒体和市民记者相比，专业新闻机构及记者们对“透明性”的看法还是犹疑居多，这一差异集中体现在因报道“棱镜门”而获普利策奖的自由记者格兰·格林沃德（Glenn Greenwald）和《纽约时报》时任总编比尔·凯勒（Bill Keller）2013 年 10 月展开的电邮论战中。围绕《纽约时报》与格林沃德在报道“棱镜门”以及美国中情局虐囚丑闻上截然不同的报道手法，格林沃德批评道：由于受制于超然中立，美国媒体对政府显而易见的错误疏于做出自己的判断，既然记者和媒体的立场不可避免，坦诚地披露自己的价值观而非隐藏可以使新闻业更加诚实和值得信赖，而隐藏自己的看法反而会使记者更自如地操控报道。凯勒则坚持记者为了避免影响报道的倾向性而隐藏立场，认为一旦记者公开立场，很自然就会尝试捍卫本身立场，而读者自然可以从详细完整的事实描述中得出自己的判断，媒体应学会自我批评和纠正，但不应该滑向主动披露倾向性。③论战联系美国新闻界近年来发生的两次重大的判断性失误，延续了历史上关于客观性是否妨碍事实真相的争论，纽约大学新闻学教授杰·罗森在个人推特上表示，这是“曾有过的针对新闻编辑室客观性的争论中最重要的文本之一”。

论战刊登后引起美国新闻业界以及学界的广泛关注，并在此基础上延伸出热络的讨论，网络媒体记者、民间记者、自由作家大多支持格林沃德，而传统媒体记者大多支持凯勒。双方都认同应当对公众更加诚实，而分歧点在于这种诚实和公开是否意味着要向公众主动

---

① SULLIVAN M. Was a reporter’s role in a government prosecution a reason to recuse him？[EB/OL].（2013-01-08）[2015-08-09]. http：//publiceditor. blogs. nytimes. com/2013/01/08/was-a-reporters-role-in-a-government-prosecution-a-reason-to-recuse-him/.

② HEIKKILÄ H，DOMINGO D，PIES J，et al. Media accountability goes online.a transnational study on emerging practices and innovation[EB/OL].（2012-01-14）[2015-08-14]. http：//www. mediaact. eu/fileadmin/user_upload/WP4_Outcomes/WP4_Report. pdf.

③ 这一争论的完整内容刊登在 2013 年 10 月 27 日出版的《纽约时报》的评论版上：KELLER B. Is Glenn Greenwald the future of news？[EB/OL].（2013-10-28）[2014-07-08]. http：//www. nytimes. com/2013/10/28/opinion/a-conversation-in-lieu-of-a-column. html?smid=tw-share&_r=3&.

披露自身的倾向，到底应该通过增强事实处理的透明性来反思、矫正偏见，还是任由意见观点的公开表达。

凯勒的看法颇能代表目前专业新闻界及媒体人对于继续推进透明性实践的疑虑：现在是否已经太透明了？新闻媒体究竟要公开哪些方面？是不是太过努力地想解释自己？透明性是否总是更好？是否有另外的有效的改革运动？新闻界想要解释自己的压力是否已经让很多事情失去控制？以提高公信力为初衷的透明性运动是否反而会削弱媒体组织的公信力？[①] 也有学者通过对《纽约时报》《华盛顿邮报》《华尔街日报》《洛杉矶时报》CNN、NPR 等的 18 位记者进行深度访谈发现，技术可行性与新闻组织公开新闻生产黑箱的意愿程度仍然存在着鸿沟。大多数记者并没有将透明性作为规范性目标来追求，而倾向于认为透明性将潜在地威胁到新闻组织，损害其作为“诚实的代理人”的公信力。同时，媒体在运用透明性策略方面仍然是比较仪式化的，也十分有限，这些有限的策略一方面使它们看上去是“透明”的，另一方面对资源和人力需求较小，且可以不用大量披露新闻生产过程的实质内容，记者自身的观点、立场和动机也开放有限。[②] 然而，新闻生产进一步公开以及公众进一步参与已是势不可当的趋势，专业媒体故步自封早已不可取，持续推进的透明性运动究竟会成为压垮新闻专业权威的最后一根稻草，还是能够作为提高客观性的方法与专业意识形态相结合，抑或其只是转瞬即逝的一阵风潮，这取决于媒介技术的发展程度与速度，更取决于新闻界能否探索到使透明公开的与专业管辖达到良好平衡的新闻实践方式并稳定实施。

六、结语：客观性、透明性与新闻业的未来

本文追索从客观性到透明性的演化过程和逻辑，讨论客观性与新闻专业权威的关系。自产生以来，客观性的内涵和实践经过了不断变迁，客观性原则就其实质目标而言，与对其形成挑战的公共新闻、市民新闻和“对话”新闻并无相悖。可以说，客观性的支持者和反对者事实上共享同样的价值和逻辑，他们的实质性分歧仅在于“如何客观”的方法论上。面对变化的新闻传播环境，客观性本身处在不断改进的过程中，每当新闻专业权威遭遇挑战之时，也正是客观性实践方式被质疑，因而被革新之时。

新的新闻业“必须欢迎并且为更具有参与性的公民服务，正是从这个意义上说，新闻不再是讲授，它更多的是一种内容更加丰富的对话”[③]。在这样一种对话性、参与性的传播环境中，客观性仍然是新闻专业权威的来源，其重要性不仅不因多元主体的参与而消解，反而更加具有紧迫性。新闻客观性的价值不因技术的改变而被削弱，但须应环境的变化而改进其实践方式。实际上，就连脸谱网这样的社交媒体平台也回避不了公众对其客观中立性的严苛审视，专业媒体机构更有责任生产出更加真实、可靠的新闻产品以区别于其他信息，保障公众在真实、完整、全面的信息基础上展开理性的对话。从这一角度看，强调开

① SMOLKIN R. Too transparent？[J]. American journalism review，2006（2）.

② CHADHA K，KOLISKA M. Newsrooms and transparency in the digital age[J]. Journalism practice，2015（2）.

③ 科瓦奇，罗森斯蒂尔 . 新闻的十大基本原则：新闻从业者须知和公众的期待 [M]. 刘海龙，连晓东，译 . 北京：北京大学出版社，2011：178.

放和诚实的“透明性”规范正是新媒体对客观性的又一次有力推进，而绝不是颠覆。当媒体环境发生结构性改变之时，专业新闻组织所要做的绝不是抱残守缺，也不是战术的局部调整，而必须努力探索客观性的更多可能性，并进行连带的职业规范、生产机制、组织结构、经营管理等方面的变革。

事实上，除了已经开展的“透明性”实践，新技术正不断地为客观性注入更多想象力和生命力，如“数据新闻”利用大数据使事实真相建立在系统性的信息基础上，更加精确和丰富，“事实核查”新闻及网站已在世界多地兴起等。从客观性的演化过程来看，它总能在新闻业面临危机之时不断得到重生和自我修复，它扎根于公众的民主需要，只要人们需要真实地了解世界、理解彼此，客观性就总会在探寻的途中。

作者简介

（按姓氏首字母排序）

曹艳辉，湖南邵阳人，毕业于中山大学传播与设计学院，获行政管理—公共传播管理博士学位，现为湖南大学新闻传播与影视艺术学院副教授 。研究方向：中国新闻业、网络舆情与国家治理等。有多篇论文发表于 *Asian Journal of Communication*、《国际新闻界》《新闻大学》《现代传播》《当代传播》《新闻记者》等 SSCI、CSSCI 期刊。

陈楚洁，广东汕尾人，毕业于香港城市大学媒体与传播系，获传播学哲学博士学位。现为中山大学传播与设计学院副研究员。研究方向：新闻社会学、数字新闻业研究、媒体与集体记忆研究。在《新闻与传播研究》《国际新闻界》《新闻大学》《新闻记者》《思与言：人文与社会科学期刊》等杂志发表多篇论文。

陈鹏，广东外语外贸大学新闻与传播学院网络与新媒体系讲师，中山大学传播与设计学院博士。研究方向：政治传播、数字技术与新闻业变迁。

方可成，安徽安庆人，毕业于美国宾夕法尼亚大学 Annenberg 传播学院，获传播学博士学位，现为香港中文大学新闻与传播学院助理教授。研究兴趣包括数字媒体、新闻学和政治传播。在加入学界之前，他在《南方周末》报社担任时政记者。多篇论文发表于 *New Media & Society, Information, Communication & Society, China Quarterly, Journal of Contemporary China* 等 SSCI 期刊。

黄旦，博士，浙江大学文科资深教授，曾任复旦大学新闻学院教授、博士生导师，教育部人文社科重点研究基地“复旦大学信息与传播研究中心”主任，国务院学位委员会第六、第七届新闻传播学科评议组召集人。主要研究领域：中外新闻传播思想、报刊与中国城市、媒介哲学。主要论著：《新报刊（媒介）史书写：范式的变更》《报纸革命：1903 年的〈苏报〉》《书与刊：媒介变革视野中的近代中国知识转型》等。

李艳红，中山大学传播与设计学院教授、博士生导师，香港中文大学传播学博士（2004）。研究兴趣包括当代中国的传媒变革与发展、数字新闻业、传媒与弱势社群表达、传媒与社会运动、政治传播的调适与变迁、 流行文化与政治等。关注商业化、全球化和高技术化等因素对中国新闻传媒及其社会政治角色的影响。于海内外新闻传播及社会科学学术刊物上发表论文多篇。

李良荣，1946 年出生，浙江镇海人，复旦大学教授、博士生导师，曾任教育部高等学校新闻学学科教学指导委员会主任委员，现任复旦大学传播与国家治理研究中心主任、浙江传媒学院新闻与传播学院院长。他专擅新闻学理论和国际传播，致力于当代中国新闻媒体和世界新闻媒体的发展与改革，著有《新闻学概论》《中国报纸文体发展概要》《宣传学导论》《中国报纸的理论与实践》《西方新闻事业概论》《当代西方新闻媒体》《中国传媒业的战略转型》等专著及一批学术论文，近年来出版《新传播革命》《新时代、新期待：中国人民美好生活观调查报告》等著作和《网络与新媒体概论》《网络空间导论》等教材，曾主持过两项教育部“211”工程、两项国家重大课题，获得过两项上海市哲学社会科学一等奖，担任国家级精品课程《新闻学概论》的首席专家。

李婧，湖北襄阳人，毕业于武汉大学新闻与传播学院，获新闻学博士学位，现为苏州大学传媒学院讲师。研究方向：媒介社会学、健康传播、新媒体与社会。在《新闻与传播研究》《学术研究》等杂志发表论文。

龙强，湖南常德人，毕业于浙江大学传媒与国际文化学院，获新闻传播学博士学位，现为湖南大学新闻传播与影视艺术学院助理教授、硕士生导师。研究方向：政治传播、媒介社会学、受众研究等。在《新闻与传播研究》《国际新闻界》《现代传播》《传播与社会学刊》《当代传播》等杂志发表多篇论文。

陆晔，复旦大学信息与传播研究中心副主任、新闻学院教授，华中理工大学工学学士，北京广播学院（现中国传媒大学）法学（新闻学）硕士，复旦大学法学（新闻学）博士，香港中文大学博士后，美国南加州大学富布莱特访问学者。主要教学和研究领域：新闻生产社会学、新技术、影像与日常生活。

彭兰，清华大学新闻与传播学院教授、博士生导师，新媒体研究中心主任，兼任中国新闻史学会网络传播史分会副会长。先后出版《中国网络媒体的第一个十年》《网络传播概论》《网络传播学》《社会化媒体理论与实践解析》《中国互联网新闻传播结构、功能、效果研究》等 20 余部著作或教材，发表学术论文 200 多篇。获全国优秀博士论文奖、吴玉章人文社会科学一等奖、北京市教学名师奖、北京市高等教育精品教材奖、中国新闻奖论文类三等奖、中国社科院新闻与传播研究所评选的首届新闻学与传播学优秀论文奖、中国新闻史学会颁发的第四届“新闻传播学学会奖”优秀学术奖二等奖、第七届中国软科学奖传播专项奖等多项奖励。

王海燕，香港中文大学新闻传播学博士，现为澳门大学社会科学院传播系副教授，曾任中山大学传播与设计学院副教授，研究兴趣包括媒体文化、媒体与性别、媒体转型、数字化新闻业与时间性变迁等。出版英文专著一本，发表 SSCI 论文十余篇，中文 CSSCI 期刊论文十余篇，并担任 SSCI 期刊 *Media Culture & Society*，*Feminist Media Studies* 以及 *Digital Journalism* 的编委。

王艳，湖北恩施人，毕业于武汉大学新闻与传播学院，获新闻学博士学位，现为四川外国语大学新闻传播学院讲师，新闻学系系主任。研究方向：传播社会学、老年传播、城市传播等。在《新闻与传播研究》《现代传播》《南京社会科学》《传播与社会学刊》等期刊发表多篇论文。

吴涛，安徽马鞍山人，毕业于中山大学传播与设计学院，获行政管理—公共传播管理博士学位，现为南京师范大学新闻与传播学院讲师。研究方向：当代中国新闻业、互联网与国家治理、新媒体和舆论等。有多篇论文发表于《国际新闻界》《现代传播》《新疆师范大学学报》《中国地质大学学报》等期刊。

夏倩芳，南京大学新闻传播学院教授，博士生导师。研究领域为媒介社会学、新闻理论。

谢静，博士，复旦大学新闻学院教授、博士生导师，复旦大学媒介素质研究中心主任，复旦大学信息与传播研究中心研究员，入选教育部2012年度新世纪优秀人才奖励计划。主要研究领域是城市传播、社区传播、组织传播、媒介批评、新媒介技术理论等。近期关注问题聚焦在可沟通城市理论与评估、新媒体与城市治理、移动与社区传播、社交媒体与新闻生产等。

许向东，中国人民大学新闻学院教授，博士生导师，新闻系主任，中国人民大学新闻与社会发展研究中心研究员，美国密苏里新闻学院访问学者。马克思主义理论研究和建设工程重点教材编写组成员，主持国家社会科学项目、教育部社会科学项目、团中央规划项目及其他省部级项目多项。研究方向有新闻实务、媒介素养、数据新闻可视化、马克思主义新闻观等。

袁鸣徽，黑龙江大庆人，2014年毕业于复旦大学新闻学院新闻学系，获学士学位，现为复旦大学新闻学院在读博士生。研究方向：新闻理论、国际传播、县级媒体融合转型等。在《新闻大学》《现代传播》《新华文摘》《中国社会科学文摘》《新闻记者》《对外传播》等杂志与导师李良荣教授合作发表多篇中文论文。

张志安，浙江安吉人，毕业于复旦大学新闻学院，获传播学博士学位。中山大学传播与设计学院原院长，教授、博士生导师，国家首批高端智库中山大学粤港澳发展研究院副院长，广东省舆情大数据分析与仿真重点实验室主任，中山大学互联网与治理研究中心主任。研究方向：当代中国新闻业、新闻生产社会学、互联网治理等。出版《中国新闻业年度观察报告》《互联网与国家治理年度报告》《新传播形态下的中国受众》等10余本著作，在中英文期刊发表论文百余篇。曾获中国新闻史学会首届国家学会奖之“杰出青年奖”、教育部人文社科优秀成果二等奖、广东哲学社科优秀成果二三等奖、广东高校优秀教学成果一等奖等。

周葆华，江苏南通人，传播学博士，现为复旦大学新闻学院教授、博士生导师、副院长，复旦大学新媒体传播专业硕士项目主任，传媒与舆情调查中心（FMORC）副主任。主要研究方向为新媒体传播、受众与传播效果、舆论研究、大数据计算与智能传播等。出版《传播效果：人类传受观念与行为的变迁》等著作，在国内外学术期刊发表论文50多篇。曾获教育部人文社会科学优秀成果二等奖、上海市哲学社会科学优秀成果一等奖、霍英东教育基金会全国优秀青年教师奖、新闻传播学国家级学会“杰出青年奖”等数十项奖励。